PROJECT LEARNING

왁자지껄 배우는 재미 2

한 학기 수업,
프로젝트 학습으로 끝내기

KB213297

왁자지껄 배우는 재미 2

한 학기 수업,
프로젝트 학습으로 끝내기

발행일	2022년 7월 15일
지은이	최경민 · 윤지성 · 손은호 · 이규진
발행처	내하출판사
펴낸이	모흥숙
주소	서울 용산구 한강대로 104 라길 3
전화	TEL : (02)775-3241~5
팩스	FAX : (02)775-3246
E-mail	naeha@naeha.co.kr
Homepage	www.naeha.co.kr
ISBN	978-89-5717-555-2 13000
정가	23,000원

이 도서의 국립중앙도서관 출판예정도서목록(CIP)은 서지정보유통지원시스템 홈페이지(http://seoji.nl.go.kr)와
국가자료공동목록시스템(http://www.nl.go.kr/kolisnet)에서 이용하실 수 있습니다.

PROJECT LEARNING

왁자지껄 배우는 재미 2

한 학기 수업,
프로젝트 학습으로 끝내기

최경민 · 윤지성 · 손은호 · 이규진 공저

"동학년 중심의 교사 공동체 운영,
그리고 프로젝트 학습 이후 이야기"

내하출판사

프롤로그

전문적 학습공동체 기반
프로젝트 수업 이야기를 만들어가면서....

팀워크는 공통의 이상을 위해 협력하는 능력이자,
평범한 사람들이 비범한 성과를 이룰 수 있게 해주는 연료이다.

무작정 새로운 것을 트집 잡고 비난하기만 하면 변화는 불가능하다. 그동안 경험했듯이 소극적인 방식으로 적대감이나 공격심을 표출하는 것으로는 전통적인 관료주의적 교육행정에서 탈피하기란 정말로 힘이 든다.

한 학교에서 혁신을 일으키고, 학교 교육에 있어서 개혁을 꿈꾸기 위해서는 괴짜같은 한 명의 교육행정가나 교사보다는 많은 교사들이 함께 나서는 것이 훨씬 더 바람직하고 빠를 것이며, 지역사회 전체에서 교육행정의 개혁을 이루기 위해서는 몇 몇 학교의 특출한 개혁보다는 여러 학교들이 함께 나서는 것이 훨씬 더 수월한 개혁 방법이 될 것이다.

그러하기에 교육개혁을 이루기 위해서는 학교 교육 관계자 모두가 협력적 공동체를 구성하고서, 함께 교육이 무엇인지?, 학교가 지향해야 할 목표는 무엇인지? 등에 대해 함께 이야기를 나누며 '철학하기'가 중요한 출발점이 될 수 있을 것이다.

물론 철학을 정의하는 것은 그리 쉬운 일이 아닐 것이다. 하지만 철학의 어원인 phi-losophy가 '지혜에 대한 사랑이며 그를 위해서 세상과 삶의 의미나 가치에 대해 끊임없이 질문하고 음미하며 성찰하는 것'이라는 의미를 지니고 있기에, 이러한 면에서 '철학하기'라는 의미를 교육에 대한 의미나 가치에 대해 서로 질문하고 서로의 대답에 대해 성찰하며 함께 그 의미와 가치를 찾아가는 과정으로 판단하면 좋을 것 같다.

그렇다면 왜 협력, 협육을 해야 하는 것일까?

철학은 지극히 개인적인 것이 될 수 있으며, 그러한 개인적인 성향으로 인해 편협한 철학으로 변모할 가능성이 높다. 그럼에도 교육철학은 학교교육을 운영함에 있어서, 나아가 아이들의 삶의 방향을 결정지을 수 있는 교육을 실천함에 매우 큰 영향을 줄 수 있기에 필요성이 매우 높다고 할 수 있다. 물론, 교육철학에 대한 다양한 존재론적, 가치론적 질문에 대해 숙고하고 성찰하는 과정 속에서 개인의 인지적, 심리적 한계가 분명히 존재하기 마련이다. 개인의 생각과 기억은 매우 한정되어 있고, 안정적이지 못하며, 관심과 사고 또한 선택적으로 교육의 한 면에 주목하기 때문에 개개인의 판단은 불공정해질 가능성이 높아지게 된다. 그러하기에 개인의 한계와 편협함을 일깨우고 확장시켜 줄 수 있는 공동체가 필요한 것이다.

이러한 이유에서인지 몇 해 전부터 교사 공동체, 교육 공동체 등 교사들의 공동체의 중요성이 매우 높아지게 되었고, 그 시작점을 배움의 공동체에서 찾을 수 있을 것 같으며, 배움의 공동체는 21세기형 학교를 실현하기 위한 학교개혁 운동이라 할 수 있다.

배움의 공동체 창시자인 사토마나부는 이렇게 말하고 있다.

> 배움의 공동체는 방법론도 아니고 처방전도 아니다. 배움의 공동체 학교개혁의 구상과 실천에 대해 탐구하는 것은 현대 학교개혁의 역사적, 사회적 배경을 알고, 학교라는 장소와 그 기능이 어떻게 변모되어 왔는지를 아는 것이다. 동시에 학교에서 학생, 교사들, 학부모들이 무엇을 추구하고 어떤 학교를 원하고 있는가를 아는 것이며, 동시에 오늘날 학교의 위기가 어디에 존재하며 개혁의 가능성은 어디에 잠재하고 있는지를 아는 것이라고 하였다.

학교를 개혁하는 일, 조금 더 정확히는 학교 교육을 개혁하는 일은 그리 쉬운 일이 아니다. 학교는 사회와 문화의 축소판이라고도 말을 하고 있기에, 학교만 이상향으로부터 해방되는 일은 없다(사토마나부, 2016).

이에 우리 공동체에서는 왜 학교 교육을 개혁해야 하는 것일까?에 대한 근본적인 질문을 바탕으로 '한 명의 학생도 빠짐없이 배울 권리를 보장하고 그 배움의 질을 높이기 위함'이라는 철학을 세우게 되었고, 이를 위해 배움의 질과 평등의 동시 추구를 통한 민주주의 사회를 준비하도록 도와주는 것이 학교이며 교사의 사명과 책임이라는 철학을 세우게 되었다.

물론 이런 철학을 직접 실천하여 실현하는 것은 쉬운 일이 아니다. 교사들, 교육관계자들이 노력하더라도 학생들은 점차 수업과 배움에 대한 흥미와 관심을 잃어버리게 되고, 학교 정책과 교사가 기울이는 노력의 방향은 학교 행정가 혹은 교육청의 지시로 인해 잘못된 방향으로 나아가기도 하기 때문이다. 뚜렷한 교육철학을 함께 세우지 못한 학교는 학교 밖에서 들어오는 요구나 지시 사항을 이행하느라 교사와 학생, 나아가 학교를 무너뜨리게 된다. 그렇기에 무엇보다 중요한 것은 교육철학을 세우는 것이며, 튼튼한 기반이 되는 철학 위에 학교 교육을 이행하는 것이다.

이러하기에 교육철학을 세우기 위한 전 과정에 교육관계자 모두가 함께 참여할 수 있는 시스템을 학년 초에 구축하는 것이 매우 중요하다. 이것이 바로 민주적인 학교조직문화, 토론중심의 교직원 회의 문화 형성의 첫 시작점이 될 것이다. 하지만 실제 교직원 회의를 살펴보면, 늘 같은 사람만 발언을 하고, 목소리가 큰 교사의 의견이 많이 반영되고, 교장의 말은 독백처럼 흘러 지나가는 광경을 자주 목격하게 된다.

그래서 서로 협력하기 위해 '서로 듣는 관계'를 형성하는 것이 무엇보다 중요하다. 학교만큼 대화의 중요성이 강조되는 곳도 없지만, 학교만큼 대화가 잘 되지 않는 곳도 드물다. 서로 듣는 관계는 대화를 준비하게 하고, 대화적 의사소통을 만들게 됨으로써 교육개혁의 첫 출발을 가능하게 할 것이다. 즉, 학교에서는 다른 사람의 목소리를 듣는 '서로 듣는 관계'를 구축하는 것이 무엇보다 중요하다.

대부분의 교사들은 서로 이야기하면 공통적인 이해에 도달할 수 있다고 믿는다. 하지만 실제 이야기를 통해 공통의 이해에 이른다는 것은 불가능하며, 이야기를 하면 할수록 더욱 사이가 나빠지는 것 또한 실제적인 모습이다. 그러하기에 교육개혁을 위해서, 그리고 서로 듣는 관계를 형성하기 위해서 가장 우선 되어야 할 것이 철학에 대해 합의하고, 그것을 실현하는 활동을 교육으로 설정하는 것이다.

그렇다면 학교 교육 개혁에 있어서
교육 공동체의 중요성이 강조되는 이유는 무엇일까?

사토 마나부는 『수업이 바뀌면 학교가 바뀐다』라는 저서를 통해 배움의 경험 자체를 교육과정이라고 정의하면서, 새로운 교육과정의 창조를 강조하였다. 즉, 배움의 경험을 창조하는 일이 바로 교육과정이며, 이러한 교육과정을 만드는 과정은 배움의 경험에 대한 디자인, 배움의 경험을 창조하는 교실 실천, 그리고 배움의 경험에 대한 성찰과 평가 등의 3단계 거치게 되며, 그 중 교실 실천이 가장 중요하다고 강조하였다.

이처럼 배움의 공동체로서의 학교는 수업 창조를 기본 축으로 하여 학교 스스로의 성장이 전개된다. 우리나라 학교에서 현재 가장 심각한 문제 상황 중 하나를 꼽으라고 하면 바로 동료성의 쇠퇴를 들 수 있다. 학교의 성장은 교사 공동체를 통해서 이뤄질 수 있음에도 불구하고 우리 내 학교문화를 살펴보면, 교사들의 동료성에 문제가 있음을 발견하게 된다. 이처럼 교사들의 동료성 구축을 방해하는 요인으로는 초등학교에서는 교실의 장벽, 중등학교에서는 교과 장벽을 들 수 있다. 이러한 각각의 장벽을 허물고 서로의 수업을 자유롭게 공개하고 서로 비평하며 교육 전문가로서 서로 배우면서 동반 성장을 실천할 때 비로소 학교 성장이 시작될 수 있으며, 진정한 의미에서의 배움의 공동체가 형성된다고 할 수 있다.

그러나 우리나라에 제대로 정착하기 위해서 공동성 회복만이 문제점인 것은 아니다. 배움의 공동체는 경청을 강조한다. 이는 일본의 문화에서 크게 벗어나지 않는 것이다. 일본은 어린 시절부터 다른 사람에게 피해를 주지 말 것을 철저하게 배우면서 자란다. 이 때문에 다른 사람의 이야기를 경청하는 자세가 몸에 배게 된다. 그러나 우리나라 아이들은 이에 비해 에너지가 넘치고 역동적인 면이 강하다. 또한 협력적 배움에 대한 이야기를 많이 하지만 이에 대한 구체적인 방법이나 기술을 충분하게 제시하지 못하고 있다.

그런데도 굳이 꼭 학교 공동체가 필요한 것일까?

사회의 변화적인 측면을 고려했을 때, 사회의 급격한 변화에 따라 학교 교육의 질적 수준 향상 및 학교의 본질적인 기능인 공동체적 기능의 수행에 대한 사회적 요구가 매우 높아지고 있다(오찬숙, 2014). 이에 교사들은 자신의 전문성 및 역량을 높이기 위해 다양한 방법을 시도하고 있으며, 교사들 스스로 소속감을 느낄 수 있는 공동체로의 변화를 강조하고 있다.

또한, 김태현 선생님은 『교사, 삶에서 나를 만나다』라는 저서를 통해 개인의 행동이 많은 사람에게 노출되는 교사들은 각별히 조심을 기울이고 교육적인 의미를 담아 행동을 해야 한다고 하였다. 그런데 동료 교사, 관리자, 학생으로부터 자신의 이러한 노력을 이해받지 못하고 능력이 없다는 소리를 들으면 큰 낙담 속에 지내게 된다고 한다. 누군가로부터 이해받지 못할 때, 너무 억울하고 속상하게 된다. 그래서 교사들은 동료 교사와 마음으로 더 깊게 연결되기 위해서 삶을 나누어야 하며, 이를 넘어서 수업을 서로 이야기할 수 있어야 한다고 하였다. 그리고 수업 혁신, 학교 혁신, 교육 개혁 등도 어떤 특별한 프로그램과 시스템에 의해 이루어지기도 하지만, 결국 그러한 프로그램과 시스템이 성공하기 위해서는 교사 간에 마음과 마음으로 연결되는 유대감이 있어야 한다.

즉, 현재 우리가 직면하고 있는 많은 교육 문제의 대안적 방안으로 교육 공동체가 대두되고 있으며, 전문성 함양을 위한 학습조직으로서의 학교 공동체, 교사 학습공동체가 큰 주목을 받고 있다. 교육의 진정한 변화는 교육 공동체 구성원들의 노력과 정성이 있을 때 가능하며, 이러한 개혁은 학교 구성원들의 자발적 참여와 협력, 헌신을 통해서 가능하다. 전문성 개발을 도모하는 학교 공동체는 아래로부터의 교육개혁이라는 측면에서 학교 성장을 위한 중요한 대안으로 주목받고 있으며, 진정한 의미에서의 교육개혁을 위해서는 자발적인 참여와 협력이 가능한 학교 교육 공동체 중심의 학교문화를 만들어가는 것이 중요하다.

교육 공동체의 강조로 현재 많은 학교에서는 교육 공동체로 변화하려는 움직임을 보이고 있다. 그럼에도 불구하고 여전히 학교 관련 문제, 나아가서는 학교 붕괴 현상이 여전히 지속되고 있다. 심지어는 학교 붕괴를 막기 위한 다양한 노력에도 불구하고, 이러한 학교문제가 완화되기보다는 교육적 현안에 대한 학교, 학생, 학부모와 교육 당국 간의 갈등은 오히려 더욱 심화되고 있는 실정이다(대전일보, 2011.07.04.). 즉, 기존의 학교 교육 공동체는 교육 공동체라는 단어를 사용하고는 있지만, 실질적으로는 협력과 연대가 강조된 공동체라기보다는 기관이나 법규적 제도 중심으로 구성된, 허울 좋은 교육 공동체였다는 것을 반증하는 듯하다. 또한 교육 공동체를 구현하는 과정에서 실현되어야 할 것으로 제시되는 많은 상황들이 그저 교사들의 인식 수준에 머물러 있을 뿐 아니라, 이를 실천하기 위한 공동체 정신도 아직 부족하다고도 할 수 있다(정영수, 2004).

그러면 교육 공동체 중심의
학교 교육 개혁을 위해 우리는 무엇부터 시작해야 할까?

우선은 교육 공동체에 대한 개념부터 확실히 해야 할 것이다. 교육 공동체에 대한 개념은 학교를 어떻게 바라보느냐는 관점과도 매우 밀접한 관련이 있음을 알 수 있다. 관료적인 조직으로의 학교인지 공동체적인 조직으로의 학교인지를 가르는 이분법적인 사고보다는 모든 학교가 이 두 가지 성격을 모두 가지고 있는 이중적인 성격을 지니고 있음을 이해해야 한다. 물론 현재의 학교는 관료제적인 성격이 강한 학교가 많으므로, 의식적으로 공동체적인 성격을 강화함으로써 이 둘의 성격이 서로 조화를 이룰 수 있는 학교로의 성장이 필요한 것은 사실이다.

또한 학교 공동체에 대한 개념과 그 특성은 학자들마다 조금씩 다른 면을 보이고 있지만, 공통적으로 **첫째,** 구성원들 사이에 공동으로 공유하는 가치가 있어야 하고, **둘째,** 가치와 신념, 감정을 통해 함께 결속해야 하고, **셋째,** 소속감을 느끼게 하는 공동의 활동이 필요하고, **넷째,** 상호 보살피고 지원하는 인간관계 형성이 필요하고, **다섯째,** 구성원들의 헌신에 의해 목표 혹은 과업 달성에 모두가 몰입해야 하고, **여섯째,** 형식이나 절차가 아니라 목표, 가치, 동료애와 같은 내부적인 방식에 의해 함께 통제가 되어야 하며, 마지막으로 지도성과 리더십은 공동체적 연대를 통해 이루어져야 한다고 정의하고 있다.

이러한 공통적인 특성을 바탕으로 학교 공동체는 교사들의 지속적인 능력 개발과 전문성 향상에 헌신하는 전문적 공동체로서의 학교, 교사들이 함께 사고, 성장, 탐구, 몰입하여 함께 배우는 학습공동체로서의 학교, 그리고 공유된 목표를 달성하기 위해 봉사자로서의 합의된 리더가 존재하는 리더 공동체로서의 학교가 바로 흔히 말하는 학교 교육 공동체라고 할 수 있다.

그렇다면, 공동체 형성에 무엇이 필요할까?

이러한 학교 공동체가 형성되기 위해서는 필요한 요건이 있다. **첫째,** 좋은 교육이 무엇인지, 우리가 원하는 교육이 무엇인지에 대한 구성원들 간의 협의와 합의가 있어야 한다. 이렇게 되어야만 교사들은 자신들이 하는 교육의 방향이 무엇이고, 이러한 교육이 기여하는 바가 무엇인지 뚜렷하게 인식하게 됨으로써 학교에서도 이러한 공동체를 통해 교사들이 성취하려고 하는 것이 무엇인지 알게 된다. **둘째,** 학교 구성원들이 함께 공동의 프로젝트를 추진해야 한다. 이로써 구성원들이 교육 목적과 가치를 공유할 뿐 아니라, 공동의 활동을 통해 이를 재생산하게 되는 과정을 거치게 된다. 이를 통해 학교 공동체는 교육활동의 목적이 무엇인지 함께 분명하게 인식하고, 그러한 교육활동의 목적의 가치에 대해 모두 동의하고 공유할 때 의지가 발현되고, 이러한 의리를 통해 공동의 프로젝트를 추진함으로써 공동의 목표를 지향하는 학교 공동체가 형성될 수 있는 것이다.

물론 이러한 경우에도 한 가지 중요한 인식이 있다. 바로 서로의 의견 차이가 있음을 발견하더라도, 서로 다른 사고의 차이를 없애거나 누구의 의견이나 사고를 바꾸려고 해서는 안 된다는 것이다. 다만, 서로의 생각과 사고의 다름과 차이를 존중하고 배려하며, 협력함으로써 그 차이를 수용해나가는 학교문화의 생성이 함께 필요하다. 이러한 문화가 생성될 때 학교 구성원들은 서로 상호 의존하고 상호작용을 하게 된다. 이렇게 형성된 학교 공동체는 학교 구성원으로 소속감, 신뢰감, 안전성 등을 증진하는 효과도 가져오게 될 것이다.

그렇다면 이러한 학교 공동체 형성을 위해 우리는 어떻게 개혁을 추진해야 할까?

학교 공동체 형성에 있어서 교사들 간의 동료성 구축이 필요함에도 불구하고, 실제 학교 현장에서 교사들은 상호협력이 높지 않고 상호 고립되어 있으며, 이로 인해 학교 교육 개혁이 더딘 것이 사실이다(Johnson, 2000). 한 예로 송연주, 이상수(2015)는 학교 교육 붕괴 현상 아래에는 학교 구성원들 간의 뿌리 깊은 불신과 심각한 대립이 내재되어 있음을 확인하였다. 구성원들 간의 불신은 여러 가지 원인이 복합적으로 상호작용한 결과로써, 서로에게 불신이 쌓여 있는 상태에서는 협력적 노력을 아무리 하더라도 교육 공동체가 성공적으로 정착될 수 없을 것이다. 그 이유는 교사들은 매일의 생활에서 학생 교육과 지도를 교실이라는 독립된 공간에서 단독적으로 수행하는 반면, 학교 전체적인 교육 목표는 교사들 간의 교육활동이 상호의존적으로 일어날 때 성취되는 부분이 많기 때문이다. 이에 부장교사, 교감, 교장 등 핵심적 위치에 있는 인사들이 동료성 구축을 위해 적극적인 역할을 수행하는 것이 매우 중요하다(Johnson, 2000).

협력하여 학교교육 개혁을 이루기 위해서 학교장, 교사의 역할과 함께 중요한 것이 학부모의 역할이라고 할 수 있다. 학교는 아이들과 교사가 함께 배우면서 성장하는 곳인 동시에 학부모와 지역사회가 함께 협력하여 교육활동에 참여하는 곳이기 때문이다. 실제로 일본에서는 학부모가 교육활동에 대한 참여가 활성화될수록 여러 가지 긍정적 효과를 더 얻을 수 있는 것으로 확인되었다. 학교를 바라보는 학부모들의 관점이 소극적이고 비판적인 것에서 벗어나 서로 협력하는 관계로 변화하게 되며, 내 아이라는 개인적인 의식에서 벗어나 우리라는 공동체적 의식으로 변화하게 되며, 아이들과의 보다 친밀한 관계 형성의 기회를 얻게 된다고 한다. 즉, 공동체적 학교에서 학부모들은 학교 공동체 운영의 중요성을 인식하고 적극적으로 참여하고 지원하는 역할을 담당해야 한다.

실제로 우리나라의 남한산초등학교에서는 기존의 관료적이고 비민주적인 학교 운영의 관행을 극복하기 위해 민주적이고 적극적인 학부모의 참여 방안을 모색하였다. 학부모들은 총회, 운영위원회, 대표자 회의, 학부모회의, 연성 회의 등 다양한 통로를 통해 의사를 전달하며, 다양한 교육 프로그램에서 자원봉사활동으로 참여하고 있다. 이를 통해 갈등도 발생되기는 하였지만, 민주적인 공동체를 형성하게 되었다고 한다(서근원, 2004).

교사, 학교장, 학부모와 함께 교육개혁을 위해 고려해야 하는 부분으로 학교 조직의 환경적 요인을 들 수 있다. 여기서 말하는 단위 학교에서의 환경적 요인이라 함은 유대 관계를 맺고 있는 지역사회 내 각종 유관 기관 및 단체들을 들 수 있다. 단위 학교에서는 이러한 지역 사회 내 공공기관 및 단체들과 긴밀한 연대를 통해 다양한 교육적 자원으로 활용할 수 있어야 한다. 예를 들어, 경찰서 및 소방서와 같은 관공서에서는 학교에서는 실제로 접하지 못하는 체험 중심의 학습이 가능할 것이다. 특히, 대학의 경우에는 단위 학교에서는 보유하지 못한 연구자, 기자재, 시설 등이 풍부하며, 현재 단위학교가 직면한 교육문제에 대한 진단과 해결책 강구에 있어서 다양한 방법으로 지원이 가능할 것이다. 그러나 아직도 단위학교와 지역의 공공기관 및 대학들은 서로 도움을 주고받는 관계라기보다는 소극적으로 교류하는 배타적인 관계를 지니고 있는 것이 사실이다.

실제 일본의 배움 공동체 사례를 살펴보면, 학교와 지역의 연대를 중시하여 전쟁 중의 삶이라는 단원을 지도하기 위해 지역 내 노인회의 협조를 구해서 노인회 회원들을 초청 교사로 수업활동에 참여시켰다. 노인회 회원들이 학생들이 전쟁당시 학교의 모습, 음식, 복장 등을 생생하게 들려주었고, 이를 바탕으로 전시 음식 만들기 수업을 위해 다음에 한 차례 더 초정하여 함께 음식을 만들고 시식도 하는 시간을 가졌다. 이러한 학습 참가를 통해 학생, 학부모, 지역주민, 교사가 서로 배우는 시간을 함께 공유할 수 있었다고 한다(주철안, 손우정, 2005).

그래서 우리들은 함께 협업의 중요성을 깨닫고, 교육철학을 함께 세우면서 프로젝트 학습 중심의 학교 교육 개혁을 계획하고 실천하고자 노력하게 되었다. 그리고 프로젝트 학습을 기반으로 하여 학생과 교사, 학생과 학생, 교사와 교사, 교사와 학부모 간의 다양한 의사소통이 이루어지게 되었으며, 함께 협육하는 교육 공동체를 1년 동안 함께 만들어 가는 교육적 경험을 함께 체험하게 되었다. 이러한 우리들의 성장 이야기를 수업 실천 이야기의 형식으로 본 저서를 통해 전하고자 한다.

차례

○ 1부 ○

왁자지껄 배우는 재미, 프로젝트 학습의 시작

동학년 중심의 교사 공동체 형성, 그리고 프로젝트 학습의 시작

프로젝트 학습을 실천하는데 교사의 전문성도 중요하지만, 그보다 더 중요한 것은 함께 할 수 있는 동료교사이다. 실제로 프로젝트 학습을 혼자서 계획하고 실천한 경험이 있었는데 이때 주변의 많은 교사들과 다른 학급 학부모들의 불편한 시선을 느낄 수가 있었다. 또한 선배 교사에게 이러한 말을 듣기도 하였다.

"혼자서 그렇게 하기에 힘들지 않니?
함께 한다면 더 다양한 프로젝트 학습을 할 수도 있을 것이고,
규모가 더욱 큰 활동도 진행할 수 있을 텐데"

한 선배 교사의 이 말을 듣고서 함께하는 소중함에 대해 다시 한번 더 생각해보게 되었다. 이후 주변 선생님들과 공동체를 형성하려고 노력하였고, 근무했던 3개의 학교에서 모두 교사 공동체를 형성하게 되었다. 일반적으로 전문적 학습공동체라고 말을 하는데 교사 공동체가 왜 중요한 것일까?

전문적 학습공동체라는 용어는 연구자나 시·도교육청에 따라서 교사 학습 공동체, 교원공동체, 전문가 공동체, 수업 탐구 교사 공동체 등 다양하게 불리고 있고, 개념 또한 다양하게 정의되고 있다. 하지만 용어들의 정의는 큰 차이는 없으며, 목적과 가치를 공유한 교사들이 상호 협력과 적극적 실천을 통해 교사로서 전문성의 발전과 성장을 함께 도모하고자 하는 것이다. 즉, 전문적 학습공동체는 교사들의 학습공동체로, 교사의 전문성 신장과 학생의 학습 증진을 위하여 교사들이 함께 배우고 탐구하면서 협력하여 실천해 나가는 교사들의 집단이다.

공동체에 속한 교사들은 전문적 학습공동체 활동을 통해 경험, 지식, 실천 등을 공유하거나 반성하게 되고, 협력하면서 학습하고 실천하여 교사 스스로 수업을 개선함으로써 스스로의 전문성 향상에도 많은 도움이 된다. 또한 교사의 전문적 학습공동체 참여는 궁극적으로 학생의 학습과 연계하여 수업 전문성 신장을 목적으로 한다. 이에 교사 공동체 소속 선생님들이 함께 공유하고 공감하게 되는 교육 철학의 핵심을 프로젝트 학습으로 정하면, 프로젝트 학습의 질적 · 양적 다양성은 물론 학습의 깊이도 매우 깊어질 수 있다. 이에 본 저자는 프로젝트 학습을 실천하는데 교사들에게 필요한 기반은 스스로 프로젝트 학습에 대한 전문성도 중요하지만, 서로의 어려움을 나누고, 서로의 다양한 역량도 함께 나눌 수 있는 프로젝트 학습을 함께 실천할 수 있는 교사 공동체, 흔히 말하는 전문적 학습 공동체를 제안하고자 한다.

물론 교사 공동체를 형성하는 과정은 순탄하지 않다. 프로젝트 학습 기반의 교사 공동체를 형성하기 위해서는 동학년(같은 학년) 선생님들과의 공동체를 형성하고, 교육 철학을 공유하고, 서로의 철학에 공감하는 과정이 중요하다. 따라서 각각의 학교에서 짧게는 1년, 길게는 2년의 시간을 함께 하고 난 뒤에 공동체를 형성하는 것이 가능하다.

오랜 시간을 함께 하면서 프로젝트 학습의 필요성과 중요성을 공감하고, 하고자 하는 신념을 가지더라도 같은 학년으로 구성되지 못하면 이 또한 어려울 수 밖에 없다. 그래서 본 저자는 매 학년말 쯤 교감 선생님과 여러 차례 면담을 요청한다.

한 학교의 업무 및 학년 분장의 최종 결정권자가 교장 선생님이기는 하지만, 최종 결정 및 인사 위원회를 열기 전에 교감 선생님이 초안을 작성한다. 작성된 초안에 크게 문제가 없을 경우 초안대로 업무 및 학년 분장이 이루어진다. 그래서 매 학년말 업무 및 학년 희망서가 배부되기 전, 교감 선생님과 면담을 지속적으로 진행하면서 프로젝트 학습의 필요성과 동학년 선생님들과 전문적 학습 공동체를 구성해야 하는 이유에 대한 논의를 나누면서 공감하는 시간을 가진다.

약 5~6년 전, 처음으로 동학년 중심의 학년 공동체를 구성하기 위해 근무하던 학교의 교감 선생님을 설득시켜야 하는데 프로젝트 학습에 대한 여론이 형성되지 않았던 시기라 매우 어렵게 이야기를 나누었던 기억이 난다. 하지만 지금은 대부분의 시·도 교육청에서 교사 공동체의 필요성이 강조되고 있고, 이와 관련된 관리자를 대상으로 한 관리자 연수도 다양하게 이루어지고 있다. 따라서 대부분의 학교 관리자들은 교사 공동체의 필요성에 대해 많은 공감을 하고 있다.

이후 2번째, 3번째 교사 공동체를 형성하는 과정에서는 관리자분들의 도움을 많이 받을 수 있었으며, 관련된 요청도 흔쾌히 수락하였다. 만약 동학년 중심의 교사 공동체를 구성하고자 한다면 본 저자의 진행한 과정을 참고하면 좋을 것 같다.

프로젝트 수업을 진행할 수 있는 교사 공동체와 관련된 일을 경험해보며 진행하는 과정에서 알아두면 도움이 될 수 있는 것을 살펴보았다. 저자가 그동안 구성하고 운영하였던 교사 공동체에서 함께 하였던 선생님들 대부분은 당시 프로젝트 학습을 한 번도 경험하지 않은 분들이었다. 실제로 프로젝트 학습을 경험해 본 분들도 행사처럼 프로젝트 학습을 1주일 정도 운영을 해보았거나, 교육 정책에 의거해서 어쩔 수 없이 프로젝트 학습을 진행하였던 경험이 있거나, 전 년도 선생님들이 계획했던 프로젝트 학습을 그대로 운영하였던 경험 등을 가지고 있었다. 즉, 교사 공동체를 함께 구성하고서 프로젝트 학습의 필요성에 대해 공감하고, 프로젝트 학습 주제에 대해 이야기를 나누며, 프로젝트 학습 과정의 전반적인 것을 공동체 선생님들과 함께 해보았던 경험이 전무한 교사들이었다.

물론 프로젝트 학습 경험이 다양한 선생님들과 공동체를 구성한다면 금상첨화이지만 그러한 학교는 극히 소수이며, 대부분의 학교 현장은 경험이 많은 선생님들이 거의 없다고 봐도 무방하다. 그래서 본 저자는 프로젝트 학습을 정책에 의해 실천하게 되는 연구학교, 선도학교, 혹은 각종 부설초등학교에서 근무하기 보다는 일반 학교에서 근무하면서, 어느 학교에서나 교사 공동체를 형성할 수 있고, 그러한 평범한 교사 공동체에서 계획하고 실천할 수 있는 프로젝트 학습 이야기를 함께 만들어 가고자 하였다.

그래야 더 많은 일반적인 학교에서도 프로젝트 학습이 일반화되어 질 수 있을 것이며, 하나의 행사같은 프로젝트 학습이 아닌 학교 교육과정에 녹아 들어 갈 수 있는 일상적 수업으로서의 프로젝트 학습 실천 방안을 마련할 수 있을 것이라고 생각하였다.

다시 본래의 이야기로 돌아와서, 교사 공동체를 형성하기 위해서 가장 먼저 노력해야 하는 부분은 시간을 들여가면서 동료 교사와 래포를 형성하는 것이다. 얼마나 많은 시간이 필요한지는 정확히 알 수 없다. 본 저자 역시 1년이 걸릴 때도 있었고, 2년이 걸릴 때도 있었기 때문이다. 특히 학교 교사들은 4년 혹은 5년이 지나면 학교를 옮겨야 하기 때문에 실제적으로 동학년 중심의 교사 공동체를 형성하는 것이 매우 어려운 일이 될 수 있다. 그렇지만, 1년이라는 시간을 함께 프로젝트 학습을 기반으로 교실 수업을 만들어야 해서, 시간을 가지고 프로젝트 학습에 관심을 가진 교사를 찾고, 함께 프로젝트 학습을 실천하고자 열정을 가진 선생님을 찾아야 한다.

그리고 어느 정도 함께 할 수 있는 선생님이 준비되었다고 판단이 되면, 교감 선생님과 면담을 진행하고, 업무 및 학년 희망서에 프로젝트 학습 기반의 교사 공동체에 함께 하기를 원하느냐에 대한 질문 문항을 추가해달라고 요청을 하면 된다. 앞서 말을 했듯, 최근에는 많은 관리자가 이 부분에 대한 필요성 및 중요성에 대해 공감을 하고 있기에 다른 과정보다 그리 어렵거나 힘든 과정은 아닐 것이다.

다음으로는 희망서 수합이 완료된 후 희망자를 모아본 뒤, 어느 학년을 함께 할 것인지를 선택한다. 이때 하나의 팁은 공동체가 어떠한 학년을 희망하기보다는 학년 희망서 수합 결과를 살펴본 뒤, 학교 선생님들이 가장 희망하지 않는 학년을 선택하는 것이 큰 문제없이 학년을 선택할 수 있는 방법이다. 그래서 저자는 5학년을 선택하게 되었고, 5학년 담임선생님과 5학년 학생들이 함께 프로젝트 학습을 실천하게 되었다.

이 때 한 가지 명심할 것은, 오랜 시간 함께 이야기를 나누며 프로젝트 학습에 관심을 가지고 함께 하기를 희망하는 선생님들이 모두 프로젝트 학습 기반의 교사 공동체를 희망할 것이라는 착각에서 벗어나야 한다는 것이다. 선생님들마다 각자의 상황이 있고, 각자의 여건이 있기 때문에 프로젝트 학습에 관심을 가지고 있기는 하지만, 막상 업무 및 학년 희망서 작성 시에는 교사 공동체 활동을 희망하지 않을 수도 있으니 실망을 하면 안된다.

저자의 경우, 학년에 필요한 교사들의 수가 모두 충원되지 않을 경우에는 신규 교사 혹은 전입교사 중 저경력 순으로 별도로 연락을 취하고, 함께 하고자 부탁을 드리게 되었다. 교사 공동체를 구성하고자 희망한다면 이 방법을 활용하는 것도 바람직하다. 신규 교사 및 저경력 교사들은 다양한 교실 수업을 적용하면서 자신에게 맞는 수업 방법을 찾아가는 시기이기에, 프로젝트 학습 실천 경험 또한 그러한 과정 중에 하나가 될 수 있을 것이라고 설득한다면 크게 어렵지 않게 부족한 교사를 충원할 수 있게 된다.

이렇게 공동체를 구성하고 나면 교육 철학에 대해 이야기를 나누어야 한다.

우리들도 이러한 과정을 거쳐서 동학년(5학년) 중심의 교사 공동체를 꾸리게 되었고, 2월 말 처음으로 이야기를 나누는 시간을 가지게 되었다. 선생님들의 프로젝트 학습 실천 경험이 많을 경우에는 함께 교육 철학에 대해 이야기하고, 서로의 생각에 공감하는 데 별다른 문제가 발생하지 않지만, 앞서 말을 했듯이 프로젝트 학습을 제대로 경험해보지 못한 선생님들과 함께 공동체를 구성하다보니 철학을 공유하는 것부터 어려움을 겪게 되었다. 학교 현장의 실제적인 모습을 고려했을 때, 프로젝트 학습 기반의 교사 공동체를 구성하고자 하는 많은 선생님들도 이러한 어려움에 직면할 수 있다.

크나큰 포부와 기대를 가지고 시작하였지만, 이러한 어려움으로 인해 중도에 포기를 하는 선생님들을 보았기에 이러한 어려움의 과정을 미리 염두에 두고 시작해야 한다.

**어떻게 하면 하나의 공통된 철학을 공유하면서,
공동체를 구성하여 운영할 수 있을까?**

많은 고민과 생각을 하면서 이러한 질문을 통해 서로의 생각에 공감하는 과정을 거치게 되었고, 서로의 공통된 철학을 가지고 프로젝트 학습을 계획하고 실천하게 되었다. 우리가 가진 질문은 바로 이것이었다.

1년 후 우리 아이들은
어떤 모습이면 좋을까요?

이 질문은 프로젝트 학습을 계획하고 주제를 구성함에 있어서 가장 핵심적인 질문이다. 흔히들 프로젝트 학습이라고 하면 아이들의 관심과 흥미, 그리고 문제점에서 시작을 해야 한다고 한다. 하지만 여기에는 또 하나의 큰 어려움이 존재한다. 우선 아이들의 대부분은 삶을 살아가는데 문제를 가지고 있지 않으며, 생활과 삶에 대해 관심과 흥미가 없으며, 스스로 무엇인가를 생각하려 하기 보다는 지시, 규칙, 규율에 따르며 살아가는 삶에 익숙해져 있다. 아니 어쩌면 익숙해진 것이 아니라 그렇게 되도록 교사가, 그리고 학부모가 유도하였을지 모른다. 생각을 하게 하기보다는 필기를 하게 하고, 관심과 흥미를 가지게 하기보다는 암기를 하게 하는 교육이었으니 말이다. 이러한 아이들에게 생각을 하라고 하고, 문제를 찾으라고 하고, 흥미와 관심을 가지라고 하는 것이 과연 가능할까? 이러한 의미에서 프로젝트 학습의 교실 적용에 대한 비판의 목소리가 높은 것으로 알고 있다. 하지만 그렇다고 하여 프로젝트 학습을 포기해야 하는 것일까?

우리는 다른 쪽으로도 생각을 해보았다. 흔히들 교사가 행복해야 아이들이 행복하다고 한다. 이는 교사가 즐거워야 아이들도 즐겁다는 말과 유사한 것 같다. 그럼 이것은 교사가 즐거운 수업을 해야 아이들도 수업이 즐거울 수 있다는 말과 일맥상통하지 않을까?

그동안 우리 교사들은
즐거운 수업을 하였을까?

대답은 아니었다. 그저 진도 나가기 급급하고, 암기시키기 급급한 수업을 해왔으니 즐거운 수업과는 거리가 먼 것이 당연한 것인지도 모른다. 왜 교사 스스로도 즐거운 수업을 하지 못했을까? 아니 하지 않았을까? 라는 고민을 하면서 세 번째 질문을 하게 된 것 같다.

사실 매년 2월이 되면 허무해진다. 학생 개인적으로 지식적인 측면에서는 어느 정도 성장(성장이 아니라 암기가 맞을지도 모르지만)을 하였을지 모르지만, 실제적으로 교사로서 내가 바라던 아이들의 모습은 이런 모습이 아닌 데라는 생각이 들면서 허무해졌다. 우리들 모두 2월에 함께 모여서 이야기를 나누며 이 생각에 동의하였다.

공부를 잘하는 아이가 아니라, 함께 할 줄 아는 아이를 길러주고 싶었고, 경쟁하며 공부하는 아이가 아니라 함께 성장하고 발전하며 함께 공부하려는 아이로 길러주고 싶었다. 자기 것만 소중히 여기는 아이가 아니라 나의 것을 나누어 줄 줄 알고 친구를 배려할 줄 아는 아이로 길러주고 싶었는데..

이러한 생각에 동의하고 이야기하면서 그동안 우리들에게 2월이라는 시간은 스스로에게도 매우 힘든 시기였던 것 같다. 그러면서 스스로 질문을 던졌다.

❶ 질문에 대한 서로의 생각 공유하기

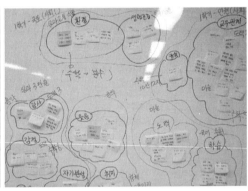

❷ 공유한 생각 범주화하기

❸ 주제별 교과 1차 맵핑으로
주제 순서 정하기

❹ 원격수업 적용 프로젝트 학습 정하기

내가 바라는 아이들은
진정 어떠한 모습의 아이들일까?

단 이 질문에 대한 기록은 '인성이 바른 아이'처럼 범위를 넓게 적지 않고, 친구에게 준비물을 빌려주는 아이, 먼저 인사를 하는 아이처럼 행동적인 측면으로 자세하게 적었다. 그리고 적은 글을 비슷한 것들끼리 모아서 범주화하고, 범주화된 행동들을 포괄할 수 있는 용어를 정하였다. 그렇게 정한 용어들이 프로젝트 학습의 주제가 된다. 또한 각각의 주제 안에 원하는 아이들의 모습이 프로젝트 학습을 구성하는 활동의 큰 축이 된다. 그래서 행동으로 자세하게 적도록 하였다.

이에 프로젝트 학습 주제를 정하기 위해 우리가 함께 던지고 이야기 나눈 질문은 바로

1년 후 내가 바라는
아이들의 모습은 무엇일까?

라는 질문이었고, 질문에 대한 답변을 모으고, 분류하고, 범주화를 한 뒤, 각 각의 범주화된 주제들로 프로젝트 학습 주제를 선정하였다. 그리고 범주화된 주제들이 하나의 스토리가 될 수 있도록 구성하여 프로젝트 학습 주제를 정하였다.

함께 모여서 우리들이 바라는 5학년 아이들의 모습에 대한 이야기를 바탕으로 프로젝트 학습의 주제를 선정하고, 이를 바탕으로 앞에서 보여주었던 표처럼 교육과정을 재구성하게 되었다. 그리고 함께 이야기를 나눈 주제를 바탕으로 주제명, 순서는 다음과 같은 과정을 거치면서 하나의 스토리를 만들 수 있게 되었다.

질문에 대해 서로의 생각을 공유하고, 공유된 생각을 범주화하면서 각자가 가진 수업에 대한 생각들, 학생들의 성장 모습에서 공통된 점들을 다수 발견하게 되었다. 그리고 서로 적은 내용을 이야기하며 각자 다른 방식으로 수업을 진행하고, 교육과정을 바라보고 있었지만, 그 이면에는 비슷한 생각과 철학을 가지고 있음을 발견할 수 있었다. 이렇게 각자가 생각하는 교육 철학, 그리고 학생들의 성장 모습을 고민해본 경험이 거의 없

었기에, 서로의 다양한 생각을 이끌어내고, 이야기를 나누며 범주화하는 시간이 오래 걸리기는 하였지만, 지금 돌이켜 생각해보면 이러한 서로의 생각에 대해 글로 표현하고서 이야기를 나누며 함께 공통된 철학을 가질 수 있었기 때문에 교사 공동체로 1년을 함께 할 수 있었던 것 같다.

그리고서 범주화된 생각들별로 프로젝트 학습 주제를 선정하고, 각각의 주제별로 관련된 교과가 어떠한 것들이 있으며, 어떠한 단원 및 성취기준과 밀접한 관련이 있는 활동들이 될 수 있을지 1차적인 맵핑 과정을 거쳤다. 프로젝트 학습 주제별로 하나의 스토리를 만들어 학생들의 삶 속에 녹아들 수 있도록 구성하는 것도 중요하지만, 그보다 앞서 프로젝트 학습의 각각의 주제들 또한 커다란 하나의 스토리가 있어야 한다고 생각하였다. 우리들이 계획하고 실천하게 될 프로젝트 학습이 분절되어 운영되는, 하나의 행사와 같은 프로젝트 학습이 아니라, 학년 교육과정에 녹아들 수 있는 프로젝트 학습을 목표로 하였기 때문이다. 그래서 한 학기 동안 실천할 프로젝트 학습의 주제가 하나의 커다란 흐름 안에서 이루어질 수 있도록 주제별로 순서를 정하게 되었다.

또한 코로나 19로 인해 온라인 수업과 오프라인 수업이 병행될 가능성이 높았기에, 각각의 프로젝트 주제별로 원격수업을 적용할 수 있는 프로젝트 학습 주제를 선정하게 되었다. 우리가 2월 말에 함께 모여 계획을 할 당시에는 코로나19가 어느 정도 잠잠해지고 있었고, 교육청에서도 3월, 한 달만 원격수업 운영(안)이 발표되었던 상황이었다. 그래서 주제 명을 정하고, 주제별 순서를 정할 때 3월 달에 이루어지는 프로젝트 학습은 소소한 활동들로 구성되어진 프로젝트 수업, 프로젝트 학습이란 무엇인지에 대해 학생들에게 알려줄 수 있는 프로젝트 수업, 수업 활동에 스스로 참여할 수 있는 경험과 적극성을 높여 줄 수 있는 프로젝트 수업 등으로 구성하기로 의견을 모았다. 그리고서 3월 한 달 동안은 격주로 2개의 프로젝트를 동시에 진행하기로 하였다. 한 개의 프로젝트는 원격수업용 프로젝트 학습(이것이 우리들의 첫 번째 프로젝트이다), 그리고 교실수업용 프로젝트 학습(이것은 우리들의 두 번째 프로젝트이다)으로 구분지어서 계획하게 되었다.

그리고 4월 이후에 이루어지는 프로젝트 학습은 상황이 변함에 따라 어떻게 대처해야 할지 의논을 하였다. 온라인 중심의 프로젝트 학습과 오프라인 중심의 프로젝트 학습을 구분지어서 계획을 해야 할지, 프로젝트 학습별로 온-오프라인을 병행할 수 있게 계획을 해야 할지를 선택해야 했다. 결론은 원격수업과 교실수업으로 구분지어서 온-오프라인을 블렌디드 할 수 있는 프로젝트 학습으로 계획하기로 하였다.

온라인용과 오프라인용으로 프로젝트 학습을 구분지어서 계획을 할 경우, 코로나19 상황에 대응하기에 어려움이 있을 것이라는 판단, 전체적인 프로젝트 학습이 하나의 커다란 스토리로 학생들에게 다가가기 위해서는 프로젝트 학습이 주제별로 순서에 맞게 운영이 되어야 한다는 판단, 프로젝트 학습이 온-오프라인을 병행하여 운영될 수 있는 교수·학습 방법이라는 것을 보여주면 좋겠다는 판단 등에 의해서 우리는 온-오프라인 블렌디드형 프로젝트 학습을 계획하게 되었다.

프로젝트 학습 계획 과정은 아래의 그림과 같다.

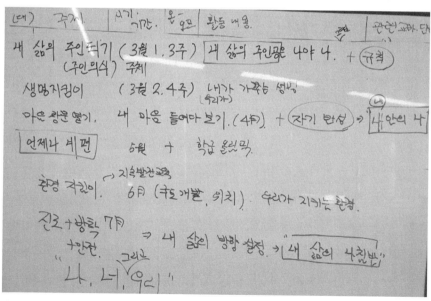

❺ 프로젝트 학습 (대)주제 선정하기

❻ 프로젝트 주제별 개요도 만들기

❼ 프로젝트 주제별 흐름도 만들기

❽ 프로젝트 학습 연계 원격수업계획안 작성

　이러한 과정은 2주 정도의 시간이 필요했다. 교사 공동체를 형성하고 프로젝트 학습을 계획하기 위해서 이야기를 나누기 전과 후가 확연히 큰 차이가 있었다. 평소와 같은 새 학년 준비기간의 경우에는 새로운 학년 선생님들과 인사를 나누고, 역할을 배정하고, 각자의 역할에 맞게 새학년을 준비하기 위해 누군가 한 명이 프로그램(흔히들 이지에듀를 사용한다)을 이용해 1년 간의 교육과정을 작성하고, 작성된 교육과정에 따라 학급별로 수정이 필요한 부분만을 수정하여 제출하면 새 학년 준비 과정이 모두 마무리가 된다. 일반적으로 학교에서 5일 정도의 준비기간을 주기는 하지만, 이 경우에는 이틀 혹은 삼일 정도면 모든 것이 마무리가 되고, 선생님들은 각자의 교실을 정리하거나 새로운 선생님들과의 래포 형성을 위한 자유로운 시간을 가지게 된다. 하지만 우리는 이보다 더 많은 시간을 할애하게 되었다. 물론 효율성의 측면에서 바라 볼 경우에는 매우 불필요한 과정이라고 볼 수도 있지만, 1년이라는 긴 시간을 함께 프로젝트 학습을 계획하고 실천해야 하는데는 2주라는 시간은 매우 의미있는 시간이었다.

이러한 과정을 거쳤기에, 힘들고 포기하고 싶은 순간이 와도 서로의 공통된 교육 철학을 관철할 수 있었고, 우리가 생각하는 학생들이 바르게 성장하는 모습을 보기 위해 더욱 함께하게 되었으며, 무엇보다 스스로 학생들에게 부끄럽지 않고 조금은 떳떳한 선생님으로 다가갈 수 있었다.

이렇게 2주간 함께 이야기를 나눈 6개의 프로젝트 학습 주제별 주제망과 흐름도는 아래의 그림과 같다.

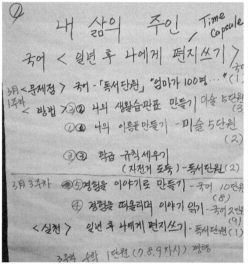

주제 ❶ 내 삶의 주인   주제 ❷ 우리가 지키는 환경

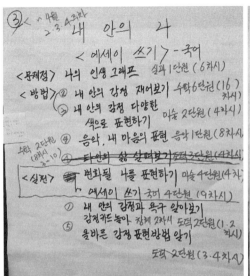

주제 ❸ 내 안의 나

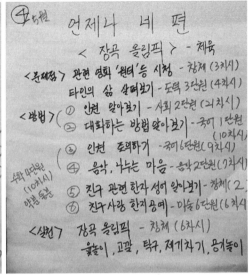

주제 ❹ 언제나 네 편

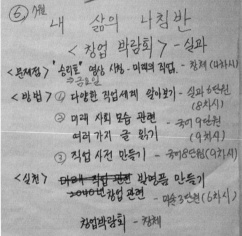

주제 ❺ 우리가 살아가는 국토

주제 ❻ 너와 나, 삶의 나침반

이러한 주제명에 따라, 프로젝트 학습 주제를 아래와 같이 정리하였다. 계획할 당시의 프로젝트 학습 주제는 주제별로 순서를 정하고, 하나의 스토리를 만들어가면서 조금씩 변화를 주게 되었다.

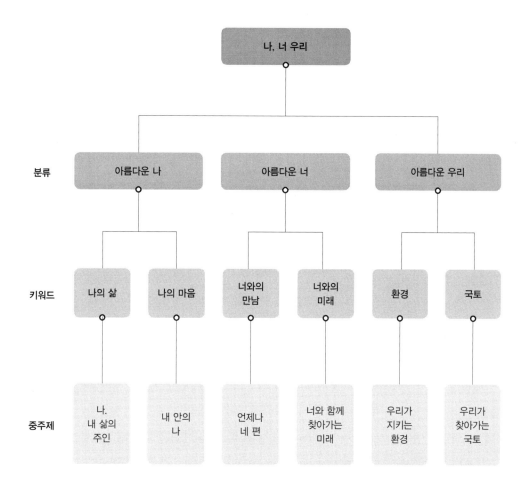

그리고 프로젝트 학습 주제별로 하나의 커다란 스토리를 만들기 위해서 다음과 같은 주제 순서를 정하였다.

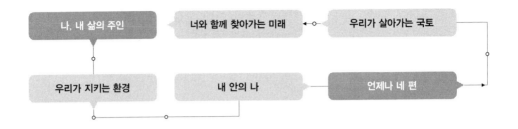

나, 내 삶의 주인	너와 함께 찾아가는 미래	우리가 살아가는 국토
우리가 지키는 환경	내 안의 나	언제나 네 편

주제명을 결정한 후, 우리는 프로젝트 순서를 고민하게 되었다. 우선 나, 너, 우리로 관계를 확대해나갔고, 각각의 관계에 2개씩의 프로젝트 학습을 계획하였다.

우선 코로나-19로 인한 등교 연기 및 원격수업, 그리고 2021년 지속된 원격수업으로 인해 삶의 패턴이 무너지고 스스로의 삶을 살아가기 어려워진 5학년 학생들을 위해 '나, 내 삶의 주인' 프로젝트를 통해 스스로 계획과 규칙을 정하고 지키며 생활하는 태도를 형성시켜주고자 하였다. 그리고 삶의 주인이 나이기도 하지만, 이러한 삶은 주변 환경에 큰 영향을 받기 때문에 '우리가 지키는 환경' 프로젝트를 통해 환경의 소중함을 알게 하였다. '내 안의 나' 프로젝트를 통해 주변 다양한 환경의 도움을 받아 성장하고 있는 나를 발견하고, 내 안의 감정과 마음을 바르게 다스릴 줄 아는 방법을 알고 실천하는 기회를 제공한다. 그리고 이를 바탕으로 '언제나 네 편' 프로젝트로 이어지면서 서로의 감정을 공감하고 배려할 줄 아는 교우 관계 형성의 경험을 제공하고, 공감과 배려를 주변환경으로 넓힐 수 있는 기회를 제공하고자 하였다. 이와 더불어 원격수업으로 올바른 관계를 형성하기 위해 학교폭력의 원인 중의 하나인 사이버 폭력에 대한 문제점을 인식시키고 바른 인터넷 사용 문화를 어린 시절부터 형성할 수 있는 기회를 제공해주고자 하였다.

사회를 주요 교과로 한 '우리가 살아가는 국토' 프로젝트를 통해 우리나라의 위치와 국토 개발이 어떻게 이루어졌는지 학습하고, 환경을 배려한 지속가능한 국토 개발의 필요성과 중요성을 학습한 뒤, 앞으로 우리의 삶을 어떻게 계획하고 실천하면 좋을지 '너와 함께 찾아가는 미래' 프로젝트를 통해 창업 박람회를 개최하면서 프로젝트 학습을 마무리 짓게 된다.

이렇게 계획한 한 학기 동안의 프로젝트 학습 전체 흐름도는 다음과 같다.

주제			소주제 흐름			차시	기간 (온~오프)
대	중		활동 흐름 및 내용		교과(단원)		
나, 너, 그리고 우리	나, 내 삶의 주인 (원격)	필요	'엄마가 만약 100명이라면'을 함께 읽고, 나의 모습 살피기		국어(독서)	2	3월 1, 3주 (온라인)
		방법	나의 생활 습관표 및 이름표 픽토그램으로 표현하기		미술(5)	5	
			'자전거 도둑'을 함께 읽고, 내가 실천할 학급 규칙 만들기		국어(독서)	5	
			지난 나의 경험을 떠올리며 내 삶의 주인 이야기 만들기		국어(2,10)	17	
		실천	일년 후 나에게 편지 쓰고, 학급별 타임 캡슐 만들어 심기		국어(독서)	1	
	우리가 지키는 환경	필요	'아마존 눈물' 등 환경 관련 영상 시청 후 이야기 나누기		창체(동)	5	3월 2, 4주 4월 1주 (오프라인)
		방법	멸종 위기의 동·식물에 대해 알아보고 자세히 살펴보기		미술(7)	2	
			동·식물 자원의 중요성과 필요성 알기		실과(2)	12	
			동·식물 자원 보호를 주제로 한 주장하는 글 쓰기		국어(5)	10	
			환경 보호의 중요성을 깨닫고, 환경 관련 노랫말 만들기		음악(3)	4	
			식물 자원 심고, 관찰 일지를 작성하여 기르기		국어(3)	9	
		실천	환경 보호를 위한 올바른 행동 선택하기		도덕(1)	4	
			동·식물, 그리고 환경 보호를 위한 캠페인 하기		미술(7)	4	
	내 안의 나	필요	나의 인생 그래프 만들며 성장 과정 살펴보기		실과(1)	6	4월 (온~오프 블랜디드)
		방법	내 안의 다양한 감정과 욕구 알아보기		도덕(2)	2	
			내 안의 다양한 감정 및 욕구들의 크기를 재어보기		수학(6)	16	
			내 안의 감정과 욕구를 다양한 색으로 표현하기		미술(2)	4	
			음악으로 내 마음을 표현하기		음악(1)	8	
			올바른 감정 표현 방법 알고 실천 다짐하기		도덕(2)	2	
		실천	앞으로 변화될 나의 모습을 그림으로 표현하기		미술(4)	4	
			프로젝트 학습 경험을 에세이로 표현하고 발표하기		국어(4)	9	

주제			소주제 흐름		차시	기간 (온~오프)
대	중		활동 흐름 및 내용	교과(단원)		
	언제나 네 편	필요	'원더' 등 친구 관계 관련 영화 시청하기 친구를 배려하며 살아가는 타인의 삶 살펴보기	창체(동) 도덕(3)	3 4	5월 (온~오프 블랜디드)
		방법	우리 모두 가지고 있고, 서로 존중해야 할 인권 알아보기 친구와 대화하며 공감하는 방법 알아보기 우리가 지켜야 할 인권에 대해 토의하고 우리반 법 만들기 친구와 나누는 마음을 음악으로 표현하기 교우 관계와 관련된 한자 성어 알아보기 친구 사랑 한자를 다양한 방법의 한지 공예로 표현하기	사회(2) 국어(1) 국어(6) 음악(2) 창체(자율) 미술(6)	21 10 9 7 2 6	
		실천	함께 하는 친구 사랑 올림픽 개최하기	창체(동)	6	
	우리가 살아 가는 환경	필요	국토에 대해 얼마나 알고 있을까? 학급 골든벨 열기 우리나라 국토 및 명소를 소개하는 영상 시청하기	창체(자) 창체(자)	2 1	6월 (온~오프 블랜디드)
		방법	우리가 살아가는 국토에 대해 알아보기 국토의 면적을 분수로 표현하고 비교해보기 방법 우리 주변 환경을 새로운 시각으로 표현하기 여행 경험을 살려 기행문을 작성하고 발표하기	사회(1) 수학(5) 미술(1) 국어(7)	24 10 4 8	
		실천	우리 국토에 대해 많이 알았나요? 학년 골든벨 열기 우리가 살아가는 국토, 전시회 열기(ucc, 뉴스)	사회(1) 창체(자)		
	너와 함께 찾아가는 미래	필요	'승리호'를 시청하면서 미래의 직업 상상해보기	창체(동)	4	7월 (온~오프 블랜디드)
		방법	현재, 그리고 미래의 다양한 직업 세계 알아보기 미래 사회 모습 관련 여러 종류의 글을 목적에 맞게 읽기 미래 사회, 다양한 직업 사전 만들기	실과 (6) 국어(9) 국어(8)	8 9 9	
		실천	너와 나의 미래, 창업 관련 발령품 만들기 창업 박람회 열기	미술(3) 창체(자)	6	

동학년 중심의 교사 공동체 형성, 프로젝트 학습 시작을 위한 우리들의 주안점

우리들은 프로젝트 학습을 실천함에 있어서 온−오프라인 블렌디드형 프로젝트 학습 계획, 그리고 교육과정−수업−평가−기록(이하 교−수−평−기)이 일체화될 수 있는 과정중심 평가 계획 등 2가지의 주안점을 가졌다.

우선 블렌디드 러닝형 프로젝트 학습 계획을 위해서 웹 기반 상호작용형 콘텐츠를 비교 · 분석하였으며, 이에 대한 활동 방안을 아래와 같이 마련하였다.

구분	콘텐츠 (해당 페이지)	장 · 단점 비교 분석 내용
동영상 제작 활용 방안	캡츄라 (p.74)	▶장점 − 오픈소스 기반으로 만들어진 영상녹화 프로그램 − 다른 프로그램들에 비해 상대적으로 프로그램이 가벼움 − 성능이 낮은 컴퓨터에서도 사용 가능 − 이용자가 점점 늘고 있는 추세 ▷단점 − 개발 중단
	OBS Studio	▶장점 − 오픈소스 기반으로 만들어진 영상녹화 프로그램 − 다양한 플로그인, 한글 지원 ▷단점 − 일부 상황에서 녹화시 싱크 딜레이 발생 − 프로그램 자체가 상당히 무거운편 − 세팅을 잘못하거나 고화질을 요구할 때 녹화중 컴퓨터가 꺼지거나 블루스크린이 뜨는경우가 잦음 − 고사양 컴퓨터에 적합함

구분	콘텐츠 (해당 페이지)	장 · 단점 비교 분석 내용
	Xsplit	▶장점 – 로컬 녹화기능이 있어 전문 크리에이터들이 많이 사용함 ▷단점 – 결재를 해야 제약없이 사용이 가능함.
	활용 방안	동영상 제작 관련 콘텐츠 비교 분석 결과를 바탕으로 하여, 교사들이 사용하기에 쉽고, 프로그램 작동에 있어서 컴퓨터 사양이 낮아도 활용이 가능한 측면을 고려하여 활용 여부를 선정하였다. 이에 프로그램이 가볍고, 사용 방법이 간단한 프로그램인 캡츄라를 기본으로 하여 동영상 강의 제작 시 활용하기로 하였다.
온라인 피드백	멘티 미터	▶장점 – 별도의 앱을 설치하지 않아도 됨 – 중복 투표가 가능함 – 학생 회원가입이 필요없음. ▷단점 – 무료 사용시 3장의 슬라이드만 사용가능
	패들렛 (p.84)	▶장점 – 학생 결과물을 한곳에 모아볼 수 있음 – 결과물을 파일이나 인쇄물로 출력가능 – 학생 투표와 댓글기능이 있음 – 사용법이 간편함 – 의견 공유에 적합함 ▷단점 – 무료로 사용시 3장만 사용가능
	잼보드 (p.68)	▶장점 – 구글에서 만들어진 협업도구 프로그램 – 무료로 사용가능 – 협업도구이다 보니 여러사람이 동시 접속이 가능함 – 함께 작업하는 사람끼리 링크를 공유할 수 있음 – 모바일 접속도 가능함

구분	콘텐츠 (해당 페이지)	장 · 단점 비교 분석 내용
	활용 방안	패들렛의 경우 다양한 포맷을 기본적으로 제공하고 있고, 학생 투표 및 의견 교환 기능이 포함되어 있음. 줌 활용 실시간 수업 시 공유 기능이 간편하고, 학생들이 활용하기에 간단하기에 온라인 토론에 활용하는데 적합하였다. 잼보드의 경우 서로의 의견을 모으기에 가장 간단하고 활용하기 편한 콘텐츠로써, 포스트잇 기능을 탑재하고 있기에 팀별 의견 수렴에 적합한 콘텐츠기이기에 그룹 프로젝트에 활용하는데 적합하였다. 이에 원격수업으로 운영되는 프로젝트 학습 활동 시에 패들렛과 잼보드를 활용하기로 하였으며, 이는 '나, 내 삶의 주인'프로젝트 학습을 통해 확인이 가능하다.
게임 기반 문제 풀이	카훗	▶장점 – 다양한 인터페이스 지원 – 가상의 상대와 경쟁이 가능 – 여러 가지 기능이 있음 ▷단점 – 교실에서만 사용가능 – 대형 스크린이 필수 – 언어가 영어로 되어 있음
	소크라 티브	▶장점 – 퀴즈 형식의 간단한 형성평가 가능 ▷단점 – 누가 어떤 답변을 했는지 확인 불가능함
	띵커벨 (p.285)	▶장점 – 게임 요소가 있어 학생들에게 긴장감을 유지시키며 재미있게 참여할 수 있음 – 준비과정이 간편함 – 동기유발과 정리에 적합함.
	활용 방안	띵커벨의 경우 국내에서 개발된 콘텐츠이며, 전국 교사들이 개발한 다양한 교과 및 차시별자료가 탑재되어 있었다. 실시간 문제 풀이 활동도 가능하기에 학습 도입 및 정리 단계에서 활용이 가능하다. 이에 프로젝트 학습 도입 시, 사전 지식 습득 정도 확인을 위하여 학급별 골든벨 대회를 운영할 때와 프로젝트 학습 이후 학년 전체 학생들과 함께 학습한 정도를 확인하기 위하여 학년 전체 골든벨 대회를 운영할 때 활용하기로 하였다. 이는 '우리가 살아가는 국토'프로젝트를 통해 확인할 수 있다.

위의 웹 기반 콘텐츠 비교·분석 및 활용방안에 대한 협의와 함께 학생중심 블렌디드 러닝형 프로젝트 학습 계획을 위한 설계안도 함께 마련하였다.

효율적 블렌디드 러닝 설계의 첫 단계는 코스 얼라이어먼트로 시작된다. 블렌디드 러닝에서의 얼라이먼트는 학생들이 온라인 수업 상에서 얻어야 하는 학습결과를 성취하기 위해 학습목표, 교육용 자료, 학습활동, 평가 등 일련의 수업 구성 요소들을 블렌디드 러닝 특성에 맞게 재구성하고 일직선상에 나열하는 과정을 의미한다.

하지만 이 과정에서 주의할 점은 면대면 수업에서의 1시간 일반강의를 온라인 수업에서도 똑같이 1시간 동안 온라인 플포그램을 이용해 실시간으로 강의하는 것은 원격강의이지 제대로 된 블렌디드 러닝이 아니라는 점이다. 즉, 면대면 수업에서도 교사의 수업을 듣는 직접 강의시간 외에도 그룹 프로젝트를 하고 과제물을 작성하고 피드백을 하는 등 수업외 학습활동이 있듯이, 이러한 부분에 대한 종합적인 고려를 통해 블렌디드 수업 요소들에 대한 얼라이먼트 작업을 수행해야 하는 점이 미리 고려되어야 한다.

또한 직접 강의 시간에도 실시간 화상강의 시간 뿐 아니라 교사가 제공하는 동영상 자료 시청 시간, 교사와 학생간의 소통하는 시간, 이메일에 응답하는 시간 등이 모두 포함되어야 한다. 이러한 점을 고려한 블렌디드 러닝 코스 얼라이먼트를 제시하면 아래의 그림과 같다.

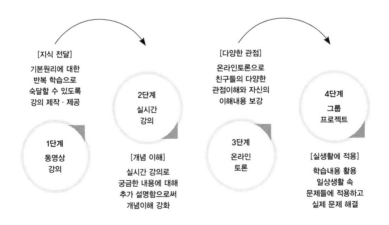

블렌디드 러닝 활용 가능 웹 기반 상호작용 콘텐츠 비교 · 분석 및 활용 방안 연구 및 블렌디드 러닝 코스 얼라이먼트에 따른 콘텐츠 활용 계획은 다음과 같다.

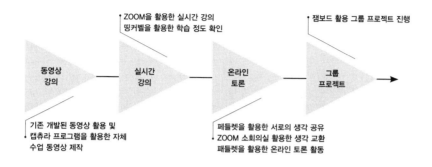

두 번째 주안점은 교-수-평-기 일체화를 프로젝트 학습을 통해 실천하기 위하여 과정중심평가를 강조한 프로젝트 학습 계획과 실천이었다.

이것은 2가지의 평가 활동을 통해 과정중심평가를 실천하고자 하였다. 첫째는 프로젝트 학습 주제별 자기 평가 활동이고, 둘째는 프로젝트 학습 주제 내 활동 중 성취기준과 밀접한 활동의 경우에는 활동지별 자기 평가 활동 기록하기, 그리고 이와 동시에 프로젝트 학습 중 서로의 작품에 대한 생각이나 의견을 나누어야 하는 활동에 대해서는 평가 기준에 의거하여 동료평가 활동 실천하기 등의 2가지의 평가 활동(자세하게는 3가지)을 기획하였다.

우선 프로젝트 학습 주제별 자기 평가 활동의 경우에는 프로젝트 학습을 시작하기에 앞서, 관련 배움 내용을 통해 내가 현재 얼마나 알고 있는지를 확인하는 과정을 거친 뒤에 프로젝트 학습이 끝난 후 얼마나 성장하고 발전하였는지를 스스로 평가하고, 자신의 학습 정도를 글로 표현해보는 자기 성장과 성찰 중심의 평가활동이라고 할 수 있다.

흔히들 프로젝트 수업을 진행하면서 크게 범할 수 있는 오류나 잘못이 결과에 집착을 하고, 결과물에 대한 평가에 집착하는 것이라고 할 수 있다. 프로젝트 수업이 결과물을 중요시 여기기는 하지만, 그보다 더욱 중시되는 것은 결과물을 만들어내는 과정인 학습하는 과정 그 자체이다. 결과물을 만들어내는 과정 중에서 학생들이 경험하게 되고, 깨닫게 되고, 체득하게 되는 과정 중에 체득하고 깨닫게 되는 것이 바로 인성과 역량이다. 즉, 프로젝트 수업은 결과물에 대한 평가가 아닌, 결과물을 만들어내는 과정 중에 학생들이 체득하고 깨닫고 경험하고 이해하게 되는 것들을 더욱 중요시 여긴다. 이에 프로젝트 수업의 가장 핵심적인 평가가 프로젝트 수업 전과 후에 이루어지는 스스로에 대한 자기 평가라 할 수 있다.

프로젝트 수업을 시작하면서 가장 첫 수업은 이번 프로젝트 수업을 통해 무엇을 학습하고 배우게 될 것인지 학생과 교사가 함께 알아보는 시간이다. 프로젝트 수업에서 배워야 할 내용이 무엇인지 확인한 후, 학생들은 각자 현재 자신이 어느 정도 수준에 있는지를 기준에 의거하여 평가한다.

프로젝트 수업이 완료된 후에는 프로젝트 성찰 시간을 마련하고, 프로젝트를 통해 스스로 어느 정도 성장하고 발전하였는지를 동일한 활동지에 추가적으로 기록하고, 어떠한 것을 배우고 알게 되었으며, 행동으로 옮기게 되었는지를 글로 표현하면서 프로젝트를 정리하고 성찰하는 시간을 가지게 된다.

자기 평가 활동 결과를 예시로 보여주면 우측의 그림과 같다.

"언제나 네 편" 을 통해 무엇을 배웠나요?
프로젝트 학습을 통해 새롭게 알게 된 내용, 더 자세하게 알게 된 내용이 무엇인지 스스로 생각해보고 성찰해본 후 아래의 기준에 따라서 스스로 평가해보도록 합니다.
<평가 기준>
<스스로 평가해 봅시다>
<"언제나 네 편" 을 함께 배우면서 어떠하였나요?>
* 프로젝트 학습으로 배우고 활동하면서 느꼈던 감정, 알게 된 점, 소감을 솔직하게 써보시오.

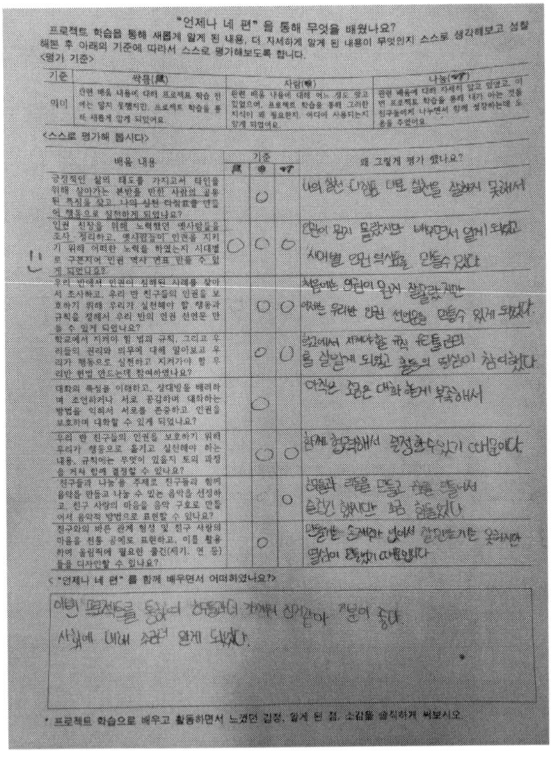

위의 그림 중 배움 내용은 프로젝트 수업 관련 성취기준을 학생들이 이해할 수 있도록 질문형식으로 변형하여 제시한 것이다. 프로젝트 학습 활동별로 관련 성취기준을 활동과 관련되게 재구성한 질문으로, 관련된 성취기준이 2개 이상일 경우에는 2개 이상의 성취기준 내용이 함께 들어갈 수 있도록 재구성하였다.

그리고 위의 활동지에서 보이는 기준은 그동안의 단계적 의미보다는 성장의 의미가 강하다. 예를 들어 처음 프로젝트를 시작할 때는 자람의 단계였지만 프로젝트 후에 나눔의 단계까지 성장을 했다면 자람과 나눔 모두에 표시하면 된다. 이를 통해 프로젝트 수업의 과정에서 스스로 얼마나 성장하고 발전했는지를 자기 평가 및 성찰하고, 글로 표현한다. 그래서 앞에서 보여지는 예시 자료의 경우, 평가 기준별로 2개 혹은 3개의 칸에 모두 'O'가 표시되어 있는 이유가 바로 이 때문이다. 이로 인해 프로젝트 학습을 통해 학생들 스스로 얼마나 성장하고 발전할 수 있었는지를 시각적으로 확인할 수 있는 자료가 될 수 있었으며, 학생별 피드백 자료로 매우 의미있게 활용할 수 있었다.

그리고 교사는 학생들이 작성한 내용을 기반으로 누가기록 및 종합의견을 작성해주면 된다. 자기 평가지는 학생들이 프로젝트 수업으로 무엇을 배우고 어떻게 학습하였는지 가정 피드백을 제공해줄 수 있는 도움 자료로써의 기능을 충분히 할 수 있기 때문이다.

또한 프로젝트별로 작성한 자기 평가지를 학기말 혹은 학년말 생활기록부와 함께 가정에 발송해드렸다. 현재 대부분의 가정 통신문에 작성된 평가 내용들은 학생들의 긍정적인 면을 바라보면서 희망적인 글로 표현된다.

하지만 실제 학부모님들이 관연 그러한 긍정적인 글만 보고서 학생들이 얼마나 성장하고 발전하였는지를 알 수 있을까? 실제 자녀를 키워보고, 가정 통신문을 받아보면서 과연 우리 아이에 대해 왜 그렇게 평가를 하였고, 어떠한 과정을 거쳐서 그러한 결과를 받을 수 있었는지에 대해 궁금하였다.

이러한 학부모로써 저자의 마음을, 교사로서 풀어서 우리 반 학부모에게 전달해주고자 하였다. 그리고 그러한 고민 결과 프로젝트 주제별 성장 중심의 자기 평가 활동 결과지를 가정 통신문과 함께 발송해드리는 것이다. 또한 가정 통신문에 기록되어지는 누가 기록을 포함한 모든 평가 내용들을 학생들이 작성한 자기 평가 활동 결과지에 근거하여 교사의 피드백을 함께 기록하여 작성함으로써 가정 통신문에 대한 신뢰성을 보다 높이고자 하였다.

　물론 이런 방식은 교사들의 노력도 함께 수반이 되어야 한다. 첫 술에 배부를 수 없듯이, 첫 혹은 두 번째 프로젝트 학습까지는 학생 개개인별로 작성된 자기 평가지를 살펴보면서, 어떠한 내용으로 어떻게 작성을 해야 하는지에 대한 개별적 지도와 피드백이 지속적으로 이루어져야 한다.

　이러한 노력이 없다면 아래의 그림처럼

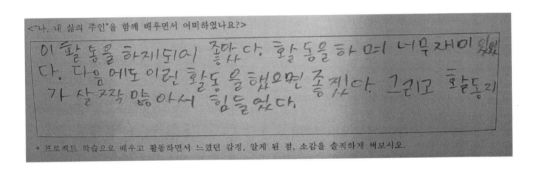

학생들의 자기 평가지에는 '좋았다, 다음에 또 하고 싶다, 힘들었다. 잘 알게 되었다'등과 같이 자기 평가라고 하기에는 다소 의미가 부족할 수 있는, 혹은 평가 활동으로 활용하기에는 부족할 수 있는 평가 결과지가 될 수 있다. 이러한 점만 신경을 쓴다면 학생과 학부모, 그리고 교사에게 의미가 있는 평가가 될 수 있을 것이다.

　그리고 프로젝트 학습 내 성취기준과 밀접한 관련이 있는 활동은 활동지에 스스로 얼마나 학습하였고, 무엇을 배웠는지를 글로 정리하는 형식의 자기 평가지는 다음의 그림과 같다.

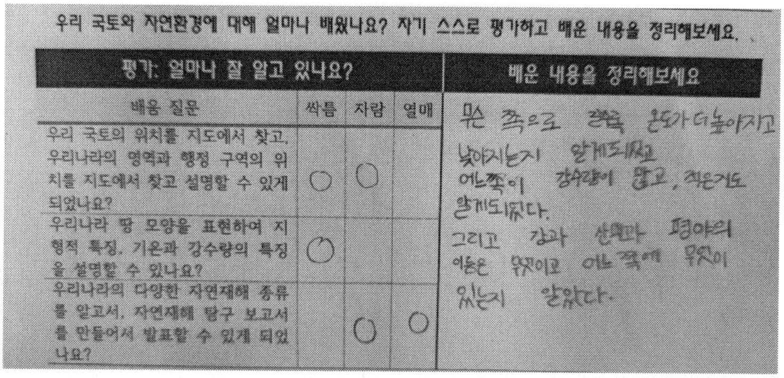

위의 자기 평가 활동지는 '더불어 살아가는 아름다운 우리 국토' 프로젝트 학습과 관련된 것이다. 본 활동지의 경우에는 우리 국토의 자연환경에 대해 학습할 때 활용하였던 것으로, 활동지의 마지막에 위의 그림처럼 자기 평가 활동을 제시함으로써 활동을 통해 무엇을 얼마나 배우고 알게 되었는지, 그 성장 정도를 싹틈, 자람, 열매(이는 프로젝트 자기 평가 활동지에서 설명을 한 부분이기에 56쪽을 참고하면 자세히 알 수 있다) 등 세 개의 단계에 대해 스스로 평가하도록 제시하였다. 물론 이 때에도 본 활동을 하기에 앞서 우선 자신이 현재 배움 질문에 대해 얼마나 알고 있는지를 먼저 기록하게 한 후, 활동이 끝난 후 얼마나 배우고 학습하였는지 지를 스스로 성찰한 뒤에 성장하고 발전한 정도를 추가적으로 표시하도록 하였다. 이에 위의 그림처럼 2개 이상의 칸에 표시를 하게 되었다. 뿐만 아니라 본 활동을 통해 무엇을 얼마나 알게 되었는지를 스스로 생각해보면서 글로 표현하며 배운 내용을 정리할 수 있도록 하였다.

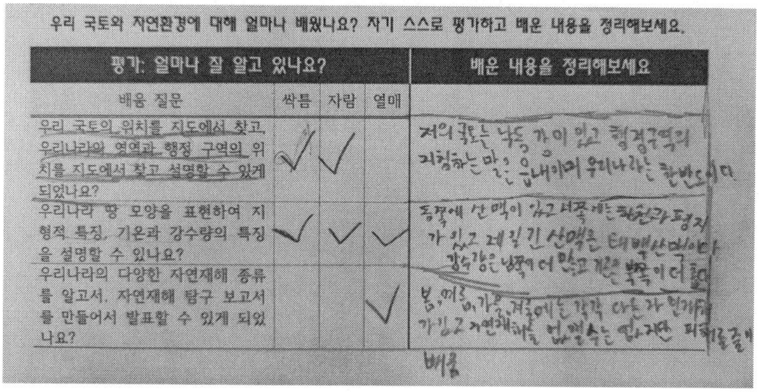

과정중심평가, 성장중심평가를 우리는 어렵게 생각하지 않기로 하였다. 학생들이 학습을 하는 동안, 혹은 활동을 하는 동안 무엇을 얼마나 배우고 알게 되었으며, 어떻게 활동에 참여할 수 있게 되었는지를 스스로 살펴보고 성찰할 수 있으며, 그러한 성찰의 결과에 대해 자신의 현재 상태를 단계별로 확인할 수 있고, 이를 글로 표현할 수 있다면, 그 자체로도 평가활동이 될 수 있으며, 성장과 발전중심의 평가가 될 것이라고 판단하였다. 평가가 꼭 얼마나 잘 하게 되었는지 점수로 객관화되지 못하더라도, 학생들이 스스로 무엇을 배웠는지 알 수 있고, 어떻게 활동에 참여할 수 있는지를 발견할 수 있다면 그것이 바로 과정중심평가, 성장중심평가라고 생각하였다.

물론 이를 위해서는 학생들에 대한 피드백이 중요한 것이 사실이다. 학생 개개인별 피드백이 가능하기 위해서는 교사들이 수업 시간에 여유로움이 있어야 하고, 프로젝트 학습은 실제 활동이 이루어지는 수업 시간에는 상당한 여유로움을 제공한다. 그래서 학생 개인별 피드백을 통한 과정중심평가, 성장중심평가가 실질적으로 이루어질 수 있다. 이에 대한 자세한 이야기는 본 저자의 이전 저서인 '왁자지껄 배우는 재미, 프로젝트 학습 (상상채널, 2020)'을 통해 확인할 수 있으니, 이를 참고하면 더 좋을 것 같다.

이와 더불어 성취기준과 관련이 있으면서 서로의 생각과 의견을 나눌 수 있는 활동의 경우에는 동료평가 활동을 함께 함으로써 과정중심평가를 실천할 수 있었다. 동료평가 활동은 각 활동별 성격에 맞게 평가 기준을 교사와 학생이 함께 마련하여 운영하였다.

예를 들어, 설명하는 글쓰기 혹은 주장하는 글쓰기와 관련된 동료평가 활동의 경우에는 친구들의 글을 읽을 때 함께 정한 평가기준에 맞게 평가한 결과를 포스트-잇에 기록하여 활동지에 붙여주도록 하였다. 또한 실천다짐의 글에 대한 동료평가 시에는 평가 기준을 함께 마련하기 보다는, 서로의 활동과 실천을 격려할 수 있도록 격려의 글 형식으로 평가 글을 포스트-잇에 작성하여 친구들의 활동 결과지에 붙여주기도 하였다.

앞의 사진을 보면 2가지의 동료평가 활동 결과를 확인할 수 있다. 우선 그림 위쪽의 동료평가 활동은 '더불어 살아가는 아름다운 우리 국토' 프로젝트 학습과 관련하여, 그동안의 여행 경험을 살려, 글로 표현한 학생들의 기행문 쓰기 활동과 관련된 활동 결과물 및 동료평가 결과이다. 이에 대해 자세히 살펴보면 아래의 그림을 예시자료로 제시할 수 있다.

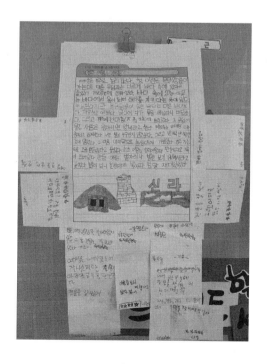

위의 학생은 경주에 놀러 갔던 경험을 기행문으로 작성하였으며, 이에 대해 기행문과 관련된 평가 기준을 여정, 견문, 느낌과 생각이 잘 드러나게 작성을 하였는지와 더불어 기행문을 통해 새롭게 알게 되었거나 배운 사실에는 무엇이 있었는지를 기록하면서 새로운 사실을 알려준 친구에게 감사의 글 형식으로 동료평가를 하였다.

그리고 00쪽 사진의 아래쪽은 동일한 프로젝트 학습('더불어 살아가는 아름다운 우리 국토') 활동 중 팀별로 서로의 기행문을 읽어보고, 더 자세히 알아보거나 여행을 가고 싶은 장소를 하나 선정하여 여행 안내문 만들기 활동과 관련된 결과물이었다. 자세히 살펴보면 아래의 그림을 예시자료로 제시할 수 있다.

위 활동 결과물의 경우에는 여행지에 대한 안내문으로써, 해당 활동의 경우에는 안내문을 보고서 새롭게 알게 된 사실이 무엇이었는지, 그리고 새로운 여행지에 대한 안내문을 읽고서 어떠한 감정과 생각이 들었는지를 평가 기준으로 정하여 동료평가 활동을 실천하였다.

동료평가 활동 이후에는 아래의 그림처럼 친구들의 평가 결과를 각자 살펴보면서, 친구들의 평가 결과에 대해 궁금한 점이 있으면 직접 가서 물어보거나, 친구들의 평가 내용 중 받아들일 수 있는 부분은 받아들여서 스스로 활동 결과물을 수정해보는 시간도 가졌다.

이렇듯, 자기평가 활동의 경우에는 활동을 통해 스스로 무엇을 얼마나 알게 되었고 배우게 되었는지, 그리고 어떻게 행동하고 실천할 수 있게 되었는지를 자기 성찰을 통해 평가하도록 하였다. 그리고 동료평가 활동의 경우에는 활동의 목표, 성격 등을 고려하여 학생들과 함께 다양한 평가 기준을 마련한 뒤, 평가 기준과 관련하여 어떻게 표현하였으며, 결과물을 통해 어떠한 감정과 생각이 들었는지를 글로 표현함으로써 평가 활동이 이루어질 수 있도록 하였다.

이에 대한 더욱 자세한 이야기는 2부에서 소개되는 각 프로젝트 학습별 수업 이야기를 통해 확인할 수 있다.

○ 2부 ○

왁자지껄 배우는 재미,
프로젝트 학습, 수업 이야기

동학년 중심의 교사 공동체 운영, 프로젝트 학습을 위한 주제별 계획 양식 마련

우리들은 프로젝트 학습을 함께 계획하고 실천하기 위해서 프로젝트 학습 주제별로 하나의 일정한 양식을 만들면 어떻겠냐는 이야기를 하게 되었다. 프로젝트 학습을 교실별로 실천할 때에는 교사의 성향, 학생들의 특성에 따라 각자 다른 방식으로 운영할 수 있기는 하지만, 계획을 세울 때는 함께 공유할 수 있는 포맷이 있다면 좋을 것 같았다.

그래서 우리는 프로젝트 학습 계획에 필요하다고 생각되는 부분에 대해 서로의 의견을 모은 뒤에, 공동체의 모든 선생님들이 동의하는 부분으로만 양식을 만들었다. 그래야만 우리들의 프로젝트 학습을 살펴보면서 이와 비슷하게 프로젝트 학습을 실천하고 싶어하는 선생님들에게도 큰 부담없이 프로젝트 학습을 실천할 수 있는 자신감과 실천력을 제공해줄 수 있을 것이라고 생각하였다. 너무 복잡하거나 힘들게 계획서를 작성하게 될 경우, 프로젝트 학습을 실천하고자 하는 의지가 금방 꺾일 수도 있다고 생각하였다.

우선 프로젝트 학습 계획 시 가장 중요한 것이 주제의 필요성이라는 사실에 동의하였다. 이에 프로젝트 학습 주제의 필요성, 목적 등에 대한 개요가 필요하다고 동의하였다. 그리고 프로젝트 학습 주제망, 관련 성취기준 및 프로젝트 수업 설계와 관련된 교육과정 재구성, 이를 기반으로 한 프로젝트 학습 흐름 및 평가 계획이 앞 부분에 들어가면 좋을 것 같다고 이야기를 모았다.

이렇게 함께 이야기를 모은 결과 다음과 같은 양식을 마련할 수 있었다.

프로젝트 학습을 실천하고자 하는 선생님들께서는 아래의 양식을 참고하여 프로젝트 학습을 계획한다면, 어렵지 않게 프로젝트 학습을 실천할 수 있는 기반이 마련될 것이며, 동시에 과정중심평가도 함께 실천할 수 있게 되고, 교-수-평-기가 일체화될 수 있는 프로젝트 학습의 기초도 마련될 것이다.

〈프로젝트 주제〉

1. 프로젝트 개요

프로젝트 학습 개요(주제 선정 이유, 필요성, 목적 등)

2. 프로젝트 주제망

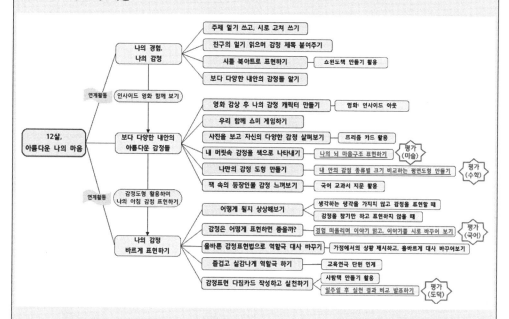

3. 교육과정 재구성

교과 (차시)	단원	성취기준	프로젝트 수업 설계	수행과제
				소주제 2. 보다 다양한 내 안의 감정들 <u>수행과제1:</u> ㉮색의 특성과 효과를 이해하고, 색의 성질과 대비를 활용하여 나의 감정 뇌 구조 표현하기 <u>수행과제2:</u> ㉯나의 감정을 직사각형, 평행사변형, 삼각형, 마름모, 사다리꼴 등 다양한 모양과 크기의 평면도형으로 나태내고, 각 도형의 넓이 구하기.
				소주제 3. 나의 감정 바르게 표현하기 <u>수행과제1:</u> ㉰이야기에서 느껴지는 마음, 감정을 중심으로 이야기를 시로 바꾸어 표현하기 <u>수행과제2:</u> ㉱자신의 감정과 욕구를 다스리고 조절하며 바르게 표현하는 태도를 기르고 실천하기

4. 프로젝트 학습 흐름 및 평가 계획

소주제	차시	교과	교수·학습 활동	블렌디드	평가
				ON	

⇓ [연계활동]

				OFF	
				OFF	

⇓ [연계활동]

				OFF	
				OFF	

⇓ [후속활동]

관련 교과	평가 내용	방법
		구술 · 발표 (평가지활용)
		구술 · 발표 (평가지활용)
		구술 · 발표 서술 · 논술 (평가지활용)
		구술 · 발표 (평가지활용)

실제적인 실천을 위해서는 가장 먼저 프로젝트 학습 전체에 대한 자기평가 활동지가 수록되어야 한다. 이는 프로젝트 학습을 시작할 때 학생들에게 가장 먼저 배부되는 활동지로써, 프로젝트 학습 주제 관련 전체의 학습과 배움 내용이 무엇인지를 질문형식으로 학생들이 파악할 수 있으며, 이를 기반으로 학생들은 이번 프로젝트를 통해 무엇을 배우고 알게 될 것이며, 어떻게 행동하고 실천해야 할지를 미리 살펴보는 기회를 제공하게 되기 때문이다.

프로젝트 학습 주제 내 소주제별로 어떻게 수업과 학습이 이루어졌는지 각자의 수업 이야기를 기록할 수 있으면 좋겠다는 의견이 있어 수업 이야기를 소주제별로 기록할 수 있도록 하였다. 이는 프로젝트 학습 계획이 아닌 실제적 실천과 관련된 영역이라 할 수 있으며, 프로젝트 학습을 함께 지속적으로 만들어가기 위한 우리들만의 장치라고 할 수 있다.

흔히들 프로젝트 학습은 함께 만들어가야 한다고 한다. 하지만 실제 학교 현장에서 이루어지는 프로젝트 학습은 이미 만들어지고 계획을 한 뒤에, 그것을 그저 학생들에게 적용하는 수준에서 이루어지는 것이 대부분이다. 이러할 경우 학생들의 반응과 성장 속도에 따라 유연적인 프로젝트 학습을 실천하기에 부적절한 면이 발견될 수 있다. 이에 프로젝트 학습 실천에 대한 수업 이야기를 작성해가면서, 아이들의 반응과 성장, 그리고 발전 정도를 일일이 확인하면서 그에 필요하고 맞는 활동지를 적재적소에 제공해주었다. 따라서 소주제별로 수업 이야기를 작성하고, 소주제별로 활용된 활동지를 수업 이야기 바로 뒤에 소주제별로 제시하였다. 이러한 이야기를 모아 우리가 만든 실천 영역에 대한 계획 양식을 다음과 같다.

5. 프로젝트 학습 자기 평가지 (과정중심평가 가정 통지용)

"프로젝트 학습"을 통해 무엇을 배웠나요?

프로젝트 학습을 통해 새롭게 알게 된 내용, 더 자세하게 알게 된 내용이 무엇인지 스스로 생각해보고 성찰해본 후 아래의 기준에 따라서 스스로 평가해보도록 합니다.

<평가 기준>

기준	싹틈(🌰)	자람(🌱)	나눔(🌷)
의미	관련 배움 내용에 대해 프로젝트 학습 전에는 알지 못했지만, 프로젝트 학습을 통해 새롭게 알게 되었어요.	관련 배움 내용에 대해 어느 정도 알고 있었으며, 프로젝트 학습을 통해 그러한 지식이 왜 필요한지, 어디에 사용되는지 알게 되었어요.	관련 배움에 대해 자세히 알고 있었고, 이번 프로젝트 학습을 통해 내가 아는 것을 친구들에게 나누면서 함께 성장하는데 도움을 주었어요.

<스스로 평가해 봅시다>

배움 내용	기준			왜 그렇게 평가 했나요?
	🌰	🌱	🌷	

• 배움 내용은 교육과정의 성취기준을 근거로 하여 제시함.

<"프로젝트 학습"을 함께 배우면서 어떠하였나요?>

• 새롭게 알게 된 내용, 이번 프로젝트 학습을 통해 함께 배우고 활동하면서 느꼈던 감정, 전체적인 소감을 솔직하게 써보세요.

6. 프로젝트 수업 이야기

프로젝트 학습 소주제별로 프로젝트 학습을 어떻게 진행을 하였으며, 학생들의 성장과 발전 모습이 어떠하였는지를 자유로운 형식으로 기록하기

7. 프로젝트 학습 평가 정보표

학년/교과			단원/주제		
내용 영역			교과 역량		
단원/과제명					
성취기준 (평가 기준)		상	~할 수 있다.		
		중			
		하			
평가 과제					
평가 방법	평가 형식	☐ 서술·논술 ☐ 구술·발표 ☐ 토의·토론 ☐ 프로젝트 ☐ 실험·실습·실기 ☐ 포트폴리오 ☐ 기타			
	평가 주체	☐ 자기평가 ☐ 동료평가 ☐ 교사평가 (관찰)			

과정 중심 평가의 방향 (의도)	평가요소	기준	채점 항목
		상	
		중	
		하	

평가 시 유의점	
피드백 계획	

8. 프로젝트 학습 활동지 (자기 평가지 포함)
소주제별로 활용한 활동지를 활동의 성격에 맞게 자유로운 형식으로 제시하기

이렇게 하나의 공통된 양식을 만들면서, 우리들에게 가장 큰 이슈가 되었던 것은 평가 정보표에 대한 부분이었다.

과연 평가 정보표가 프로젝트 학습에 필요할까?
평가 정보표로 인해 프로젝트 학습을
단절적인 활동의 집합체로 여기게 되지는 않을까?

등 다양한 의문과 질문이 제기되었다. 이에 대해 함께 이야기를 모은 것은 프로젝트 학습이 교육과정에 녹아들어가야 하며, 프로젝트 학습은 1년동안 지속적으로 이루어지는 것이기에 학교 교육과정과는 동떨어져서 운영될 수 없었다. 또한 흔히들, 프로젝트 학습의 잘못된 운영 방법 중의 하나가 행사처럼 프로젝트 학습을 운영한다는 것이었고, 이로 인한 오해 중의 하나는 교육과정과 동떨어져서 운영된다는 것이었다.

그래서 프로젝트 학습 자체가 학년 교육과정이 될 수 있도록, 2월말 프로젝트 학습에 대한 얼개를 마련한 뒤에 학교 교육과정 내 평가 계획에 제출하기 위해서 프로젝트 학습 활동 별로 관련 교과 및 단원 뿐 아니라 관련 교과 영역도 함께 맵핑을 진행하였다. 흔히들 학교에서 학년별 평가 계획 수립시에는 교과별 영역이 모두 포함되도록 제안하고 있으며, 영역이 모두 수행평가로 계획되어 정보공시에 올려져야 하기 때문이었다. 그래서 각 교과별 모든 영역이 평가 계획으로 정보 공시가 이루어질 수 있도록, 프로젝트 학습 주제별로 핵심 성취기준과 활동을 선정하고, 이에 대한 평가 정보표를 만들어서 학년 교육과정 내 평가 계획으로 제출하였다.

이를 통해 학교 교육과정, 학년 교육과정 속에 프로젝트 학습이 녹아들 수 있도록 하였으며, 프로젝트 학습의 일상화를 실천할 수 있는 기초가 마련될 수 있었다.

이러한 과정을 통해 프로젝트 학습 양식에 평가 정보표를 포함하게 되었으며, 정보 공시에 올라가게 되는 공식 평가에 해당하는 프로젝트 학습 활동지의 경우에는 활동지를 제시하기에 앞서 평가 정보표도 함께 제시하기로 하였다.

끝으로 학기별로 프로젝트 학습이 마무리가 되어지는 시점에, 프로젝트 학습 실천에 대한 후기를 작성하기로 하였다. 계획을 함께 세우고, 각자의 교실에서 서로가 가지고 있는 역량에 따라 다양한 방식으로 프로젝트 학습을 실천하며, 실천한 내용에 대해 서로 이야기를 나누며 서로가 서로에게 윈-윈이 될 수 있는 프로젝트 학습을 실천할 결과, 교사로서 어떠한 성장과 발전이 있었는지, 그리고 학생들에게는 어떠한 성장과 발전이 있었는지, 혹은 학부모들은 어떠한 반응을 보였는지 등 프로젝트 학습 후기도 각자 작성해 보기로 하였다.

결론(후기)

자유로운 형식으로 후기를 작성하되, 교사로서의 성장, 학생들의 성장, 그리고 학부모의 반응 등이 구분될 수 있도록 기록

앞으로 2부와 3부는 프로젝트 학습 계획 양식에 따라 작성된 내용과 결과를 그대로 수록하였다. 한 학기동안 프로젝트 학습만으로 교육과정을 재구성하여 운영하였던 수업 이야기가 여러분의 가슴에 어떠한 울림이 있었으면 한다. 프로젝트 학습을 통해 5명의 교사 어떻게 하나가 되어 함께 할 수 있었는지, 그리고 어떠한 삶의 이야기를 함께 만들어갔는지에 대한 우리들의 이야기가 이어지게 된다.

1부에서는 공동체 형성 과정을 거치면서, 우연찮게 함께하게 되었고, 어찌하다 보니 5학년 학생들과 함께 프로젝트 학습을 실천하게 되었으며, 5명의 남자 교사들로만 공동

체를 구성하여 운영하게 되었다.

좌충우돌 프로젝트 학습 수업 이야기, 왁자지껄 시끄러운 우리들의 프로젝트 학습 수업 이야기, 남자 교사들로만 구성되어 운영되면서 다소 섬세하지 못하고 거칠 수 있는 프로젝트 학습 수업 이야기일 수도 있다.

하지만 프로젝트 학습 기반의 교사 공동체를 처음으로 시작하는 교사들이 어떻게 프로젝트 학습을 통해 하나가 되어 1년간의 교육과정을 꾸려갈 수 있었는지를 낱낱이 보여주고 싶었다. 어찌 보면 실패의 이야기일 수도 있고, 부족한 이야기일 수도 있다. 하지만 그러한 실패와 부족의 이야기가 이 글을 읽게 되는 여러분에게는 용기와 자신감을 줄 수 있는 기회가 될 수 있을 것이라고 생각한다.

특별한 역량이 있는 교사들만 실천할 수 있는 것이 프로젝트 학습이 아님을, 대단한 행사가 포함되어야만 프로젝트 학습이 아님을, 평범한 교사들도 실천할 수 있고, 함께 한다면 누구나 실천할 수 있는 것이 프로젝트 학습임을 보여주고 싶었다.

다소 억척스럽기도 하고, 부족하기도 하지만, 실제적인 프로젝트 학습의 모습을 보여주고자 한다. 우리들의 이야기를 읽고, 여러분도 프로젝트 학습을 통해 즐거운 수업을 하였으면 한다. 그리고 그러한 즐거운 수업이 아이들에게는 즐거운 배움으로 이어질 수 있음을 알려주고자 한다. 우리들의 수업 이야기 지금부터 시작한다.

동학년 중심의 교사 공동체 운영, 프로젝트 학습 수업 이야기

 '나, 내 삶의 주인'

프로젝트 1
학습지 모음

1. 프로젝트 개요

　많은 사람들이 미친 듯 열심히 살아가고 있지만 만족보다는 공허함과 부족함, 뒤처지는 두려움과 긴장감 사이를 외줄차기를 하며 힘들게 살아가고 있다. 설령 부러울 정도의 성취를 했어도 이러한 공허함은 쉽게 가시지 않는 경우가 많다. 변화의 속도가 더욱 빨라지고 있는 요즈음 이러한 공허함이 더욱 확대 재생산된다. 인간은 자신이 자기 행동의 원인이 되고자 한다. 자기 행동에 주인이 되지 못하고 자기행동에서 소외될 때 공허함이 만들어진다. 너무 의무와 필요성에 맞춰서 행동하는 자신을 경계해야 하는 이유다. 그렇지 않으면 주변의 요구에 슈퍼맨이 되려고 달리다 진작 자신이 무엇 때문에 달리고 있는지 잊어버릴 수 있기 때문이다. 더한 것은 외부의 필요에 의해 달리는 속도 때문에 자신이 무엇을 원하는지 알지 못한다는 것이다. 한 번도 자신에게 물어보지 못하고 평생을 달릴 수 있다는 이야기다. 뭔가 주변의 요구에 의해 달리고 있을 때 숙명처럼 위로를 받는 것뿐이다. 얼음판에서 맹렬히 달리다 깨진 얼음을 보고 서지만 결국 미끄러지고 만다. 달리는 관성을 이기지 못했던 많은 워크홀릭들은 불빛의 나방처럼 자신을 던지고 말았다. 그 속에서 자신과 마주하는 일은 거의 없었다.

우리는 하루하루를 바쁘게 살아가고 있다. 아침에 눈을 뜨자마자 남편 뒷바라지와 아이들 치다꺼리에 바쁘다. 식구들이 귀가해도 그런대로 또 바쁘다. 식사준비와 시간에 맞춰 학원이며 특별학습현장으로 자녀들을 데려가야 하는 것이다. 거기에 학부모 모임, 계모임, 동창회, 집안 대소사 등에 쫓아다니느라고 눈코 뜰새 없이 바쁘다. "생각하는 대로 살아라, 그렇지 않으면 하는 대로 생각하게 된다"는 말이 있다. 이렇게 하루하루 일상을 자기 의지를 가지고 주인 노릇을 하며 살지 못하고 그때그때 자녀나 남편의 시간표에 얹히거나 무엇인가에 등 떠밀려 살아가다보면 삶이 피폐해지기 마련이다. 그러다 어느 순간, 인생을 도둑맞은 것처럼 허망해지는 날이 오지 않으리란 보장이 없다.

아시아계 최초의 아이비리그 총장에 이어 올 4월 세계은행 수장이 된 김용 총재의 어머니 전옥숙 박사에게 자녀들을 훌륭히 키운 비법을 묻자 대답한 말이 있다.

"아이와 엄마는 함께 성장해야 한다. 아이들을 기를 때 엄마들은 '스스로의 정신을 가다듬는 작업'(sanity)을 해야 한다. 음악을 듣든, 피아노를 치든, 정원을 가꾸든 자신만의 영혼을 풍요롭게 하는 시간을 만들어야 한다. 비행기에서 비상사태가 발생했을 때 엄마가 먼저 산소 마스크를 쓰고, 아이에게 씌워주듯이 아이들을 만들려고 하지 말고, 아이들이 당신을 만들도록 해야 한다"

비행기의 '안전 메뉴얼' 제1칙은 "본인이 비상기구를 먼저 착용하고 타인을 돌볼 것" 이듯이 우리의 인생 사용법 역시 '자기가 먼저 똑바로 서는 일'이 선행되어야 함을 가르침이리라. 아이는 육체적으로 정신적으로 부쩍부쩍 성장하는데 엄마는 '현모양처'라는 허상에 갇혀 언제까지나 '잔소리꾼, 극성장이 모친' 수준에 머물러 있다면 어찌 도둑맞은 인생이 아닐 것인가?

우리 아이들에게는 허상에 갇힌 삶이 아닌, 그리고 남을 위한 삶이 아닌, 스스로의 생각과 반성, 성찰을 기반으로 스스로 목표를 세우고 실천할 수 있는 자기 삶의 주인으로써 거듭나는 방법을 수업을 통해 알게 하고 싶었다. 그래서 '나, 내 삶의 주인'프로젝트를 2021학년도 가장 첫 프로젝트 주제로 선정한 이유도 이것이다. 스스로 자신의 삶의 주인으로 살아가야 하는 이유, 그리고 살아갈 수 있는 방법을 수업을 통해 알게 하고 싶었다.

이 프로젝트를 통해 삶의 주인으로써 스스로를 거듭나게 하고 싶었다. 삶의 주인으로 산다는 것은 주변에서 쏟아내는 두려움과 충동의 흔들림에서 자유로워지게 된다. 내 것이 있을 때, 내가 추구하는 것이 있을 때 흔들림은 증폭되지 않는다. 그래서 그대로 수용하며 자신의 것을 바라보면서 갈 수 있게 된다. 이 프로젝트로 우리 아이들 스스로 흔들리지 않고 자기를 바라보며 살 수 있기를 바래본다.

2. 프로젝트 학습 교육과정 재구성

교과 (차시)	단원	성취기준	프로젝트 수업 설계	수행과제
국어	독서 단원	[6국05-05] 작품에 대한 이해와 감상을 바탕으로 하여 다른 사람과 적극적으로 소통한다.	'엄마가 만약 100명이라면' 책을 읽고 그동안 나의 생활 습관에 대해 성찰하기 '자전거 도둑'을 함께 읽고, 우리 반에서 앞으로 지켜야 할 학급 규칙 만들기	 소주제2. 어떻게 하면 될까요? 수행과제 1: ㉣ 이미지가 나타내는 의미를 발견하고, 나의 생활 습관표를 그림 기호(픽토그램)로 표현하기 수행과제2: ㉤ 방학 때의 나의 생활 모습, 4학년 때 원격수업 시 나의 생활 모습을 떠올리면서 나의 경험을 이야기로 표현하기 소주제 3. 내 삶의 주인이 될래요 수행과제3: ㉥ 나의 경험과 비교하며 친구들의 이야기를 읽고, 1년 후 변화된 나의 모습을 시로 표현하고, 친구들의 시 감상하기
국어	10 단원	[6국05-04] 일상생활의 경험을 이야기나 극의 형식으로 표현한다. [6국05-05] 작품에 대한 이해와 감상을 바탕으로 하여 다른 사람과 적극적으로 소통한다.	4학년 때 나의 일상생활의 경험을 이야기로 표현하고, 스스로 계획하고 실천하는 내 삶의 주인으로써의 내가 되기 위해 어떠한 습관을 길러야 하는지 소통하기	
국어	2 단원	[6국05-02] 작품 속 세계와 현실 세계를 비교하며 작품을 감상한다. [6국05-01] 문학은 가치 있는 내용을 언어로 표현하여 아름다움을 느끼게 하는 활동임을 이해하고 문학 활동을 한다.	나의 경험 및 생활 모습과 비교하며 친구들의 이야기 감상한 뒤, 자신의 경험을 시로 표현하기 앞으로 변화되어질 나의 모습을 상상하여 1년 후 나에게 편지쓰기	
미술	5 단원	6미01-03] 이미지가 나타내는 의미를 찾을 수 있다.	함께 책을 읽고 알게 된 내용을 바탕으로 앞으로 나의 생활에 대해 다짐하고, 생활 습관표를 픽토그램으로 표현하기	

3. 프로젝트 학습 흐름 및 평가 계획

소주제	차시	교과	교수·학습 활동	블렌디드	평가
나의 모습은?	2	국어	'엄마가 만약 100명이라면' 책 읽어주는 영상을 시청하고, 이야기 속 주인공과 나의 생활 모습 비교하기	ON	
	2	미술	평소 나의 생활 모습이 드러나도록 나의 이름을 그림으로 표현하면서 삼각대 이름표를 완성하고, 나의 생활 모습, 듣고 싶은 말, 하고 싶은 말, 기대하는 것 등을 나의 이름과 함께 친구들에게 소개하기	ON	

⇓ [연계활동] 완성된 이름표 클래스팅 앨범으로 공유하기

소주제	차시	교과	교수·학습 활동	블렌디드	평가
어떻게 하면 주인이 될까요?	2	미술	나의 평소 생활이 어떠한지 스스로 생각해본 것을 잼보드로 공유하고, 나의 평소 생활 습관을 그림과 기호(픽토그램)으로 표현하기	ON	✓
	2	국어	내 삶의 주인이 내가 되기 위해서 우리 학급에서 나는 어떻게 행동하고 실천해야 할지, '자전거 도둑' 책을 함께 시청하면서 생각해보기	ON	
	2	창체	우리 학급에서 나는 어떻게 행동하고 실천해야 하는지, 패들렛을 이용해 각자의 생각을 공유한 뒤, 투표로 우리 반 학급 규칙을 함께 정하기	ON	
	2	미술	함께 정한 우리 반 학급 규칙을 그림과 기호로 표현하고, 교실에 게시하며 학급 함께 세우기	ON, OFF	
	3	국어	'손톱 깨물기' 등 생활 습관과 관련된 영상을 4개 시청하고서 평소 가정에서의 생활 습관 중 고쳐야 할 행동, 그리고 학급에서 우리가 앞으로 지켜야 할 행동 들 중 8가지를 선정하여 1년간 내가 지켜야 할 생활습관표를 그림과 기호(픽토그램)로 표현하고 학급에 게시하기	ON, OFF	
	5	국어	내 삶의 주인이 내가 되기를 주제로 한 1주일간의 프로젝트 학습을 통해 경험한 것을 이야기로 표현하기	ON, OFF	✓

⇓ [연계활동] 친구들의 이야기 돌려가며 읽어보기

소주제	차시	교과	교수·학습 활동	블렌디드	평가
내 삶의 주인이 될래요	7	국어	경험을 떠올리며 이야기를 읽는 방법을 학습한 후, 나의 경험을 떠올리며 친구들이 직접 쓴 이야기를 읽고서 1년 후 변화되어 질 나의 모습을 상상하여 시로 표현하기	ON	✓
	2	국어	1년 동안 스스로 변화되고 성장하도록 노력할 나를 상상하며 1년 후 나에게 편지를 쓰고, 학급별 타임캡슐을 만들어서 편지 보관하기	ON	

⇓ [후속활동] [프로젝트2]에서 학급별 텃밭을 만들 때 타임 캡슐을 함께 묻기

4. 프로젝트 학습 자기 평가지(가정 통지용)

"나, 내 삶의 주인"을 통해 무엇을 배웠나요?

프로젝트 학습을 통해 새롭게 알게 된 내용, 더 자세하게 알게 된 내용이 무엇인지 스스로 생각해보고 성찰해본 후 아래의 기준에 따라서 스스로 평가해보도록 합니다.

〈평가 기준〉

기준	싹틈(🐛)	자람(🐛)	나눔(🦋)
의미	관련 배움 내용에 대해 프로젝트 학습 전에는 알지 못했지만, 프로젝트 학습을 통해 새롭게 알게 되었어요.	관련 배움 내용에 대해 어느 정도 알고 있었으며, 프로젝트 학습을 통해 그러한 지식이 왜 필요한지, 어디에 사용되는지 알게 되었어요.	관련 배움에 대해 자세히 알고 있었고, 이번 프로젝트 학습을 통해 내가 아는 것을 친구들에게 나누면서 함께 성장하는데 도움을 주었어요.

〈스스로 평가해 봅시다〉

배움 내용	기준 🐛	기준 🐛	기준 🦋	왜 그렇게 평가 했나요?
'엄마가 만약 100명이라면' 책을 읽고, 친구들과 이야기를 나누면서 나의 생활 모습이 어떠한지 생각하고 변화되어져야 할 나의 생활 습관을 발견하였나요?				
'자전거 도둑'을 함께 읽고, 우리 반에서 함께 지켜야 할 규칙에는 무엇이 있는지 스스로 생각해보고, 학급 규칙을 함께 만들었나요?				
평소 나의 생활 습관에 대해 생각해보고, 앞으로 나의 생활 습관에 대한 다짐을 픽토그램으로 표현할 수 있게 되었나요?				
그동안의 나의 경험을 떠올리며, 나의 경험이 잘 드러나게 이야기로 만들 수 있게 되었나요?				
나의 경험과 비교하며 친구의 글을 읽고, 떠오른 생각이나 감정을 시로 표현할 수 있게 되었나요?				

〈"나, 내 삶의 주인"을 함께 배우면서 어떠하였나요?〉

* 프로젝트 학습으로 배우고 활동하면서 느꼈던 감정, 알게 된 점, 소감을 솔직하게 써보시오.

5. 프로젝트 수업 이야기 구성

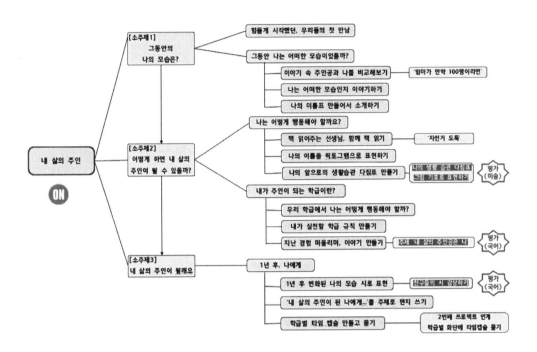

6. 〈내 삶의 주인〉 수업 이야기

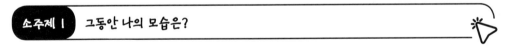

소주제 1   그동안 나의 모습은?

[활동 1] 힘들게 시작했던, 우리들의 첫 만남

관련 교과(단원)
창의적 체험활동(자율활동)

주요 활동 소개 (총 수업 차시 : 2차시)
① 줌과 잼보드를 활용한 프로젝트 학습의 시작(1~2차시)
   [tip] 잼보드를 원격수업에 적용하는 방법

'내 삶의 주인' 프로젝트 학습을 시작하기에 앞서, 우리는 큰 어려움에 봉착하게 되었다. 그것은 다음이 아닌 코로나19로 인한 원격수업과 등교수업의 병행이라는 학교 현장의 어려움이었다. 우리는 어떻게 프로젝트 학습을 원격수업과 대면수업을 병행하면서 운영하면 좋을지 고민에 빠지게 되었다.

우선 우리가 함께 프로젝트 수업을 계획할 시기에는 3월 한 달 간, 원격수업과 대면수업이 병행되어 이루진다는 교육정책관련 공문을 받게 되었으며, 본교에서는 1, 2학년은 전체 등교수업을 하고, 3~6학년은 두 개의 학년씩 격주로 원격수업과 대면수업을 번갈아가며 운영하기로 협의가 된 상황이었다.

이에 따라 우리는 2021학년도 1학기에 계획하였던 6개의 프로젝트 학습 중, 가장 먼저 운영되게 될 '내 삶의 주인' 프로젝트 학습을 꼼꼼히 살펴보게 되었다. 함께 이런 저런 의견을 모은 결과, 프로젝트 학습을 처음으로 경험하는 아이들, 그리고 교사들이기에 '내 삶의 주인' 프로젝트 학습은 교사 중심의 활동이 주로 계획되어 있으며, 구글에서 제공하는 다양한 프로그램을 활용한 원격수업만으로도 운영이 가능할 것이라는 결론을 얻게 되었다. 이에 '내 삶의 주인' 프로젝트 학습은 원격수업을 기반으로 다시 계획하게 되었으며, 격주로 2주동안 실천하기로 하였다.

'내 삶의 주인' 프로젝트 학습의 가장 핵심적인 목적은 학생들 스스로 그동안의 학교와 가정생활을 되돌아보면서, 앞으로 어떻게 행동하고 실천하면서 자신의 삶을 만들어가면 좋을지에 대해 스스로 성찰하면서 스스로 다짐한 내용을 실천으로 옮길 수 있는 책임감을 높여주기 위한 프로젝트라고 할 수 있다. 이를 위해서 우리는 관련된 책을 읽고서 서로의 생각을 공유하는 활동, 학급 규칙을 함께 만들어서 실천을 다짐하는 활동, 1년 후 나를 주제로 편지를 써보는 활동이 이번 프로젝트 학습의 주가 되는 활동으로 계획하게 되었다. 지금 와서 다시 돌이켜보니, 이렇게 계획을 하고 나서 원격수업으로 프로젝트 학습을 진행을 해도 될 것 같다는 안일한 생각을 했었다.

당연히 작년 1년 동안 원격수업을 경험하였으니, 이에 대한 경험이 풍부할 것으로 착각을 했기 때문이었다. 아니나 다를까, 이전 학년 선생님들과 이야기를 해본 결과 실시간 원격수업보다는 기존의 영상을 활용한 원격수업에 대한 경험이 대부분이었기에 우리가 계획하고 있던 실시간 원격수업을 어떻게 진행을 하면 좋을지에 대한 추가적인 고민에 빠지게 되었다.

함께 모여서 실시간 원격수업에 대한 고민을 하면서, 우선 아이들이 실시간 원격수업을 경험하는데 있어서 어려움이 없어야 한다는 기본 전제를 가지기로 하였다. 작년에도 몇 차례 운영이 되었던 줌(zoom)을 기본 바탕으로 하여 원격수업을 진행하기로 하였다. 또한 프로젝트 학습의 특성상 학생들의 다양한 의견과 생각을 모으고 정리하면서, 서로의 생각을 다시 나눌 수 있는 온라인 공간이 필요하다는 생각을 하게 되었다. 이를 위해 기존에 마련되어 있는 클래스팅을 살펴보았는데, 딱히 서로의 생각을 실시간으로 모으면서, 의견을 나눌 수 있는 공간으로는 적합하지 않았다.

구글에서 제공하는 다양한 플랫폼을 살펴보고, 플랫폼을 결정하기 위해서 몇 가지 기준을 마련하였다. 우선은 무료 사용이 가능해야 하고, 선생님들이 사용 방법을 설명하기 쉬워야 하며, 학생들은 사용하기 쉬워야 한다는 등의 3가지였다. 이러한 기준을 가지고서 함께 논의하면서 결정한 플랫폼은 잼보드와 패들렛이라는 2개의 플랫폼이었다. 잼보드와 패들렛에 대한 설명은 뒤에서 자세히 하도록 하겠다.

지금와서 생각해보면, 시작부터 어려움에 봉착하였고 예상치 못한 상황으로 인해 프로젝트 학습을 시작하기에 앞서 다양한 위기상황을 겪었지만, 함께 할 수 있었기에 위기상황을 함께 극복할 수 있었던 것 같다. 어쩌면 함께가 아닌 혼자였다면, 이러한 상황에서 프로젝트 학습을 포기하고, 예전처럼 기존의 영상을 활용한 원격수업으로 대체하였을지도 모른다는 생각을 지금에서야 하게 된다. 이런 저런 이유들이 있겠지만, 어려움이 닥치고 위기상황이 생겼을 때, 이를 헤쳐나갈 수 있는 가장 큰 원동력은 함께라는 협력이며, 교사 개인이 가지고 있는 암묵지가 형식지로 바뀌어서 집단지성으로 만들어질 수 있는 교사 공동체라는 사실을 다시 한 번 더 강조하고 싶다.

어쨌든, 힘들고 어려운 상황들을 알맞게 대처하면서, 새 학년 첫 프로젝트 학습을 시작하게 되었고, 2021학년도 첫 프로젝트 학습에 대한 설레임을 안고서 친구들과 줌(ZOOM)으로 만나게 되었다.

작년 1년 동안의 원격수업을 경험해보아서 그런지, 생각했던 것보다 25명의 모든 친구들이 원격수업에 참여하게 되었다. 25명의 아이들의 모습을 줌으로 보면서, 사상 초유의 개학 연기 및 4차에 걸친 학교 휴업 끝에 4월 9일이 되어서야, 원격으로 아이들을 만날 수 있었던 2020년의 상황과 달리, 올해는 3월 2일에 아이들과 만날 수 있고, 이렇게 줌을 통해서나마 원격으로 아이들의 얼굴을 볼 수 있다는 생각에 왠지 모르게 울컥거렸던 것 같다.

이러한 나의 마음을 아이들이 알았는지, 아이들 어느 누구 하나 거리낌 없이 모두가 화면을 켜고서 환하게 웃으며 첫 인사를 나누었다. 간단하게 서로 인사를 나누고서, 우리는 잼보드를 이용하여 2021학년도 프로젝트 학습의 대망의 첫 수업, 첫 활동을 시작하게 되었다.

아래의 그림은 3월 2일, 첫 만남을 가지고서 프로젝트 학습을 하기 전 서로를 소개하기 위해 잼보드를 활용하여 자신의 이름과 자신을 소개하는 하는 말을 공유하는 그림이다. 초상권 문제로 인해 학생들의 얼굴이 드러나지 않도록 하여 화면을 찍었다.

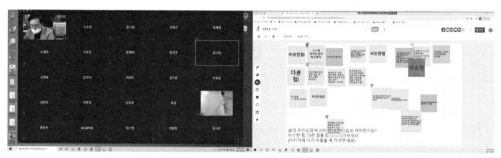

줌과 잼보드를 활용한 우리들의 첫 만남 모습

첫 프로젝트의 첫 활동은 간단하게 자기소개를 하는 시간으로 꾸미게 되었고, 앞으로 1년 동안 이루어지게 될 프로젝트 수업에 대한 간단한 소개가 이루어졌다.

잼보드를 활용한 자기소개 활동 결과 모습

"프로젝트 수업은 여러분이 그동안 교실에서 했던 수업 방법과 크게 다르지 않단다. 다른 점이 있다면, 그동안 교실에서 이루어졌던 수업이 교과서 위주로 내용이 연계되지 못한 채, 정해진 시간표에 따라 활동이 진행되었다면, 프로젝트 수업은 교과서의 내용을 조금은 다르게 변형하여서 여러분이 공부하고 학습하는데 있어서 스토리와 흐름을 만들어주면서 활동에 참여하고 공부할 수 있도록 하는 것이란다. 그리고 프로젝트 별 스토리는 선생님들이 만들기도 하지만, 선생님들과 여러분이 함께 만들어가게 될 것이란다. 여러분이 하고 싶은 활동이 있다면 최대한 존중하고 받아들여서 여러분이 하고 싶은 활동들 모두를 수업 시간에 할 수 있는 방안을 마련해줄 거란다. 그래서 이전 학년과 달리 활동이 조금은 더 많을 수도 있단다."

아이들의 수준에 맞게, 아이들의 눈높이 맞게 프로젝트 수업에 대해 설명을 하였더니, 아이들의 반응이 폭발적이었다.

"정말이에요? 제가 하고 싶은 것들 다 할 수 있게 해주실거에요?"
"그동안 만들기 활동을 많이 하지 않아서 아쉬웠는데, 정말 만들기 활동도 많이 할 수 있는 거예요?"
"수업시간에 체육도 할 수 있는 거예요?"

사실 아이들의 관심이 이렇게나 많을 줄 상상하지 못했었다. 프로젝트 수업을 이해할 수 있을지, 그리고 프로젝트 수업에 대해 관심을 가지게 될지 걱정이 많았는데.. 아이들의 반응을 보면서 그동안 우리 아이들이 교과서 중심의 강의식 수업에 대한 안 좋은 기억들이 많았다는 것을 알 수 있었다. 그리고 이러한 아이들의 반응을 보면서 앞으로 1년 간 이루어지게 될 프로젝트 학습이 더욱 기대가 되기도 하였고, 활동 중심의 수업이 이루어지더라도, 아이들이 반드시 기억하고 알아야 하는 지적인 측면을 놓치지 않기 위해 성취기준을 기반으로 한 프로젝트 수업을 계획해야 겠다는 다짐도 생겼다.

이렇게 프로젝트 수업에 대한 이야기를 하고 나서, 우리는 앞으로 1년간 프로젝트 수업에 어떻게 참여하면 좋을지 서로의 다짐을 글로 공유하는 시간을 가지기로 하였다. 시간이 흐른 뒤에, 혹시라도 우리반 학생들의 프로젝트 수업 참여 정도가 저조해지거나, 지금의 관심과 흥미가 시들해지는 모습이 보이게 될 경우, 가장 첫 활동에 각자가 작성했던 다짐의 글을 다시 살펴보게 된다면, 보다 오랫동안 프로젝트 수업에 적극 참여할 수 있게 되지 않을까 하는 생각을 했던 것 같다. 물론, 나의 마음 속에는 1년 간 프로젝트 수업을 함께 하게 된다면 프로젝트에 대한 흥미와 관심을 놓치지 않으면서 수업에 보다 재미를 느끼며 적극 참여하게 될 것이라는 확신을 가지고 있기도 하였다. 그래도 사람의 앞일을 누가 알겠는가? 유비무환의 마음으로 하나하나를 준비한다면, 훗날 혹시 모를 어려움과 위기 상황이 생겼을 때, 이를 헤쳐 나갈 수 있는 방안이 될 수 있을테니...

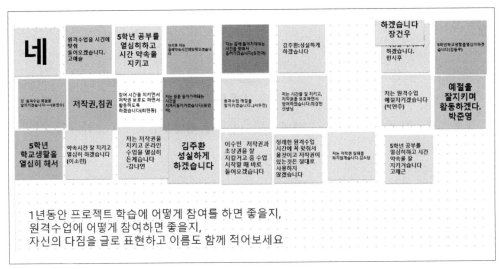

네

원격수업을 시간에 맞춰 들어오겠습니다. 고예슬

5학년 공부를 열심히 하고 시간 약속을 지키고

김주환:성실하게 하겠습니다

하겠습니다 장건우

하겠습니다. 민시후

5학년학교생활을열심히하겠습니다(김동우)

저작권,침권

저는 수업을 들어가면서 시간을 지켜서들어가겠습니다(유민혁)

저는 시간을 잘 지키고, 저작권을 보호하면서 참여하겠습니다.(서우진)

저는 원격수업 예절지키겠습니다 (박연주)

예절을 잘지키며 활동하겠다. 박준영

5학년 학교생활을 열심히 해서

약속시간 잘 지키고 열심히 하겠습니다 (이소민)

저는 저작권을 지키고 온라인 수업을 열심히 든게습니다 -김나연

김주환 성실하게 하겠습니다

이수민 저작권과 초상권을 잘 지킬거고 줌 수업 시작할 때 바로 들어오겠습니다

정례힌 원격수업 시간에 꼭 맞춰서 올것이고 저작권이 있는것은 절대로 사용하지 않겠습니다

저는 저작권을 잘지킬게요.김소앙

5학년 공부를 일심히하고 시간 약속을 잘 지키거습니다 고재근

1년동안 프로젝트 학습에 어떻게 참여를 하면 좋을지,
원격수업에 어떻게 참여하면 좋을지,
자신의 다짐을 글로 표현하고 이름도 함께 적어보세요

잼보드를 활용한 자기 소개 및 자신의 다짐글 공유 결과

코로나-19로 인해 줌을 이용하여 비대면으로 첫 만남을 가지고서, 앞으로의 프로젝트 수업에 대해 힘들게 안내를 하였지만, 아이들이 그동안의 수업과는 다르게 자신들의 생각과 삶의 이야기가 담겨지는 수업, 이로 인해 아이들이 중심이 될 수 있는 수업이 진행된다고 하니 열심히 참여하고 싶다는 답글이 많았다. 아이들의 답변을 하나씩 읽어가면서, 아직은 부족해보이고, 짧은 다짐 글이지만 1년간, 우리반 아이들과 함께 만들어가고 써내려가게 될 프로젝트 수업 이야기가 기대가 되었다.

"애들아! 우리 함께 즐거운 교실 수업을 만들어가보자!"

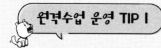

[잼보드 이용 방법]

👉🏻 **잼보드란?**

잼보드(Jamboard)는 구글이 한때 G 스위트라는 이름을 지녔던 구글 워크스페이스의 일부로서 개발한 인터랙티브 화이트보드 시스템이다. 학급에서 아이들이 한꺼번에 참여해 브레인스토밍 용도, 즉 생각 모으기 용도에 최적화되어 있다. 또한 작업이 아주 간단하고 포스트–잇 기능과 낙서장 기능이 다른 프로그램보다 직관적이고 탁월하다.

jam이라는 것이 jazz연주에서 즉흥연주 하는 것을 의미한다. 아이들이 즉흥적으로 의견을 표현할 수 있는 것에서 잼보드라는 표현이 왔다고 한다.

잼보드 접속방법은 구글, 네이버 등 검색창에서 '잼보드'를 검색하여 쉽게 접속이 가능하다.

👉🏻 **잼보드의 기능**

▶ 잼보드의 죄측 매뉴얼바 기능은 아래 그림과 같다.

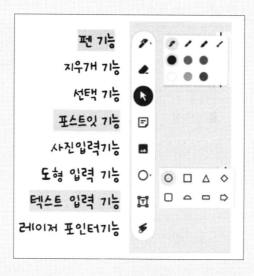

▶ 스티커 기능을 이용하면 아래 그림과 같이 학생들의 의견을 브레인 스토밍으로 한꺼번에 표현할 수 있다.

▶ 잼보드의 공유 옆 점 세 개를 누르면 PDF 다운로드, 프레임을 이미지로 저장 등 다양하게 문서화 할 수 있다.

🖐️))) 잼보드 공유 방법

잼보드를 학생들에게 공유할 때는 아래 그림과 같이 '링크가 있는 모든 사용자에게 공개' + '편집자'로 바꾼 다음에 공유를 해야 한다.

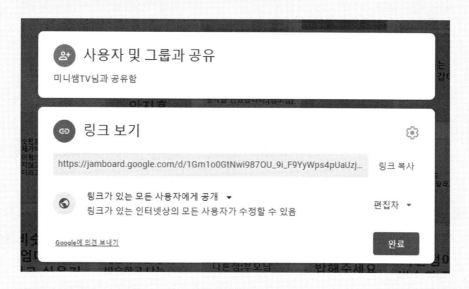

위 링크 복사해서 공유하면 휴대폰으로 접속하는 학생들은 한글이 작성되지 않는다. 이런 경우는, 아래 그림의 'edit——'(붉은색) 부분을 'viewer'으로 바꿔주면 누구나 접속하여 작성이 가능해 진다.

예시)

https://jamboard.google.com/d/1Gm1o0GtNwi987OU_9i_F9YyWps4pUaUzjZ2PKNkfR48/edit?usp=sharing

↓

https://jamboard.google.com/d/1Gm1o0GtNwi987OU_9i_F9YyWps4pUaUzjZ2PKNkfR48/
viewer

[활동 2] 그동안 나는 어떠한 모습이었을까?

관련 교과(단원)
국어 독서단원
미술 5. 그림 기호로 소통해요(동아출판)

주요 활동 소개 (총 수업 차시 : 4차시)
① 이야기 속 주인공과 나를 비교해보기(1차시)
  [함께 읽은 책] 엄마가 만약 100명이라면
② 나는 어떠한 모습이었는지 이야기 나누기(2차시)
③ 나의 이름표를 만들어 소개하기(3~4차시)
  [tip] 캡츄라를 이용해 원격수업 영상을 제작하는 방법

첫 만남 후 이틀은 책을 함께 읽어보면서 스스로의 삶에 대해 성찰해보는 시간을 가졌다. 우리가 함께 정한 책은 '엄마가 만약 100명이라면'이었고, 캡츄라를 이용해서 책을 읽어주는 영상을 제작하였다. 그리고 이야기 속 주인공과 나를 비교해보면서, 그동안 내가 학교와 집에서 어떻게 생활했었는지 자신의 삶을 스스로 성찰해보고, 이에 대한 서로의 생각과 의견을 잼보드를 통해 공유하는 시간을 가졌다.

그동안 각자의 삶에 대한 반성과 성찰을 통해 앞으로 변화되어져야 할 나의 모습에는 어떠한 면들이 있을지, 변화되어야 할 습관에는 무엇이 있을지 스스로의 생활 모습에 대해 함께 생각을 공유하는 시간을 가졌다.

아직 대면으로 만나지도 못한 아이들에게 원격수업으로 프로젝트 학습을 시작하는 것에 있어서 큰 어려움이 있을 것이라고 예상을 하였지만, 학생들은 저자가 생각했던 것 이상으로 활동에 익숙해져 있었고, 적극 참여하는 모습을 보면서 어렴풋이 가지고 있던 걱정과 염려가 사라지고, 앞으로의 원격수업과 병행하여 이루어지게 될 프로젝트 학습에 대한 기대감이 조금씩 높아지게 되었던 시기와 계기가 바로 이 때였던 것 같다.

참으로 다행이라는 생각을 하게 되었다. 원격수업에 적극 참여하지 못하면 어떡하나, 어려워하면 어떡하나 걱정이 많았지만, 활동을 시작하고 아이들의 참여하는 모습과 아래와 같은 활동 결과물을 보면서 참으로 다행이라는 생각을 하게 되었던 것 같다. 물론,

첫 활동 결과물이었고, 아직은 자신의 생각을 누군가에게 글로 표현하는 활동, 서로의 생각에 대해 살펴보고 이야기를 나누어 보는 활동에 익숙지 않은 시기였기에 작성한 글들이 다소 엉성하고 부족해 보이기는 하지만, 아이들이 참여를 하기 시작했다는 것만으로도 3월 첫 주, 원격수업으로 운영되었던 프로젝트 학습은, 그 자체만으로도 큰 의미가 있었다고 생각한다.

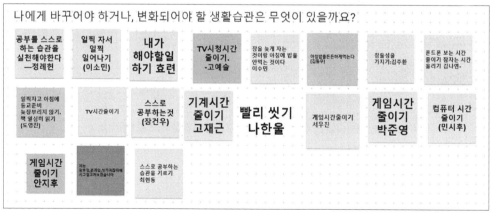

그동안 우리들은 어떠한 아이들이었을까? 생각모음 결과 1

책 읽어주기 영상을 함께 본 뒤, 주인공과 나의 모습 혹은 생각들을 비교해보세요

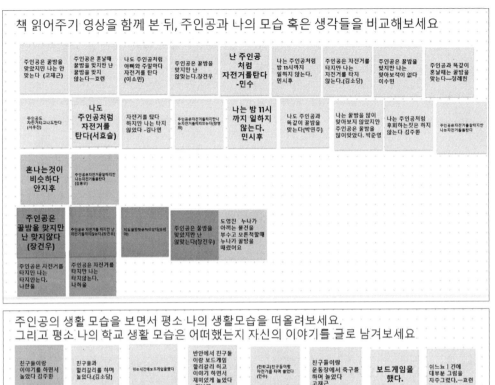

주인공은 꿀밤을 맞았지만 나는 안 맞는다 (고재근)

주인공은 혼날때 꿀밤을 맞지만 난 꿀밤을 맞지 않는다-효련

나도 주인공처럼 아빠와 주말마다 자전거를 탄다 (이소민)

주인공은 꿀밤을 맞지만 난 맞지 않는다.장건우

난 주인공 처럼 자전거를 탄다 -민수

나는 주인공처럼 밤 11시까지 일하지 않는다. 민시후

주인공은 자전거를 타지만 나는 자전거를 타지 않는다.(김소담)

주인공은 꿀밤을 맞았지만 나는 맞아본적이 없다 이수민

주인공과 똑같이 혼날때는 꿀밤을 맞는다—정례현

주인공도 자전거타고나도탄다 (서우진)

나도 주인공처럼 자전거를 탄다(서효슬)

자전거를 탔다 하지만 나는 타지 않았다 -김나연

주인공은자전거를타지만나 는자전거를타지않는다(장병 뜸)

나는 밤 11시 까지 일하지 않는다. 민시후

나도 주인공과 똑같이 꿀밤을 맞는다(박연주)

나는 꿀밤을 많이 맞아보지 않았지만 주인공은 꿀밤을 많이맞았다. 박준영

나는 주인공처럼 혼날때는 후회하는것은 하지 않는다 김주환

주인공은자전거를탈지만 나는자전거를탈탄다

혼나는것이 비슷하다 안지후

주인공은혼자전거을타지만 나는자전거를탄다(김병구)

주인공은 꿀밤을 맞지만 난 맞지않다 (장건우)

주인공은 자전거를 타지만 나는 자전거를타지않는다(장건우)

지도꿀밤은맞지만나는때리지만(최현 햐)

주인공은 꿀밤을 맞았지만 난 안맞는다(장건우)

도영진 누나가 아끼는 물건을 부수고 모른척할때 누나가 꿀밤을 때렸어요

주인공은 자전거를 타지만 나는 타지안는다. 나한울

주인공은 자전거를 타지만 나는 타지않는다 나하울

주인공의 생활 모습을 보면서 평소 나의 생활모습을 떠올려보세요.
그리고 평소 나의 학교 생활 모습은 어떠했는지 자신의 이야기를 글로 남겨보세요

친구들이랑 이야기를 하면서 놀았다 김주환

친구들과 할리갈리 하며 놀았다.(김소담)

쉬는시간에보드게임했다

반안에서 친구들 이랑 보드게임 할리갈리 하고 이야기 하면서 재미있게 놀았다 -김나연

(쉬는)반안과친구들이랑 자전거를 타며 놀았다 (민수)

친구들이랑 운동장에서 축구를 하며 놀았다 고재근

보드게임을 했다.

쉬는뇨ㅣ 간에 대부분 그림을 자주그렸다.—효련

친구들싸에서신나게놀았다다 (김병우)

친구들 이랑축구 를 했다 (서우진)

친구들 이랑축구를 하면 서놀았다(서우진)

친구들이랑 운동장에서 축구를 하며 놀았다 고재근

친구들이랑 술래잡기 하며 놀았다(최현동)

친구들 이랑 밥 먹고 교실에서 게임을 했다 (이소민)

친구들 이랑 축구를하며놀았다 (서우진)

반에서 친구들과 게임을하고 재미있게 놀았다(박연주)

친구들과 장난을치면서 놀았다 안지후

축구를 하며 놀았다. 나한울

친구들과 술래잡기를 했다 (장건우)

그냥 조용히 그림그리며 보냈다—정례현

친구들과 축구를 하며 놀았다(서효슬)

쉬는시간에 보드게임을 하며 놀았다.박준영

친구들과 장난을치면서놀 았다 안지후

도영진 쉬는 시간에 만들기도하고 색종이접기 했었습니다.

친구들이랑진짜놀땐진짜 놀아요 친구들이랑장난해도다가놀았

반이 너무 좋았다. 민시후

친구 와 보드게임을 하며 놀았습니다 이수민

그동안 우리들은 어떠한 아이들이었을까? 생각모음 결과 2

프로젝트 학습을 처음으로 경험하는 아이들, 거기에 원격수업으로 한 주간 만나게 되는 아이들을 고려하여 3월 첫 주의 프로젝트 학습을 별도의 활동지를 제공하지 않고 잼보드와 패들렛을 활용하여 각자의 생각을 글로 표현하고, 서로의 생각을 살펴보는 경험을 제공하고자 많은 노력을 기울였던 것 같다. 결과적으로 이러한 경험이 아이들에게는 작게나마 배움의 기회가 되었던 것 같았고, 그동안 기존의 영상을 활용한 과제형 원격수업에 대해 불만을 가지고 있던 학부모들에게도 실시간으로 수업이 이루어짐으로 인해 원격수업에 대한 인식을 긍정적으로 변화될 수 있었던 시기이기도 하였다.

이에 다음 수업 이야기를 하기에 앞서, 패들렛에 대해 안내를 하고, 어떻게 활용을 하면 좋을지 약간의 TIP을 제공하고자 한다.

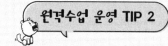

원격수업 운영 TIP 2

[캡츄라 이용 방법]

캡츄라란?

예상치 못한 코로나19 확산으로 학원, 학교, 회사에서 비대면 방식으로 수업을 준비하거나 회의를 해야 하는 경우가 생기고 있다. 그러다 보니 효과적으로 상대방에게 내용을 전달하기 위해 화면을 녹화하는 프로그램 찾는 분들이 많은데, 대표적으로 캡츄라(Captura)는 오픈소스 기반의 영상녹화 프로그램으로 다른 도구들에 비해 파일 크기가 매우 작고 사양이 낮은 컴퓨터에서도 무리 없이 실행할 수 있어서 인기가 많은 도구이다. 게다가 100% 무료로 제공되어 상업적인 용도의 영상에도 사용이 가능하다.

캡츄라 설치 방법

캡츄라는 다운로드 하는 곳이 제대로 나와 있지 않다. 구글에서 'captura 다운로드'를 검색하여 사이트로 이동하는 방법이 가장 간단하다.

캡츄라는 설치 후 한단계를 더 거쳐야 영상 녹화가 가능하다. 바로 FFmpeg라는 프로그램(동영상 인코더)의 다운로드이다. 프로그램 위쪽에 있는 녹화 버튼을 처음 눌렀을 때 FFmpeg를 이용할 수 없다는 팝업 창이 나타난다. 이때 'FFmpeg 다운로드' 버튼을 누르면 FFmpeg를 자동으로 다운로드 할 수 있다. 다운로드 이후에는 팝업 창이 나타나지 않으며 화면 녹화를 할 수 있다.

캡츄라 기능

녹화 범위 지정

캡츄라에서는 컴퓨터 화면 전체를 녹화할 수도 있지만, 일부분만을 녹화할 수도 있다. 모니터를 2개 이상 사용하는 경우 특정 모니터 하나만을 선택할 수 있으며, 하나의 프로그램만 녹화하거나 사용자가 범위를 지정해 녹화할 수도 있다.

2. 녹화 영상의 FPS 및 품질 설정

캡츄라는 녹화하는 영상의 FPS나 품질을 조절할 수 있다. FPS는 초당 촬영 횟수로, FPS가 낮으면 화면이 끊겨서 녹화되고 높으면 자연스럽게 녹화된다. 대략 25FPS 전후이면 끊김이 없이 보인다. 품질은 영상 용량 제한에 맞추어 낮추거나 높이면 된다.

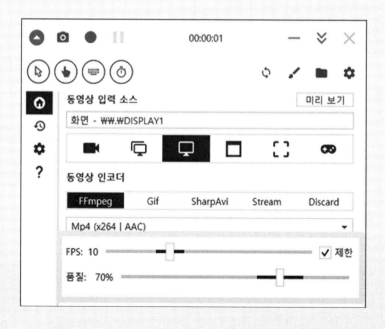

3. 소리, 웹캠 화면 녹화 설정

Captura는 컴퓨터 화면 뿐만 아니라, 웹캠이 달려 있을 때는 웹캠으로 촬영하는 영상도 같이 보여줄 수 있다. 웹캠이 연결되어 있으면 웹캠 선택 목록에서 내 컴퓨터에 연결된 웹캠이 표시된다. 이를 선택하면 녹화 영상의 일부분으로 웹캠을 통해 찍은 영상이 함께 나타난다.

음성 기능에서는 녹화 시 들어갈 소리 입력을 선택할 수 있다. 만약 컴퓨터 소리가 들어가야 한다면 컴퓨터 소리를 선택하고, 마이크나 웹캠 소리가 들어가야 한다면 마이크나 웹캠을 선택하면 된다. 여러 소리 입력을 중복으로 선택할 수 있다.

소주제 2 **어떻게 하면 내 삶의 주인이 될 수 있을까?**

[활동 1] 나는 어떻게 행동해야 할까요?

관련 교과(단원)
국어 독서단원
미술 5. 그림 기호로 소통해요(동아출판)

주요 활동 소개 (총 수업 차시 : 4차시)
① 책 읽어주는 선생님, 함께 책 읽기(1~2차시)
  [함께 읽은 책] 자전거 도둑, 손톱 깨물기
② 나의 이름을 픽토그램으로 표현하기(3차시)
③ 나의 앞으로의 생활습과 다짐표를 픽토그램으로 표현하기(4차시)
  [tip] 패들렛을 원격수업에 적용하는 방법

관련 활동지 [프 1-1]

'내 삶의 주인'이 되기 위해서 나는 어떻게 행동하고 실천하면 좋을지를 알아보기 전, 내가 가지고 잇는 좋지 못한 습관에는 무엇이 있는지 '자전거 도둑', '손톱 깨물기' 등 생활 습관과 관련된 동화를 읽어주는 영상을 시청하면서 스스로 생각해보는 시간을 가졌다.

처음 프로젝트 학습을 원격수업을 진행을 할 때, 참여를 하지 않으면 어떻게 하나 걱정과 고민이 많았는데... 그러한 걱정과 고민은 기우에 불과했던 것 같다. 예상했던 것보다 더욱 열심히 참여하면서, 자신의 생각과 의견, 그동안 자신의 생활 습관에 대해 다양하게 생각해보고 서로 자신의 이야기를 공유하는 모습을 보면서 아이들 모두 자신의 삶의 주인이 되고자 하는 열정을 가지고 있음을 발견하게 되었다.

서로가 그동안 가지고 있던 좋지 못했던 습관에 대해 살펴본 후 우리는 우리 꿈꾸고 바라는, 아이들이 주인이 될 수 있는 학급을 만들고자 이야기를 나누게 되었다. 아이들에게 물어보았다.

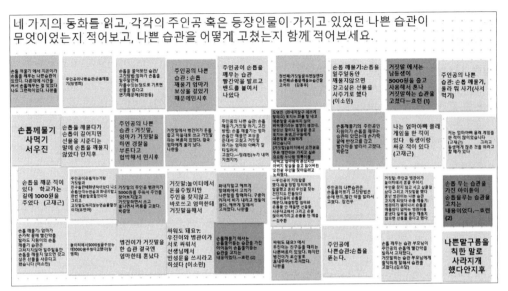

내가 가지고 있는 나쁜 습관들에 대한 생각 모음 결과

"혹시 4년 동안 학교를 다니면서, 각 학급(반)의 주인이 나라는 생각을 해본 적이 있나요?"

역시나 아이들의 대답은…

"아니요. 그러한 생각을 해 본적이 없는데"

아이들의 대답은 한결 같았다. 물론 그러한 대답을 예상하기는 하였다. 내가 듣고 경험하는 대부분의 학급은 선생님이 제시하는 규칙에 따라, 선생님의 지시에 따라 운영이 되는 경우가 많기 때문이다.

하지만 그보다 조금 더 놀란 사실은 그러한 것에 대해, 그러니까 아이들 스스로 '내가 살아가는 공간에 있어서 누가 주인이 되어야 할까?'에 대한 의구심이나 궁금증 자체가 없었다는 것이 보다 조금은 더 놀라웠고, 조금은 심각한 상황이 아닐까 생각을 하게 되었다.

아이들 스스로 자신의 삶에 대해 아직은 책임을 질 수 있는 나이가 아니기도 하지만, 그동안 우리 교사들은 어쩌면 아이들을 교사들이 생각하는 모습으로 만들어가기 위해 수많은 억압과 제재를 가하고 있었던 것은 아니었을까 스스로 성찰해보게 되었다. 아이들 스스로, 자신의 삶에 대해 고민해보고, 어떻게 학교와 가정 생활을 꾸려가는 것이 보다 책임감있고 효능감이 높아질 수 있는 삶이 될 수 있는지에 대한 생각조차를 하지 않고 지내고 있다는 것이, 교사로서 조금은 부끄러웠고 더 많이 미안해지게 되었던 것 같았다.

그저 우리 학급의 주인으로, 우리 아이들이 성장하고 발전했으면 하는 마음으로, 가볍게 던진 질문이었는데.... 아이들의 대답을 들으면서 스스로 숙연해지게 되었던 것 같다.

그리고 그러한 생각을 통해 올해의 가장 첫 프로젝트 학습으로, '내 삶의 주인'을 선택하고 운영하기로 한 것이 어쩌면 우리들 모두에게 커다란 기회가 될 수 있을 것이라는 막연한 기대감도 가지게 되었던 것 같다.

이어서 우리는 '내 삶의 주인'으로서 내가 되기 위해서 어떠한 생활 다짐을 세우면 좋을지를 픽토그램을 이용하여 표현해보기로 하였다.

"여러분, 픽토그램이 무엇인지 아나요?"

아직 픽토그램이 무엇인지 모를 것 같다는 생각을 하고서 한 질문이기는 하였지만, 25명의 친구들 모두가 하나같이 무엇인지 모른다는 답변을 들었을 때는 조금 놀라기는 하였다. 그래서 픽토그램이란 무언가 중요한 사항이나 장소를 알리기 위해 그림으로 만들어진 언어라고 간단하게 설명을 하면서, 코로나-19와 관련된 생활수칙 그림을 함께 보여주었다. 그랬더니 아이들 모두 픽토그램이 무엇인지 알게 되었다는 답변을 들으면서, 어쩌면 100마디의 말보다 사진 한 장이 학생들의 학습과 교육에 더욱 도움이 되는 경우가 바로 이러한 경우라는 것을 다시금 느끼게 되었다.

어쨌든, 픽토그램이 무엇인지 알게 되었지만 아직 이와 관련된 활동을 해보지 못한 친구들이 전부였기에, 우선은 자기의 이름을 이용하여 픽토그램으로 표현해보는 활동을 먼저 해보기로 하였다. 자신의 이름을 활용하여 자기를 가장 잘 표현할 수 있는 그림을

정해서 픽토그램으로 표현하도록 하였고, 그 결과는 클래스팅 앨범을 이용하여 아래와
같이 공유하였다.

자신의 이름을 픽토그램으로 만들어 표현한 활동 결과물

　이렇게 자신의 이름을 픽토그램으로 표현하도록 한 뒤, 왜 그렇게 표현하였는지에 대
해 서로 발표를 하는 시간을 가져보았다. 학생들의 발표 중, "저는 꽃처럼 예쁜 사람이
되고 싶은 아이입니다. 그리고 꽃이 예쁘게 맺히기 위해서 주변 사람들이 물을 주듯이
칭찬하고, 아껴주면 사랑을 느끼는 아이입니다"라고 한 친구의 발표가 지금도 기억에 남
는다. 이렇게 픽토그램이 무엇인지 활동을 통해 배우고 난 뒤, 원래 하고자 했던 나의 생
활 다짐을 픽토그램으로 표현하는 활동을 하게 되었다. 직접 다른 주제를 통해 학습해서
그런지, 아이들 모두 픽토그램이 무엇인지, 그리고 어떻게 표현하면 좋을지에 대한 감각
을 익히게 되어서 그런지 활동을 함에 있어서 별다른 어려움이 없었던 것 같다.

이 글을 읽고 있는 분이 선생님이라면, 새로운 활동을 해야 할 경우 간단하게라도 미리 체험을 해본 뒤에 본 활동을 할 수 있게 한다면 보다 쉽게 활동에 참여할 수 있을 것이라는 팁을 드리고 싶다. 물론, 이를 위해서는 수업 시간이 보다 많이 필요할 것이다. 이렇게 필요한 수업 시간은 프로젝트 학습의 계획으로 교육과정 재구성이 이루어진다면, 여유 시간이 충분히 마련될 수 있을 것이다.

아이들의 나의 생활 다짐을 픽토그램으로 표현한 활동 결과물은 아래의 그림과 같다.

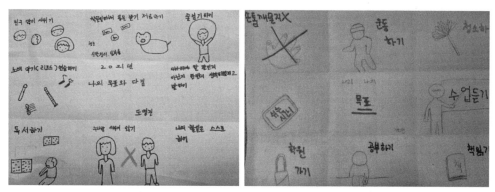

나의 생활 다짐을 픽토그램으로 만들어 표현한 활동 결과물

그리고서 국어 교과와 연계하여 우리는 그동안 학교 생활을 하면서 가장 기억에 남는 일이 무엇인지를 떠올리며 이야기로 만들어보는 시간을 가지기로 하였다.

실제 학생들에게 제시한 질문은 '5학년이 되어서 가장 기억에 남는 일을 이야기로 만들어요'이지만, 한 주간 원격수업으로만 함께 만나고 활동을 하였기 때문에 그동안의 학교생활로 범위를 넓혀서 안내하게 되었다. 그리고서 패들렛에 각자의 이야기를 사진으로 찍어서 올린 뒤, 이야기가 흥미로운 친구, 나와 이야기가 비슷한 친구, 나와 비슷한 감정을 이야기한 친구, 이야기를 잘 표현한 친구들이 누구인지를 댓글로 달아가면서 원격수업을 통한 동료평가도 함께 실천하게 되었다.

첫 술에 배부를 수 없듯이, 처음으로 진행하게 된 동료평가이기에 다소 부족한 면이 많았고, 왜 그렇게 친구를 선택하였는지에 대한 이유가 타당하지 않은 면도 있었다. 하지만 친구들의 이야기를 자세히 살펴보는 기회를 마련하게 되었고, 친구들의 이야기를 읽으면서 나의 글과 비교해볼 수 있는 기회를 마련하였음에 만족하기로 하였다.

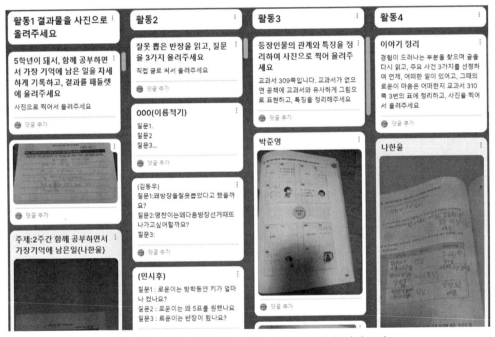

패들렛을 활용한 친구들의 글에 대한 동료평가 결과 모습

그리고서 국어 교과서 10단원에 제시된 지문 중 생활 습관과 관련된 내용의 글을 함께 읽으면서 이야기를 꾸미는 방법에 대해 학습하였다. 이렇게 교과서 지문을 이용하여 학습을 하는 경우에는 글을 문단으로 나누어서 중심 내용을 찾고, 글의 내용을 요약하면서 글을 어떻게 읽어야 하는지에 대한 강의식 수업을 함께 운영하였다.

앞서 언급했듯이, 프로젝트 학습은 활동 위주의 학습이 아니며, 필요한 경우에는 강의식 수업을 통해 학생들이 반드시 알게 해야 하는 지식적인 측면, 즉 성취기준의 경우에는 강의식 수업을 통해서 모든 아이들이 학습할 수 있도록 충분한 기회를 제공해주어야 한다. 그래서 우리는 프로젝트 학습을 계획하면서 관련된 성취기준 및 반드시 알아야 할 지식적인 측면을 함께 고려하였고, 이 부분에 대해서는 강의식 수업을 포함하여 다양한 교수 · 학습방법을 적용하여 모든 아이들의 학습을 확인하면서 프로젝트 학습을 진행하였다.

이어서 '내 삶의 주인 되기' 프로젝트 학습을 통해 어떠한 생각을 하게 되었는지 이야기의 흐름에 맞게 사건과 배경을 함께 정리하며, 그림과 이야기로 표현하였다. 본 활동의 경우에는 성취기준과 관련된 활동이기에, 활동 후 자기 성찰을 통한 평가 활동을 하였고, 그 결과를 패들렛으로 공유하였다.

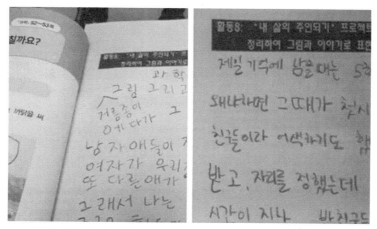

나의 생활 습관 다짐 글 대한 성찰 중심의 자기 평가 활동 결과

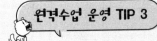
원격수업 운영 TIP 3

[패들렛 이용 방법]

👉 패들렛이란?

패들렛은 가상 게시판에 콘텐츠를 업로드, 구성 및 공유할 수 있는 실시간 협업 웹 플랫폼이다. 온라인 공간에서 의견을 모으기 간편하고 직관적으로 조작법을 알 수 있어 학생들과 온라인으로 상호작용을 위해 사용하기 적합하다.

👉 패들렛 사용 방법

1. 패들렛 접속하기

구글에서 '패들렛'을 검색하면 쉽게 접속 가능하며, 추가 설치 없이 무료로 사용할 수 있다.

2. 패들렛 만들기

상단에 Padlet 만들기 클릭

3. 유형 선택

칠판에 포스트잇 붙이는 형태로 간단한 의견을 모으기 좋은 유형은 '담벼락'이다. 그리고 그룹을 지어서 의견을 낼 때에는 '셸프'유형이 가장 적합하다.

처음부터 시작...

담벼락 미리 보기
벽돌 형식의 레이아웃으로 콘텐츠를 담습니다.
[선택]

스트림 미리 보기
콘텐츠를 읽기 쉬운 하향식 피드 형태로 자연스레 흐르게 배치합니다.
[선택]

그리드 미리 보기
콘텐츠를 박스에 줄지어 배치합니다.
[선택]

셸프 미리 보기
일련의 컬럼으로 콘텐츠를 쌓아 배치합니다.
[선택]

지도 미리 보기
지도상의 지점에 콘텐츠를 추가합니다.
[선택]

캔버스 미리 보기
콘텐츠를 마음대로 흩거나 그룹화하거나 연결합니다.
[선택]

타임라인 미리 보기
가로선을 따라 내용을 배치하세요.
[선택]

4. 패들렛 꾸미기

오른쪽 상단에 톱니바퀴를 눌러서 제목, 내용 수정, 배경화면 설정이 가능하다. 그리고 댓글, 반응을 통해 학생들이 코멘트를 달 수 있게 설정도 가능하다.

5. 공유하기

오른쪽 상단에 공유를 눌러서 클립보드로 링크 복사를 한 뒤 학생들에게 공유할 수 있다. 수업 종료 후 스프레드시트로 저장할 수 있어 수업 결과를 장기 보관할 수도 있다.

공유
🔗 클립보드로 링크 복사
▦ QR 코드 받기
< > 블로그 또는 웹사이트에 삽입
✉ 이메일
f Facebook에서 공유
🐦 Twitter에서 공유
👥 Google Classroom에서 공유

프1-1 **기억에 남는 일을 이야기로 만들어요.**

학교급	초등학교	학년	5학년
교과 (과목)	국어	교육과정 내용 영역	문학
단원/ 과제명	2단원 작품을 감상해요(프로젝트1)		

성취기준 (평가 기준)	[6국05-02] 작품 속 세계와 현실 세계를 비교하며 작품을 감상한다.	상	시 내용과 비슷한 경험을 떠올리며 창의적인 표현으로 시를 바꾸어 쓴다.
		중	시 내용과 비슷한 경험을 떠올리며 시의 일부분을 바꾸어 쓴다.
		하	시 내용과 비슷한 경험을 떠올리나 시를 바꾸어 쓰지 못한다.

교과 역량	문화 향유 역량

평가 방법	평가 형식	☐서술·논술 ☐구술·발표 ☐토의·토론 ☐프로젝트 ☐실험·실습·실기 ☐포트폴리오 ☐기타
	평가 주체	☑자기평가 ☑ 동료평가 ☑ 교사평가 (관찰)

과정 중심 평가의 방향 (의도)	경험을 떠올리며 작품을 이해하고 문학 작품을 수용하는 능력과 문화 향유 능력을 기르는 것이 목적이다		
	평가 영역	**평가 요소**	**평가 척도**
	문학의 의의	작품 감상하기	3단계(상, 중, 하)
	작품을 매개로 하여 소통하기	경험을 떠올리며 이야기 읽기	3단계(상, 중, 하)

평가 시 유의점	학급 상황에 따라 시를 활용할 수 있고 바꾸어 쓰는 활동 이외에 흥미에 따라 여러 활동을 할 수 있다.

피드백 계획	학생들이 각자의 평가 내용을 서로 바꾸어 읽거나 교실에 전시해 두고 경험에 따라 시에 대한 생각이나 느낌이 다를 수 있음을 비교해 보도록 한다.

기억에 남은 일을 이야기로 만들기

학년   반   이름:

함께 공부하면서 가장 기억에 남은 일을 자세하게 기록하고, 결과를 패들렛에 올려주세요.

....

....

....

....

....

....

....

....

....

활동 2 : 패들렛에 공유된 친구들의 이야기를 모두 읽어보고, 아래의 기억 카드를 완성해보세요

내 용	친구이름		
이야기가 흥미로운 친구			
나와 이야기가 비슷한 친구			
나와 비슷한 감정을 느낀 친구			
이야기는 비슷하지만 감정은 다른 친구			
이야기를 가장 잘 표현한 친구			

활동 3 : '잘못 뽑은 반장' 이야기를 시청하고, 이야기와 관련된 질문을 만들어서 잼보드에 올려주세요	
내가 만든 질문 1	
내가 만든 질문 2	
내가 만든 질문 3	

활동 4 : 친구들의 질문에 답을 하고서, 각각의 등장인물의 관계와 특징을 정리하여 패들렛에 올려주세요
교과서 309쪽, 310쪽에 기록하고, 사진을 찍어서 패들렛에 올려주세요.

활동 5 : 꾸며 쓴 이야기와 실제 겪은 일을 비교해봅시다.

'대화기 필요해'를 읽고서, 꾸며 쓴 이야기와 실제 겪은 일을 아래의 표로 정리해보세요.

	실제로 겪은 일	이야기에 나오는 일
인물		
사건		
배경		

활동 6 : 경험을 이야기로 쓰는 방법 학습하기

교과서 316~317쪽의 내용을 선생님과 실시간으로 학습하면서, 경험을 이야기로 쓰는 방법을 스스로 배우고 학습하기

활동 7 : '대화가 필요해' 이야기 마지막 부분 상상하여 쓰기

활동 8 : '내 삶의 주인되기'프로젝트를 한 주간 함께 하면서, 기억에 남는 일을 떠올려서 이야기의 흐름대로 사건과 배경을 정리하여 그림과 이야기로 표현해보세요

문장 성분을 얼마나 알게 되었나요?
자기 스스로 평가를 하고 배운 내용을 정리해보세요.

평가 : 얼마나 잘 알고 있나요?				배운 내용을 정리해보세요
배움 질문	싹틈	자람	열매	
일상생활의 경험을 이야기로 표현할 수 있게 되었나요?				
나의 경험과 비교하며 친구들의 이야기를 읽게 되었나요?				

[활동 2] 내가 주인이 되는 학급이란?

관련 교과(단원)
창의적 체험활동(자율활동)
미술 5. 그림 기호로 소통해요(동아출판)
국어 10. 주인공이 되어

주요 활동 소개 (총 수업 차시 : 12차시)
① 우리 학급에서 나는 어떻게 행동해야 할까?(1~2차시)
② 내가 실천할 학급 규칙 만들기(3~4차시)
③ 지난 경험 떠올리며, 이야기 만들기(5~12차시)
   [tip] 패들렛을 원격수업에 적용하는 방법

관련 활동지 [프 1-2]

앞선 활동으로 우리 반 아이들은 각자의 삶에서 스스로 주인이 되기 위해서 어떻게 실천하고 생활하면 좋을지에 대해 생각하고 실천을 다짐하게 되었다.

우리들은 아이들의 삶은 크게 가정생활과 학교생활로 구분지을 수 있다고 생각했다. 그래서 가정생활에 대한 활동 후에는 학교생활과 관련된 활동이 이어져야 한다고 판단하였다. 그래서 이번 활동을 시작하면서, 나는 "우리 학급의 주인이 여러분이 되기 위해서는 어떻게 하면 좋을까요?"라고 물어보게 되었다. 많은 아이들이 "우리 반 규칙을 우리가 만들면 좋겠어요"라고 말하였다.

나 역시 우리 반 규칙을 아이들과 함께 만들기 위해, 어떠한 목적을 가지고서 던진 질문이기는 하였다. 그런데 많은 아이들이 나의 의도에 맞게 답을 하는 것을 보면서, 어쩌면 우리 아이들은 교사들이 생각하는 것보다 더 많이 성숙해있으며, 더 많은 생각들을 가지고 있는 존재가 아닐까 하였다. 그리고 이러한 아이들의 모습을 보면서 프로젝트 학습이 우리 아이들에게 매우 적합한 학습 방법이 될 수 있을 것이라는 확신도 함께 가지게 되었다.

우리는 이렇게 해서 3월 첫 주의 남은 수업 시간에는 우리가 바라는 우리 학급의 모습이 무엇인지를 살펴보고, 우리가 지켜야 할 규칙을 시간대별로 정하게 되었다. 등교시간, 아침시간, 수업시간, 점심시간, 쉬는시간 등이 바로 그러한 시간대였으며, 이와 더불어 교실 및 실내 생활을 함께 있어서 안전하고 행복하게 지내기 위해서는 어떠한 규칙이 더 필요할지에 대해서도 패들렛을 활용해서 서로 이야기를 나누게 되었다.

교실 생활 시간대별 우리가 지켜야 할 규칙 생각 모음 결과

앞의 그림처럼 각 시간대별로 지켜야 할 규칙에는 무엇이 있을지 각자의 생각을 글로 표현하도록 하였다. 이때 중요한 것은 긍정적인 용어를 사용하는 것이었다. 흔히들 규칙이라고 하면 '무엇 무엇을 하지 않기'등과 같이 부정적인 용어를 사용하게 되고, 하지 말아야 할 것으로 정의하곤 한다. 그동안 교사로써 생활을 하면서, 이러한 부정적인 용어를 사용하게 될 경우 아이들에게는 하지 말아야 한다 라는 인식을 심어주게 되었고, 이로 인해 학교와 교실에서의 활동과 행동에 위축을 가지고 온다는 사실을 발견하게 되었다.

그래서 우리는 '무엇 무엇 하기'와 같은 긍정적인 용어로 규칙을 만들기로 하였다. 아래처럼...

'떠들지 않기'가 아닌 '선생님 말씀에 귀 기울이기'
'뛰이 않기'가 아닌 '교실에서 걸어 다니기'
'지각하지 않기'가 아닌 '수업시간 잘 지키기'
'괴롭히지 않기'가 아닌 '친구의 마음 먼저 생각하기'

어쩌면 우리 아이들이 그동안 학교생활을 힘들어 했던 이유가, 그들에게 가해지는 억압 때문은 아니었을까?
학교와 교실에서는 하지 말아야 할 것들 투성이었으니...

그리고 그러한 억압으로 인한 욕구 불만이 생기게 되었고, 그러한 불만에 대한 표출이 학교 폭력이 아니었을까 하는 생각을 하게 된다. 그래서 우리는 억압에서 다소 벗어난 규칙을 만들고자 하였다. 그래서 인지는 모르지만, 우리 반 아이들이 그동안의 모습들과 달리 다소 자유로운 모습을 발견하게 되고, 그러한 자유로움이 수업 시간에는 더욱 적극적인 모습으로 발현되지 않았을까라는 생각을 하게 되었다. 네거티브적인 사고가 아닌 포지티브적인 사고가 우리 아이들에게 더욱 필요한 것이 아닐까 한다.

이렇게 우리가 주인이 되기 위한 우리 반 규칙에는 무엇이 필요한지에 대해 서로의 생각을 공유한 후, zoom에서 제공하는 투표하기 기능을 활용하여 각각의 규칙에 대해 투표를 진행하였다. 투표 결과에 따라 시간대별로 지켜야 할 규칙을 함께 정할 수 있었다.

3월 첫 주를 이렇게 함께 온라인으로 수업을 진행하고서, 3월 둘째 주에는 대면으로 만나게 되었다. 그리고 둘째 주에 계획되어 있던 두 번째 프로젝트 학습을 진행하기에 앞서, 원격수업에서 이야기 나눈 우리 반 규칙을 직접 글과 그림으로 표현하여 교실에 전시하는 시간을 가지게 되었다.

아이들이 직접 정하고 만든 우리 반 규칙

함께 정한 우리 반 급훈은 '서로의 부족한 부분을 채워주면서 함께 하는 우리 반'이었고, 이를 위해서 우리는 '먼저 인사하기, 수업시간에 집중하기, 친구의 말에 귀 기울이기, 친구가 좋아하는 행동하기, 내가 먼저 도와주기' 등 다양한 규칙을 만들었다. 그리고 이전시간에 학습하였던 픽토그램을 활용하여 스스로 규칙을 지키고자 다짐하는 시간도 가졌다. 돌이켜보면, 함께 규칙을 만들고, 스스로 실천을 다짐하는 시간이, 어쩌면 수업과는 별개의 활동으로 보이기는 하지만, 1년이라는 긴 시간을 되돌아보았을 때는 아이들에게 매우 의미 있는 시간이었다는 것을 발견하게 된다.

어떻게 활동에 참여를 하면 좋을지, 어떻게 수업 시간에 행동하면 좋을지, 그리고 친구들과의 관계에 있어서 어떻게 친구를 대하면 좋을지…

1년이라는 긴 시간을 학교에서 함께 생활하기 위해서 스스로 어떻게 실천하고 행동하면 좋을지를 생각해보고 행동으로 옮기기 위해 다짐도 해보는 시간이 될 수 있기 때문이다.

흔히들 많은 교실에서도 학급 세우기라는 이름으로 이렇게 규칙을 아이들과 함께 만드는 시간을 학기 초에 가지는 학급이 많이 늘어나고 있음을 주변 선생님들의 이야기에서 발견하게 된다. 하지만 그러한 선생님들에게

'학급 세우기가 필요한 이유가 무엇인가요?'

라고 반문을 하면, 정확히 어떠한 이유 때문인지를 명확하게 답변할 수 있는 선생님은 그리 많지 않음도 발견하게 된다. 이에 본 저자는 이렇게 말하고 싶다.

"우리 반의 주인은 학생들이다. 그리고 학생들이 스스로 주인의식을 가지기 위해서는 우리 반에서 이루어지는 모든 활동에 있어서 아이들의 생각이 들어가야 한다. 그리고 그 첫 단추가 바로 우리 반 규칙 만들기라 할 수 있다. 규칙을 만들면서 어떻게 행동하고 실천해야 할지를 스스로 판단하고, 결정을 하게 되기 때문이다. 그리고 우리반 규칙 만들기만으로도 학급 세우기는 충분하다."

프 1-2 **나의 실천 다짐을 픽토그램으로 표현하기**

학교급	초등학교	학년	5학년
교과 (과목)	미술	교육과정 내용 영역	체험
단원/ 과제명	5단원 그림 기호로 소통해요(프로젝트1)		

성취기준 (평가 기준)	[6미01-03]이미지가 나타내는 의미를 찾을 수 있다.	상	자신의 이름을 픽토그램으로 표현하고 이미지가 나타내는 의미를 잘 찾을 수 있고 할 수 있다.
		중	자신의 이름을 픽토그램으로 표현하고 이미지가 나타내는 의미를 찾을 수 있고 할 수 있다.
		하	자신의 이름을 픽토그램으로 표현하고 이미지가 나타내는 의미를 찾으려고 노력한다.

교과 역량	미적 감수성, 시각적 소통 능력, 자기 주도적 미술 학습 능력		

평가 방법	평가 형식	□서술·논술 　 □구술·발표 　 □토의·토론 　 □프로젝트 ☑실험·실습·실기 　 □포트폴리오 　 □기타
	평가 주체	☑자기평가 　 　 □동료평가 　 　 □교사평가 (관찰)

과정 중심 평가의 방향 (의도)

미술에서 이미지가 나태는 의미를 스스로 탐색하고 이해한 후, 자신의 이름을 이미지화한 픽토그램으로 표현해보는 활동을 통해 생활에 적용할 수 있도록 한다.

평가 영역	평가 요소	평가 척도
이미지와 시각 문화	자신의 이름을 픽토그램으로 표현하기	3단계(상, 중, 하)
탐색하기	이미지가 나타내는 의미 탐색하기	3단계(상, 중, 하)

평가 시 유의점

픽토그램으로 이름을 표현하는 것은 전달하려는 의미를 시각 이미지로 표현하여 의사소통할 수 있음을 체험하기 위한 활동이다. 따라서 토의와 소통 및 공감 활동에 초점을 두어 지도한다.

피드백 계획

생활 속에서 다양하게 이용되는 그림 기호를 탐색하고 유추할 수 있도록 하고 자신이 전달하고 싶은 의미를 담은 픽토그램으로 표현할 때 고려해야 할 점을 체험하도록 지도한다.

위 활동의 경우에는 별도의 활동지는 제공되지 않았으며, 도화지 혹은 A4 종이를 이용하여 자신의 이름을 픽토그램으로 표현하는 활동을 하게 하였다. 그리고 이와 더불어 자신의 실천다짐을 도화지 혹은 A4 종이를 이용하여 9등분한 뒤, 중간에는 제목 혹은 자신의 이름을 적게 하고서, 8가지의 생활 목표를 픽토그램으로 표현하는 활동도 함께 제시하였다. 그 결과물은 다음의 그림과 같다. 참고로 아래의 그림은 원격수업 시 학생들이 직접 찍은 사진을 패들렛을 활용해 공유한 사진을 그대로 담았기에, 그림이 다소 바르지 않은 점에 대해 미리 양해를 구하고자 한다.

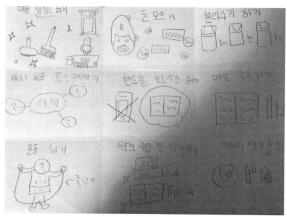

[활동 1] 1년 후 나에게

관련 교과(단원)
국어 2. 작품을 감상해요

주요 활동 소개 (총 수업 차시 : 9차시)
① 1년 후 변화 될 나의 모습을 시로 표현하기(1~7차시)
   [동료평가] 친구들의 시를 살펴보고, 응원의 글을 남기며 동료평가 실천하기
② '내 삶의 주인이 된 나에게'를 주제로 나에게 편지 쓰기(8차시)
③ 학급별 타임캡슐을 만들기(9차시)
   [연계] 다음 프로젝트와 연계하여 학급별 화단에 타임캡슐 묻기
   [tip] 프로젝트 학습별 성찰활동 중심의 자기 평가 활동지 활용 방법

관련 활동지 [프 1-3]

'내 삶의 주인이 내가 된다면,

우리들은 어떠한 변화된 모습을 보일 수 있을까?'

이는 우리 아이들에게 던진 이번 프로젝트 학습 마지막 질문이었다. 우리들은 이번 프로젝트 학습을 통해 다양한 이야기 속 주인공들의 삶의 모습을 나의 삶의 모습과 비교하며 살펴보았다. 그리고 이를 통해 평소 나의 생활 모습에 대해 성찰의 시간을 가졌으며, 스스로 변화가 필요한 나의 생활 습관에는 무엇이 있는지를 발견하였으며, 스스로 앞으로 어떠한 생활 습관을 가질 것인지를 픽토그램을 활용하여 표현하고 실천을 다짐해보았다. 이어서 우리 학급에서 내가 주인이 되기 위해서 우리 스스로 지켜야 할 규칙에는 무엇이 있을지를 함께 결정하였으며, 스스로 실천 다짐의 시간도 가졌다.

이에 이번 프로젝트 학습 마지막 소주제인 '내 삶의 주인이 될래요'를 통해서, 우리는 앞으로 어떻게 변화된 모습으로 삶을 살아가게 될 것이며, 그러한 변화된 모습을 통해 1년 후 내가 어떠한 모습으로 성장해 있을지를 상상해보는 시간을 가지기로 하였다.

이를 위해서 우선은, 앞선 두 번째 소주제에서 작성한 프로젝트 학습 관련 나의 이야기를 시로 바꾸어보는 시간을 가졌다. 이를 위해 아이들에게

"시란 무엇일까?"

라는 질문을 던졌던 것 같다. 하지만 아이들은 시가 무엇인지 이미지를 떠올리며 말을 하기는 하였지만, 정확히 시가 무엇이며, 시를 어떻게 쓰면 좋을지 명확하게 답변을 할 수 있는 친구들이 많지 않았다. 그리고 고민에 빠지게 되었다.

'시를 배웠는데, 왜 시가 무엇인지,
그리고 시를 어떻게 쓰면 좋을지 답을 하지 못할까?'

아이들과 이야기를 나누면서 고민에 대한 이유를 찾게 되었던 것 같다. 교과서 지문을 통해 시를 배우기는 하였지만, 시를 통해 알 수 있는 내용이 무엇이었는지 등과 같은 교과서 속 질문을 해결하기 위해 시를 공부하였기 때문이라는 사실을 발견하게 되었다. 그리고 나의 삶의 이야기를 가지고 시를 직접 써 본 경험이 없다는 것도 알게 되었다.

그래서 우리는 직접 시를 써 보는 시간을 가지기로 하였다. 아직은 서툴기도 하고, 부족할 수도 있지만… 어쩌면 그러한 정확한 지식만을 강조하는 학습으로 인해 문학이라는 장르가 아이들에게는 공부로만 다가갔을 수도 있었으리라. 문학이 아이들의 삶에 보다 쉽게 다가갈 수 있도록, 그리고 삶에 녹아들 수 있도록 하기 위해서는 각자가 가지고 있는 삶의 이야기를 이용하는 것이 필요하다고 판단하였다. 더 이상 지식으로써 시를 배우고 알게 하는 것이 아니라, 가슴으로 시를 접하고 만날 수 있었으면 하는 바램도 함께 가지면서 말이다.

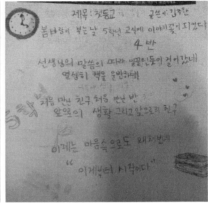

아이들의 시 쓰기 활동 결과물

　그리고 끝으로 우리는 1년 후 변화되고 성장해 있을 나에게 편지를 써 보는 시간을 가졌다. 이 편지의 경우에는 스스로 얼마나 성장하고 발전하였는지를 발견하기 위해서 1년이 지난 후에 다시 읽어보기 위해 타임캡슐로 보관하고 있다.

　어떻게 보관하면 좋을지 함께 고민한 결과, 두 번째 프로젝트 학습 '우리가 지키는 아름다운 환경'에서 우리반 텃밭 만들기를 계획 중이었다. 그래서 텃밭을 만들고서 텃밭에 각자 반의 타임캡슐을 묻기로 하였다. 돌이켜 보니 타임캡슐을 함께 묻던 순간은 1년 후 우리 아이들이 얼마나 발전하고 성장하였을지 가장 기대되고 설레였던 순간이었다.

우리 반 타임캡슐 & 텃밭에 묻기 전의 타임캡슐 모습

우리들의 2021년 첫 번째 프로젝트를 이렇게 마무리하고서, 각 반별로 프로젝트 학습 전체에 대한 성찰활동 중심의 자기 평가 활동을 실천하였다.

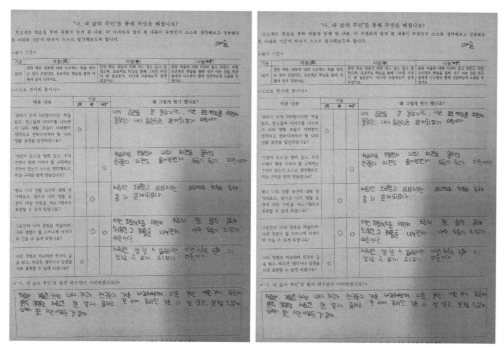

'내 삶의 주인' 프로젝트 자기평가 활동 결과물

프로젝트 학습별 자기 평가 활동지의 경우, 처음 보시는 분들의 경우에는 어떻게 활동해야 할지, 어떻게 자료를 활용해야 할지에 대한 궁금증이 생기게 될 것이다. 이에 이와 관련된 부연 설명으로 첫 번째 프로젝트 학습 이야기를 마무리하고자 한다.

[자기평가활동지 활용 방법]

우리들이 생각하는 자기평가활동이란?

흔히들 프로젝트 수업을 진행함에 있어서 크게 범할 수 있는 오류나 잘못이 결과에 집착을 하고, 결과물에 대한 평가에 집착하는 것이라고 할 수 있다. 프로젝트 수업이 물론 결과물을 중요시 여기고 있기는 하지만, 그보다 더욱 중시 여기는 것은 결과물을 만들어내는 과정으로써, 학습하는 과정 그 자체를 더욱 중시 여기고 있다. 결과물을 만들어내는 과정 중에서 학생들이 경험하게 되고, 깨닫게 되고, 체득하게 되는 것을 중요시 여기고 있으며, 그러한 과정 중에 체득하고 깨닫게 되는 것이 바로 인성과 역량이라 할 수 있다. 즉, 프로젝트 수업은 결과물에 대한 평가가 아닌, 결과물을 만들어내는 과정 중에 학생들이 체득하고 깨닫고 경험하고 이해하게 되는 것들을 더욱 중요시 여긴다. 이에 프로젝트 수업에 있어서 가장 핵심적인 평가가 프로젝트 수업 전과 후에 이루어지는 스스로에 대한 자기 평가라 할 수 있다.

그래서 프로젝트 수업을 시작하면서 가장 첫 수업은 이번 프로젝트 수업을 통해 무엇을 학습하고 배우게 될 것인지 학생과 교사가 함께 알아보는 시간을 마련한다. 프로젝트 수업에서 배워야 할 내용이 무엇인지 확인한 후, 학생들은 각자 현재 자신이 어느 정도 수준에 있는지를 기준에 의거하여 평가한다.

프로젝트 수업 완료 후, 프로젝트 성찰 시간을 마련하고, 프로젝트를 통해 스스로 어느 정도 성장하고 발전하였는지를 동일한 활동지에 추가적으로 기록하고, 어떠한 것을 배우고 알게 되었으며, 행동으로 옮기게 되었는지를 글로 표현하면서 스스로 성찰하는 시간을 가지게 된다.

활동방법 소개

배움 내용은 프로젝트 수업 관련 성취기준을 학생들이 이해할 수 있도록 질문형식으로 변형하여 제시한다. 그리고 위의 활동지에서 보이는 기준은 그동안의 단계적 의미보다는 성장의 의미가 강하다. 예를 들어 처음 프로젝트를 시작할 때는 자람의 단계였지만 프로젝트 후에 나눔의 단계까지 성장을 했다면 자람과 나눔 모두에 표시하면 된다. 이를 통해 프로젝트 수업의 과정에서 스스로 얼마나 성장하고 발전했는지를 자기 평가 및 성찰하고, 글로 표현한다. 교사는 학생들이 작성한 내용을 기반으로 누가기록 및 종합의견을 작성해준다. 또한 프로젝트별로 작성한 자기 평가지를 학기말 혹은 학년말 생활기록부와 함께 가정에 발송함으로써 학생들이 프로젝트 수업으로 무엇을 배우고 어떻게 학습하였는지 가정 피드백을 제공해줄 수 있는 도움 자료로 제공해준다.

프 1-3 1년 후 나에게 편지를 써 보세요.

학교급	초등학교		학년	5학년
교과 (과목)	국어		교육과정 내용 영역	쓰기
단원/ 과제명	10단원 주인공이 되어(프로젝트1)			
성취기준 (평가 기준)	[6국03-05] 체험한 일에 대한 감상이 드러나게 글을 쓴다.	상	겪은 일을 바탕으로 하여 주제와 흐름에 맞게 내용을 조직해 이야기를 쓸 수 있다.	
		중	겪은 일을 바탕으로 이야기를 구성할 수 있다.	
		하	겪은 일을 바탕으로 하여 이야기를 간략하게 쓸 수 있다.	
교과 역량	자신 알아보기			

평가 방법	평가 형식	☐서술·논술 ☐구술·발표 ☐토의·토론 ☑프로젝트 ☐실험·실습·실기 ☐포트폴리오 ☐기타
	평가 주체	☑자기평가 ☑동료평가 ☑교사평가 (관찰)

과정 중심 평가의 방향 (의도)	평가 영역	평가 요소	평가 척도
	체험에 대한 감상을 표현한 글	겪은 일을 이야기로 구성하기	3단계(상, 중, 하)
	독자의 존중과 배려	다른 이의 글 감상하기	3단계(상, 중, 하)

글의 종류와 필요한 내용을 찾는 목적에 따라 알맞게 글을 읽고 자신의 생각을 글로 쓰는 것이 목적이다.

평가 시 유의점	완성된 이야기와 함께 이야기를 쓰는 과정도 평가해 작품의 완성도만 따지지 말고 만드는 과정의 노력도 함께 평가한다.
피드백 계획	이야기 전시회를 하거나 작품을 바꾸어 읽고 감상 나누기를 하며 주제를 공감할 수 있는 기회를 주는 것이 필요하다.

나의 이야기를 시로 바꾸고, 1년 후 나에게 편지쓰기

학년   반   이름:

활동 1 : '덕실이가 말을 해요' 이야기를 읽고, 이야기와 관련된 질문을 만들어서 잼보드에 올려주세요.	
내가 만든 질문 1	
내가 만든 질문 2	
내가 만든 질문 3	

활동 2 : 친구들의 질문에 답을 하면서, 이어질 내용 상상하여 글로 표현하기

덕실이가 말을 해요
첫 시간 영상 https://youtu.be/19LA0J5xVDQ

책 읽어주기 관련 영상
https://youtu.be/UzlKUAawct0

연극놀이 활용 뒷이야기를 표현하는 영상
https://youtu.be/9nlrqx1ladA

용기의 징검다리

작곡·작사: 보육사

용기내면 할 수 있어요
용기를 내보아요

징검다리 무서워도
한발 한발 건너요

조심조심 잘 살피면
건너갈 수 있어요

무엇이든 용기내어
한번 해봐요

용기내면 몸도 마음도
튼튼할 수 있어요

용기내면 할 수 있어요
용기를 내보아요

보육사 www.boyuksa.co.kr

말할 거예요

선생님이 포옹해 줄 때는
선생님이 안아줘서 포근해요

친구와 신나게 뛰며 놀이할 때는
친구야 함께해서 즐거워

내 몸을 누군가 함부로 만질 때는
내 몸을 함부로 만지지 마세요

말할 거예요
나는 말할 수 있어요

보육사 www.boyuksa.co.kr

다 할 순 없죠

작곡·작사: 보육사

엄마 엄마 되고 싶어서
화장도 하고 요리도 하고
아빠 아빠 되고 싶어서
넥타이 매고 구두도 신고
그러다 순식간에 어질러진 집안
엄마는 화가 나서 야단치셨죠
내가 좋아하는 일들을
다 할 순 없죠 참아야 하죠
내가 좋아하는 일들을
다 할 순 없죠

나는야 건강 지킴이

동글동글 축구공 통통통 농구공
떼굴떼굴 공놀이를 해요

따르릉 자전거 쌩쌩 달리기
롤루랄라 친구들과 시합해요

열심히 운동하면 내 몸이 튼튼
신나게 운동하면 내 마음도 튼튼
나는야 건강 지킴이

보육사 www.boyuksa.co.kr

활동 4 : 내가 선정한 시를, 나의 경험이 잘 드러나게 바꾸어 써 보세요 (관련 그림도 함께 그리기-시화)

활동 5 : 나의 경험이 가장 잘 드러나는 시를 하나 선정하고, 그 시와 관련된 질문을 만들어 보세요.

내가 만든 질문 1	
내가 만든 질문 2	
내가 만든 질문 3	

문장 성분을 얼마나 알게 되었나요?
자기 스스로 평가를 하고 배운 내용을 정리해보세요.

평가 : 얼마나 잘 알고 있나요?				배운 내용을 정리해보세요.
배움 질문	싹틈	자람	열매	
나의 경험을 잘 살려서, 이야기를 시로 바꾸어 표현할 수 있나요?				
이야기 혹은 시를 나의 경험과 비교하며 감상할 수 있게 되었나요?				

나에게 쓰는 편지

TO.

프로젝트 2
학습지 모음

프로젝트 2 '우리가 지키는 아름다운 환경'

1. 프로젝트 개요

오늘날의 환경 문제는 인간 활동에 의해서 발생되는 각종 폐기물이나 오염물질이 인간 생활환경이나 생태계에 변화를 가져와서 생물이 생육하는 환경을 파괴하고 이것이 인간 생활에까지 영향을 주는 환경오염 현상이라고 정의내리고 있다. 이처럼 환경오염 문제를 심각하게 생각하고 다루는 것은 이러한 오염 물질로 인하여 결국은 인간 생활을 쾌적하게 유지할 수 없을 뿐 아니라 인간의 생존까지 위협을 주고 있기 때문이다. 뿐만 아니라 환경오염은 사회적으로 오염 배출자와 피해자 사이의 분쟁으로 정치, 경제적인 문제로 등장하고 있다. 환경오염을 방지하고 생태계를 잘 보전함은 인간 생활을 쾌적하게 유지시키는 일로서 근래에는 환경오염 문제를 환경 보전의 근본적인 과제로 다루고 있다(공경식, 2005).

따라서 학교 내 환경교육을 통하여 자연과 인간관계를 재정립하고 이에 따라 환경보전 대책이 수립되어져야 할 필요가 있다. 환경교육의 목적은 모든 사람들로 하여금 환경 문제의 예방과 해결에 필요한 인식, 지식, 태도, 기능 등을 갖도록 함은 물론 환경 문제의 해결 과정에 적극적으로 참여할 수 있는 기회를 제공하는 것이라고 정의할 수 있으며, 자연 환경과 우리 생활과의 관계를 알고, 자연 환경의 중요성 이해, 자연 환경의 파괴와 훼손의 사례 파악 및 환경오염의 원인과 실태를 알고 우리 생활에 미치는 영향에 대한 설명 능력을 갖추도록 하는 것이라고 할 수 있다. 또한, 환경오염의 원인을 다양한 방법으로 해결할 수 있는 능력함양, 환경오염과 관련된 자료의 분석 · 정리 · 보고서 작성 능력과 조사, 실험, 실습, 현장체험 학습 등의 결과를 다양한 방법으로 표현할 수 있어야 할 것이다. 이러한 과정을 통하여 자연환경을 바르고 슬기롭게 이용하려는 태도 함양,

자연환경의 보호와 개선에 관심을 가지고, 능동적 참여유도 및 환경문제 해결을 통해 타인과 협력적인 태도를 기를 수 있도록 해야 할 것이다.

하지만 환경 소양을 갖춘 사람은 하루아침에 길러지는 것이 아니므로 초등학생 때부터 자연을 자주 접하고 자연의 소중함을 인식하는 경험이 충분히 제공될 필요가 있다. 따라서 초등학생을 대상으로 이루어지는 환경교육은 교실에서 이론을 중심으로 지식만을 전달하는 강의 중심적 교육에서 벗어나, 체험교육을 통하여 학생들이 자연 안에서 직접 체험을 함으로써 주변의 자연환경에 대해 더 많은 관심을 기울이며 자연의 소중함을 깨닫고 자연 친화적인 태도를 보이도록 하는 것이 무엇보다 중요하다. 그러나 교심 지역에 있는 본교의 특성상 자연을 자주 접할 기회가 부족하고 체험할 수 있는 학교 주변 여건이 부족하기에 아이들의 삶의 이야기를 기반으로 한 프로젝트 학습의 필요성이 더욱 높아진다고 할 수 있다.

특히 초등학교 환경교육의 목적은 그동안의 '환경에 대한 교육', '환경 안에서의 교육'에서 벗어나 '환경에 대한 교육'을 지향하고 있으며, 환경교육을 통해 현재의 세대뿐 아니라 다음세대에게 환경에 대한 올바른 인식과 가치관을 가지게 함으로써, 그들의 건전한 인격형성은 물론 당면하고 있는 현재의 환경문제를 해결하고, 나아가 환경문제를 미연에 방지하여 쾌적한 환경을 누릴 수 있도록 하는데 목적이 있다고 하였다(김완열, 2010).

이러한 측면에서 '우리가 지키는 아름다운 환경"을 주제로 한 프로젝트 학습을 통해 현재의 환경 문제뿐만 아니라 다가올 미래 사회에서의 환경 문제에 대해 환경 문제의 심각성을 인식시키고, 학생들 스스로 환경 문제 해결을 위하여 문제해결 과정에 적극적으로 참여하고 실천하는 환경 소양인을 양성하고자 하였다. 이를 통해 학생들은 환경의 소중함을 스스로 느끼고, 환경 보호 활동에 대한 관심을 높이며, 초등학교 5학년 수준에서 환경을 보호할 수 있는 방법을 함께 알고, 실천 다짐과 함께 직접 행동으로 옮길 수 있는 실천력을 함양하게 될 것이라고 기대하게 되었다.

2. 프로젝트 주제망

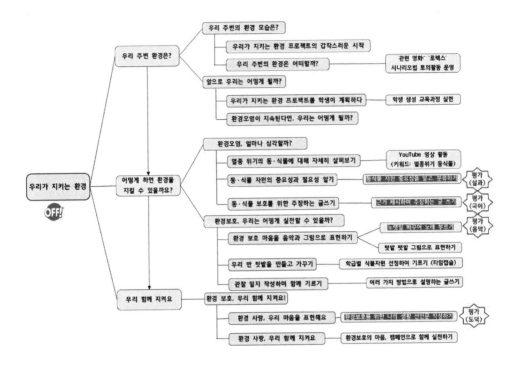

3. 프로젝트 학습 교육과정 재구성

교과 (차시)	단원	성취기준	프로젝트 수업 설계	수행과제
실과	2단원	[6실04-01] 가꾸기와 기르기의 의미를 이해하고 동식물 자원의 중요성을 설명한다.	동식물 자원의 중요성 및 필요성에 대해 설명하고, 활용 목적에 맞게 학급별 식물 자원 기르기	소주제2. 어떻게 하면 환경을 지킬 수 있을까요? 수행과제 1: ① 식물 가꾸기와 동물 기르기의 의미를 이해하고, 동·식물 자원의 중요성과 필요성을 깨닫고 친구들과 함께 식물 자원 기르기
국어	5단원	[6국02-03] 글을 읽고 글쓴이가 말하고자 하는 주장이나 주제를 파악한다. [6국01-03] 절차와 규칙을 지키고 근거를 제시하며 토론한다.	동·식물 자원 및 환경 보호의 중요성을 깨닫고, 적절한 근거와 이유를 들어가며 자신의 주장을 글로 표현하기	수행과제2: ② 동·식물 자원 및 환경 보호를 해야 하는 이유나 근거를 적절히 제시하며 자신의 주장을 글로 표현하기
음악	3단원	[6음01-03] 제재곡의 노랫말을 바꾸거나 노랫말에 맞는 말붙임새로 만든다.	노랫말을 환경 보호와 어울리게 바꾸어 보고, 바른 자세와 호흡으로 친구들과 함께 노래로 표현하기	수행과제3: ③ 동·식물 자원 및 환경 보호를 위한 우리들의 마음을 노랫말로 바꾸어 음악으로 표현하기
국어	3단원	[6국03-03] 목적이나 대상에 따라 알맞은 형식과 자료를 사용하여 설명하는 글을 쓴다.	식물을 심고 기르는 방법 및 관찰 내용에 대해 알맞은 형식과 자료를 사용하여 설명하는 글로 표현하기	소주제 3. 우리 함께 지켜요 수행과제1: ④ 동·식물 자원을 보호하기 위해 필요한 마음을 살펴보고, 환경보호를 위한 올바른 선택에 대한 실천 다짐을 직접 행동으로 옮기기
도덕	1단원	[6도01-03] 정직의 의미와 정직하게 살아가는 것의 중요성을 탐구하고, 정직과 관련된 갈등 상황에서 정직하게 판단하고 실천하는 방법을 익힌다.	내 안의 바르고 곧은 마음을 살펴보고, 환경을 배려하는 생활을 위해 바르게 판단하고 실천하는 마음가짐을 다지고 선언문 만들기	
미술	7단원	[6미01-04] 이미지를 활용하여 자신의 느낌과 생각을 전달할 수 있다.	환경보호의 마음을 포스터 및 표어 등으로 표현한 뒤 캠페인 열기	

4. 프로젝트 학습 흐름 및 평가 계획

소주제	차시	교과	교수·학습 활동	블렌디드	평가
우리 주변의 환경은?	5	창체	환경 보호 관련 애니메이션 '로렉스'를 함께 시청하고, 우리 주변의 환경에 대한 서로의 생각 나누기	ON, OFF	

⇩ [연계활동] 우리 주변에서 멸종 위기의 동물에 대한 뉴스 및 영상 찾아서 살펴보기

소주제	차시	교과	교수·학습 활동	블렌디드	평가
어떻게 하면 환경을 지킬 수 있을까?	2	실과	동·식물 자원의 중요성 및 필요성에 대해 알아보고, 동·식물 자원을 목적에 맞게 분류하기	ON	
	3	국어	목적에 맞게 분류한 식물 자원 중 기르고 싶은 식물 자원을 선정하고, 심고 기르는 방법에 대해 다양한 종류의 글을 찾아 읽고, 요약 정리하기	ON, OFF	
	4	음악	환경 보호 관련 음악 시원한 바람, 엄마와 누나야를 배우고, 환경 보호를 주제로 노랫말을 바꾸어서 부르기	OFF	✓
	3	미술	우리 반에서 함께 기르기로 선정된 식물 자원을 이용해 텃밭을 만들 때 활용하게 될 팻말을 그림으로 표현하기	OFF	
	8	국어	동·식물 자원 보호를 주제로 자신의 주장을 근거를 들어가며 글로 표현하고, 학급별 토론 활동 참여하기	OFF	✓
	8	실과	학급별로 심고 기르기로 선정한 식물 자원을 이용하여, 학년이 함께 모여서 학년·학급별 텃밭 만들기	OFF	✓
	6	국어	식물을 심고 가꾸는 방법과 식물을 기르는 과정에 대해서 글로 표현하며 관찰 일지 작성하기	OFF	

⇩ [연계활동] [프로젝트1]에서 학급별로 만든 타임캡슐 텃밭에 넣기

소주제	차시	교과	교수·학습 활동	블렌디드	평가
우리 함께 지켜요	2	국어	동·식물 보호 관련 주장하는 글을 이용해 학급별 주장하는 글 발표 대회 열기	OFF	
	4	도덕	동·식물 자원의 멸종을 막기 위해 우리가 할 수 있는 환경 보호 실천 방법의 종류를 알아보고, 환경 보호를 위한 나의 생활 선언문 작성하고 발표하기	ON, OFF	✓
	4	미술	동·식물 자원, 그리고 환경을 보호하기 위해 우리의 다짐을 다양한 방법(포스터, 표어, 피켓, 현수막 등)으로 표현하고, 환경 보호 캠페인 열기	OFF	

⇩ [후속활동] 학교장 결재를 득한 후, 교내 및 학교 주변 환경 보호 캠페인 열기

5. 프로젝트 학습 자기 평가지(가정 통지용)

"우리가 지키는 환경"을 통해 무엇을 배웠나요?

프로젝트 학습을 통해 새롭게 알게 된 내용, 더 자세하게 알게 된 내용이 무엇인지 스스로 생각해 보고 성찰해본 후 아래의 기준에 따라서 스스로 평가해보도록 합니다.

〈평가 기준〉

기준	싹틈(🌱)	자람(🌿)	나눔(🌷)
의미	관련 배움 내용에 대해 프로젝트 학습 전에는 알지 못했지만. 프로젝트 학습을 통해 새롭게 알게 되었어요.	관련 배움 내용에 대해 어느 정도 알고 있었으며. 프로젝트 학습을 통해 그러한 지식이 왜 필요한지, 어디에 사용되는지 알게 되었어요.	관련 배움에 대해 자세히 알고 있었고. 이번 프로젝트 학습을 통해 내가 아는 것을 친구들에게 나누면서 함께 성장하는데 도움을 주었어요.

〈스스로 평가해 봅시다〉

배움 내용	🌱	🌿	🌷	왜 그렇게 평가 했나요?
동·식물 자원의 중요성 및 필요성에 대해 설명할 수 있고, 활용 목적에 따라 식물과 동물을 분류하여 가꾸고 돌보는 활동을 실천할 수 있나요?				
동·식물 및 환경을 보호해야 하는 까닭과 근거를 적절하게 제시하면서 나의 주장을 글로 표현할 수 있나요?				
아름다운 자연을 느낄 수 있는 주제곡을 환경보호 주제에 맞게 노랫말을 바꾸어 분위기에 맞게 노래를 부를 수 있나요?				
식물 관련 자료를 찾아 글의 구조에 맞게 내용을 요약하고, 식물을 심고 기르는 과정을 생각하며 설명하는 글을 쓸 수 있나요?				
환경을 보호하며, 스스로 바르고 떳떳하게 실천하고자 하는 마음가짐을 다지고, 자신의 선언문에 따라 행동하고 있나요?				
우리 주변의 생명, 환경을 보호하고자 다양한 활동을 실천으로 옮기며, 환경 보호 캠페인에 스스로 적극 참여하였나요?				

〈"우리가 지키는 환경"을 함께 배우면서 어떠하였나요?〉

```



```

* 프로젝트 학습으로 배우고 활동하면서 느꼈던 감정, 알게 된 점, 소감을 솔직하게 써보시오.

6. 〈우리가 지키는 아픔다운 환경〉 수업 이야기

소주제 1 우리 주변의 환경은?

[활동 1] 우리 주변의 환경 모습은?

관련 교과(단원)
창의적 체험활동(자율활동)

주요 활동 소개 (총 수업 차시 : 3차시)
① '우리가 지키는 환경'프로젝트 갑작스러운 시작(1차시)
② 우리 주변의 환경은 어떠할까?(2~3차시)
　[영화] '로렉스'
　[tip] 시나리오법 토의 · 토론 활동

관련 활동지 [프 2-1], [프 2-2]

【'우리 주변의 환경은?' 수업 이야기】

'우리가 지키는 환경'프로젝트의 갑작스러운 시작

'우리가 지키는 아름다운 환경'의 경우 수업 시기에 대한 갑론을박이 많았던 프로젝트였다. 프로젝트 학습 주제를 선정하는 과정을 거치면서 우리는 '나, 너, 우리'라는 관계 확장을 기준으로 각각 2개의 프로젝트 학습을 계획하게 되었고, 관계 확장의 순으로 프로젝트 학습을 진행하기로 하였다. 그러던 중, 한 선생님이

"환경관련 프로젝트 학습의 경우 텃밭 만들기 활동을 계획하고 있는데, 텃밭을 만들고 식물을 심고 기르는 활동을 하기 위해서는 3월이 지나기 전에 텃밭을 만들어야 4월부터 식물을 심고 기를 수 있어요. 그러니 환경 관련 프로젝트 학습을 먼저 했으면 좋겠어요."

라는 의견을 제시하였다. 원래 계획대로 진행이 될 경우, 환경 프로젝트 학습은 5월이 지나서야 시작될 수 있기 때문에 이렇게 말을 하였다. 그래서 함께 다시 의견을 모으면서 이야기를 나누게 되었고, 의견을 제시한 선생님의 말이 일리가 있다고 판단하였기에, 환경 프로젝트 학습을 두 번째 프로젝트로 계획을 변경하여 운영하기로 하였다.

또한 텃밭 만들기, 식물 심기 등의 활동은 온라인 수업으로는 불가능한 학습 활동이었기 때문에, 첫 번째 프로젝트 수업과 병행하여 격주로 운영을 하기로 하였다. 학교 규정에 따라 5학년의 경우에는 격주로 원격수업과 교실수업이 교차 운영되었기 때문이다. 이에 첫 번째 프로젝트 수업인 '내 삶의 주인'과 두 번째 프로젝트 수업인 '우리가 지키는 아름다운 환경'의 경우에는 각각 격주로 진행하기로 하였다. 이에 따라 '우리가 지키는 아름다운 환경' 프로젝트 수업은 오프라인 교실 수업으로 계획하고 운영하게 되었다.

우선 이렇게 계획을 변경하게 되면서, 우리들에게는 더 큰 어려움이 생기게 되었다. 현재 학년별 텃밭이 마련되어 있지 않은 학교 사정을 생각하면서, 학생들과 함께 반별로 텃밭을 만들기 위한 공간 마련과 땅을 일구기 위한 기반 작업이 필요하다는 문제였다. 이를 위해 학교 행정실과 예산적인 측면에서 많은 이야기를 나누게 되었고, '실과교과 학습 준비물 구입'이라는 새로운 항목을 만들어서 별도의 예산을 편성하게 되었다. 그리고 학교 내 텃밭 중에 버려지듯이 사용하지 않고 있는 공간을 찾아서, 우리 학년에서의 사용에 대한 허가도 미리 득하였다. 이러한 과정을 함께 겪으면서, 처음 이야기를 나눌 때는 어려울 것이다, 힘들 것이다, 안 될 것이다라는 의견이 많았지만, 함께 모여서 의견을 모으고 해결책을 마련하고 행동으로 옮김으로써 그러한 문제점들이 하나씩 해결되는 모습을 보면서 공동체의 소중함과 필요성을 다시 한 번 더 느꼈던 것 같다.

물론 프로젝트 학습이 학급 내에서도 가능하다. 하지만 학생들의 교육적인 경험과 다양한 활동을 제공해줄 수 있다는 측면에서 동학년이 함께 운영하는 프로젝트 학습이 필요하다고 판단되며, 프로젝트 학습을 계획하고 운영하는 과정 중에 생길지 모르는 이런저런 어려움을 극복하고 교사들이 계획하였던 프로젝트 학습이 본래의 취지와 목적에 맞게 운영이 되기 위해서는 공동체가 반드시 필요하다는 것을 다시 한 번 더 힘주어 말하고 싶다. 꼭 함께 공동체를 형성하고, 공동체가 함께 실천하는 프로젝트 학습을 경험해보기를 권하고자 한다. 나 역시 혼자서 프로젝트 학습을 교실 내에서 실천했을 때와 비교하였을 내, 비교가 되지 않을 만큼 어려움을 쉽게 극복할 수 있었고, 함께 하였기에 계속 프로젝트 학습을 실천할 수 있는 원동력을 얻을 수가 있었다. 꼭 공동체가 함께 프로젝트 학습을 실천해보는 경험을 해보기를 바란다. 어떻게 함께 공동체를 형성해야 할지, 어떻게 운영해야 할지 모르겠다면 우리들의 이전 저서「왁자지껄 배우는 재미, 프로젝트 학습(2020, 상상채널)」을 참고해도 좋을 것 같다.

이렇게 원래의 프로젝트 학습 주제별 계획과 다르게, 그리고 관계적 확장에 따라 계획했던 것과 다르게 이번 학기 두 번째 프로젝트 학습으로 '우리가 지키는 아름다운 환경'을 실천하게 되었다. 시작에서부터 다소 의견 조율이 필요했었고, 준비하는 과정에서 텃밭을 만들기 위해 학교 행정실과 예산적인 측면에서 많은 이야기를 나누며 힘들었지만, 우리가 힘들게 준비하고 계획한 만큼 우리 아이들에게는 환경을 다시 한 번 더 돌아보고, 아름다운 환경의 소중함을 깨달을 수 있는 의미있는 프로젝트 학습이 될 수 있기를 바라는 마음으로 함께 시작하게 되었다.

우리 주변의 환경은 어떠할까?

이번 프로젝트 학습을 시작함에 있어서 염두에 두었던 것은 학생들로 하여금 환경의 소중함과 중요성을 깨닫게 하는 것과, 우리 주변 환경의 오염이 심각해지고 있으며, 이로 인해 인간의 삶에도 악영향을 미치고 있다는 것을 알게 하는 것이었다.

'어떻게 하면 환경오염의 심각성을 알게 할 수 있을까?'

우리는 많은 고민에 빠지게 되었다. 코로나-19만 아니었다면, 학교 주변을 돌아다니면서, 우리 주변의 실제 환경 모습을 살펴보면 좋을텐데...

그러하지 못하다는 현실에 아쉬움이 생겼다. 하지만 아쉬움으로만 남기에는 프로젝트 학습의 필요성을 깨닫게 하기 위한, 첫 번째 소주제 활동이 시작의 첫 단추로써 매우 중요하였다. 그래서 교실에서 할 수 있는 방법에 대해 이야기를 나눈 결과, 환경오염으로 인해 우리의 삶이 어떻게 변화될 수 있을지를 보여줄 수 있는 영상을 보여주기로 하였다.

영상을 함께 찾으면서, 우리는 이러한 조건을 가졌다. 재미의 요소만을 찾지 않을 것, 영화를 보고 난 후 환경오염의 심각성을 알 수 있을 것, 활동지를 함께 제시함으로써 교수학습의 과정으로써 영화를 제시할 것 등이 바로 그 조건이었다.

이러한 조건을 만족할 만한 영화를 찾은 결과 '로렉스'라는 영화를 결정하게 되었고, 환경오염으로 인해 우리 주변에 나무가 사라지게 되면, 우리 주변의 숲이 사라지게 되면 어떻게 우리의 삶이 변화될지 상상을 하며 이번 프로젝트를 시작하게 되었다.

 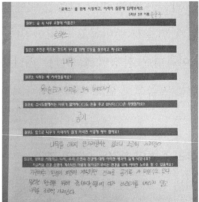

'로렉스'영화 시청 모습 및 활동 결과물

특히 이번 활동은 기존의 '시나리오법' 토론활동을 적용하여 환경오염이 지속될 경우 우리의 삶이 어떻게 변화되어 갈지를 예측해보도록 하였다.

시나리오법이란 여러 가지 대안적인 미래의 모습을 이야기의 형태로 제시하는 토론 활동으로써, 미래의 변화 모습에 대해 팀별로 가정을 하고, 그를 통해 대안을 마련하는 동시에 해야 할 행동을 명확히 하는 것을 목적으로 하는 토론 활동이다. 특히 시나리오는 각 팀별 토의 활동을 기반으로 만들어내는 "그냥 이야기"이기 때문에 실제 정책적인 선택보다 더 재미있고 공개적으로 토론할 수 있다는 장점을 가지게 된다.

이에 학생들이 환경오염으로 인해 미래에 여러 가지 상황이 어떠한 모습으로 펼쳐질지 예측하고, 우리들이 경험할 가능성 있는 미래에 대해 성찰을 촉진할 수 있을 것이라는 판단 하에 해당 토의활동을 결정하게 되었다.

시나리오법 토의·토론 활동 모습

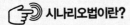

[시나리오법]

시나리오법이란?

시나리오법은 여러 가지 대안적인 미래의 모습을 이야기의 형태로 제시하는 방법이다. 미래 변화를 가정하고, 그를 통해 대안을 마련하며, 해야 할 행동을 명확히 하는 것이 목적이다.

시나리오법의 유용성 및 유의사항

시나리오법 유용성

- 시나리오는 "그냥 이야기"이기 때문에 실제 정책 선택보다 더 재미있고 공개적으로 토론할 수 있다.
  - 시나리오를 통해 우리는 미래에 여러 가지 상황이 어떠한 모습으로 펼쳐질지 알고 이를 참조하여 모종의 결정을 내릴 수 있다.

- 시나리오는 가능성 있는 미래에 대해 성찰을 촉진하도록 설계된다.
  - 시나리오법은 미래를 깊이 있고 창의적으로 생각해 볼 수 있게 해주며, 불확실한 미래의 여러 모습을 예측함으로써 가능성 있는 변화에 대응할 수 있게 해준다.

- 시나리오는 미래를 안내하는 도구로서 다음과 같이 활용될 수 있다.
  - 우리 교육 시스템이 어떻게 발전해 가고 있는지 검토
  - 우리 교육 시스템의 발전을 주도하는 기제를 확인하고, 이러한 발전 방향을 유지하거나, 가속하거나, 완전히 경로를 전환시킬 수 있는 현재의 징후 탐색
  - 각 시나리오에 대비하여 우리의 교육시스템이 얼마나 잘 준비되어 있는지 평가 (예상하거나 예상하지 못한 변화가 시스템에 충격을 주는지 여부)

시나리오법 유의사항

- **시나리오는 예측이 아니다.**
  - 미래에 대한 우리의 생각은 현재 추세의 확장에 기반하는 선형 예측이다. 그러나 현재의 추세는 느려지기도 가속화되기도 하며, 예측하지 못한 사건이 발생하여 오랫동안 지속된 추세가 획기적으로 변할 수도 있다.

- **시나리오의 개발은 전문적 성찰의 과정이다.**
  - 시나리오 기법의 목표는 뛰어난 직관력을 가진 개인의 예언을 확인하는 것이 아니라 미래를 준비하는 과정을 체계적으로 구성하는 것이다. 따라서 시나리오 개발 과정에서 핵심적인 역할을 하는 것은 참여자의 대화, 논쟁, 토론이다.

- **시나리오 작업 시 다음과 같은 질문을 고려할 수 있다.**
  - 우리가 주의해야 할 새로운 변화 또는 변화의 징후는 무엇인가?
  - 우리의 전략적 자원(자금조달, 제재, 새로운 관행 촉진, 파트너십 형성 등)은 무엇인가?
  - 각 시나리오에서 기존 관행은 어떻게 수행되는가?
  - 기존 강점을 새로운 기회와 결합하거나 기존 약점을 새로운 위협과 결합하는 것을 방지하기 위해 어떤 선택지가 있는가?
  - 이러한 논의에 비추어 볼 때 어떤 새로운 선택지가 타당한가?

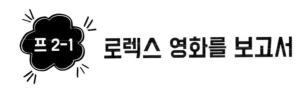 로렉스 영화를 보고서

'로렉스'를 함께 시청하고, 아래의 질문에 답해보세요.

학년   반   이름:

질문 1 : 숲 속 나무 요정의 이름은?

질문 2 : 주인공 테드는 오드리 누나를 위해 무엇을 찾으려고 하나요?

질문 3 : 나무는 왜 사라졌을까요?

질문 4 : 스니드빌에서는 나무가 없어서 ○○도 돈을 주고 삽니다. ○○은 무엇일까요?

질문 5 : 앞으로 나무가 사라지지 않게 하려면 어떻게 해야 할까요?

질문 6 : 영화를 시청하고 나서, 우리 주변의 환경에 대해 어떠한 생각이 들게 되었나요? 지금처럼 환경 오염이 계속되면 어떻게 될까요? 우리는 환경을 위해 어떠한 노력을 할 수 있을까요?

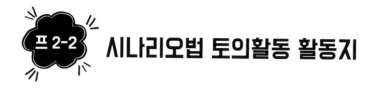

시나리오법 토의활동 활동지

미래 환경, 어떻게 될지 예측해보세요.(시나리오법 개별 활동지)

학년   반   이름:

구분	미래환경 시나리오, 나의 의견	토의 후, 보완된 나의 의견
① 미래 환경, 어떻게 될까?		
② 환경프로젝트 학습의 목적은 무엇일까?		
③ 우리는 미래에 어떤 환경에서 공부할 것인가?		
④ 이러한 미래 환경에서 우리들은 무엇을 어떻게 학습할 것인가?		
⑤ 이러한 미래 환경에서는 무엇이 문제가 될 것인가?		
⑥ 미래환경을 위해 우리는 어떠한 삶을 살아가야 할 것인가?		

※ 개별 활동지를 완성한 모둠에서는 모둠별로 각 질문에 대해 서로의 이야기를 나누며 환경 오염이 지속될 경우 우리 사회가 어떻게 변화될 것이며, 우리 삶이 어떠한 어려움에 처하게 될 것인지를 예측해보세요. 그리고 모둠별로 예측한 결과를 이젤패드에 기록하여, 친구들에게 각 모둠별 시나리오법을 활용한 토의 결과를 발표해 봅시다.

[활동 2] 앞으로 우리는 어떻게 될까?

관련 교과(단원)
창의적 체험활동(자율활동)

주요 활동 소개 (총 수업 차시 : 2차시)
① '우리가 지키는 환경' 프로젝트를 학생이 계획하다!(1차시)
　[tip] 학생 생성 교육과정
② 환경오염이 지속된다면, 우리는 어떻게 될까?(2차시)

【'앞으로 우리는 어떻게 될까?' 수업 이야기】

'우리가 지키는 환경' 프로젝트를 학생이 계획하다!

'로렉스' 영화를 본 뒤, 아이들의 시나리오법 토의활동을 살펴보면서, 아이들이 이번 프로젝트 학습에 대한 흥미가 매우 높다는 사실을 알게 되었고, 평소에 환경에 대한 관심이 지대하다는 사실을 알게 되었다.

이렇게 많은 관심과 흥미를 가지고 있는 아이들의 모습을 보면서, 우리들은 고민에 빠지게 되었다. 과연 우리들이 계획하고 있는 프로젝트 수업의 활동들이 학생들이 원하는 활동이 맞을까에 대한 고민이었다.

그래서 우리는 '우리가 지키는 아름다운 환경' 프로젝트 학습을 통해 학생들이 주도적으로 프로젝트 학습 내용과 방법을 계획, 실행, 평가하는 자유 탐구형 교육과정을 실현해보는 것이 어떨까하는 생각을 함께 나누게 되었다.

실제 프로젝트 학습이란 학생들이 스스로의 삶 속에서 문제와 과제의식을 발견하고, 그와 유사한 생각과 고민을 가진 친구들이 함께 모여서 해결책을 찾아서 또 다른 창의적인 결과물을 만들어내는 프로세스를 의미한다. 이러한 측면에서 이번 학기 두 번째 프로젝트 학습을 실행하는 과정에서 학생의 교육과정 결정 및 선택권을 보다 확대하는 경험을 제공하는 것도 좋을 것 같다는 판단을 하게 되었다. 이는 삶과 연계한 교육과정 운영을 통해 환경 보호의 중요성과 필요성을 몸소 체득함으로써 미래 사회를 살아가는데 강조되고 있는 학습자의 주도성을 기르기 위함이기도 하였다.

　　이를 위해서 우리는 원격수업 시간을 이용하기로 하였다. 우선 원격수업 시간에 잼보드 프로그램을 이용하여

"우리가 지키는 환경 프로젝트 학습에서 여러분이 배우고 싶거나, 실천하고 싶은 활동에는 무엇이 있나요?"

에 대한 학생들의 생각을 모아보았다. 학생들이 이번 프로젝트 학습을 통해 알고 싶거나 하고 싶은 활동에 대한 의견을 자유롭게 개진하도록 하였으며, 학생들의 의견을 비슷한 주제 및 활동별로 범주화해보는 시간을 가졌다. 원격수업을 통해 학생들의 의견 모음과 학생들의 의견에 따른 차시별 '우리가 지키는 아름다운 환경' 프로젝트 학습 활동 내용은 아래의 그림과 같다.

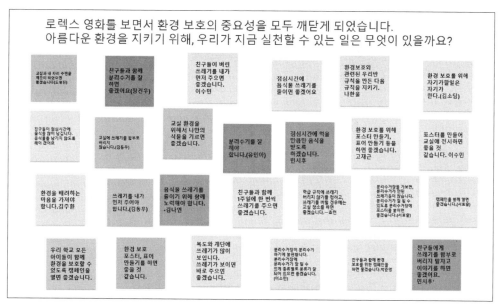

환경 프로젝트 학습에서 배우거나 실천하고 싶은 것들에 대한 생각 모음

잼보드를 활용하여 학생들의 생각을 모은 결과를 바탕으로, 비슷한 생각들을 모아서 함께 범주화를 하였다. 그리고 범주화한 내용을 바탕으로 하여 이번 프로젝트 학습에 함께 실천하게 될 활동을 함께 계획하게 되었다. 이를 통해 우리는 '학생 생성 교육과정'을 프로젝트 학습을 통해 실천할 수 있었다.

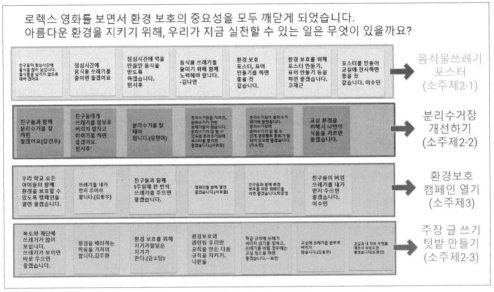

학생 생성 교육과정을 적용한, 환경 프로젝트 활동 계획 결과

[학생 생성 교육과정]

👉 학생 생성 교육과정이란?

학생 생성 교육과정은 학생의 교육과정 결정 및 선택권을 확대하고, 삶과 연계한 교육과정 운영을 통해 미래 사회를 살아가는데 가장 강조되는 학습자의 주도성을 기르기 위해, 학생이 주도적으로 학습 내용과 방법을 계획, 실행, 평가하는 자유 탐구형 교육과정을 의미한다.

👉 학생 생성 교육과정을 실행한 운영 내용

■ 학생들과 함께 계획하며 프로젝트 학습을 시작하다.

가. 학생들과 함께 프로젝트 학습을 계획하며 구성

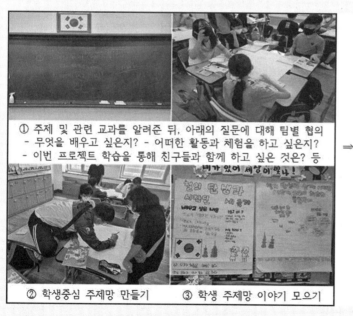

① 주제 및 관련 교과를 알려준 뒤, 아래의 질문에 대해 팀별 협의
 - 무엇을 배우고 싶은지? - 어떠한 활동과 체험을 하고 싶은지?
 - 이번 프로젝트 학습을 통해 친구들과 함께 하고 싶은 것은? 등

② 학생중심 주제망 만들기   ③ 학생 주제망 이야기 모으기

④ 학생들의 주제망과 교사 사전 계획을 융합한 프로젝트 주제망 완성

나. 학생들과 함께 생성한 프로젝트 학습 소개

학생과 함께 계획함으로써 학생이 생성하는 교육과정의 일환으로써의 프로젝트 학습, 그리고 각종 학교 교육활동과 함께하는 프로젝트 학습 실천 방안을 마련하고자 아래와 같이 교육과정을 재구성하여 프로젝트 학습 운영계획을 마련함. 교사와 학생이 함께 구성한 '철의 발견으로 함께 시작된 세 나라, 그리고 최초의 통일 국가' 프로젝트 학습의 교육과정 재구성 및 활동 과정은 다음의 그림과 같다.

교과 (차시)	단원	성취기준	프로젝트 수업 설계	수행과제
국어	7	[6국02-02] 글의 구조를 고려하여 글 전체의 내용을 요약한다. [6국04-03] 낱말이 상황에 따라 다양하게 해석됨을 탐구한다.	고조선, 고구려, 백제, 신라, 각 나라의 건국 신화 이야기를 영상과 글로 살펴본 뒤, 글, 그림, 만화 등 다양한 방법을 이용하여 요약·정리하여 표현하기	**소주제2. 나라의 발전 과정은 어떠할까?** **수행과제 1** ① 고조선, 고구려, 백제, 신라, 각 나라의 건국신화를 살펴보고, 글, 그림, 만화 등 다양한 방법으로 요약·정리하기
	1	[6국03-06] 독자를 존중하고 배려하며 글을 쓰는 태도를 지닌다.	삼국시대의 다양한 시가를 살펴보고, 삼국시대 예술가가 되어서 낱말의 의미 표현하기	② 신라의 통일과정을 학습하고, 신라의 통일 과정에 대해 팀별 협의활동 후에 과정이 잘 드러나게 협동만화로 표현하기
사회	1-1	[6사03-01] 고조선의 등장과 관련된 건국 이야기를 살펴보고, 고대 시기 나라의 발전에 기여한 인물(근초고왕·광개토대왕, 김유신과 김춘추, 대조영 등)의 활동을 통하여 여러 나라가 성장하는 모습을 탐색한다. [6사03-02] 불국사와 석굴암, 미륵사 등 대표적인 문화유산을 통하여 고대 사람들이 이룩한 문화의 우수성을 탐색한다.	고조선, 고구려, 백제, 신라, 각 나라의 건국 신화 이야기를 통해 각 나라의 등장 배경을 살펴보고, 각 나라의 발전 과정을 연표로 나타내기 예술, 전통놀이, 문화재 등 삼국과 통일신라시대의 다양한 문화를 체험할 수 있는 부스를 운영하여, 직·간접적으로 체험하기 신라의 통일과정을 그림, 만화로 표현하여 전시하기	**소주제 3. 삼국과 통일신라시대, 어떻게 체험할까?** **수행과제 1** ① 선대칭 도형의 성질을 이용하여, 삼국시대의 다양한 문화재를 그림으로 완성하기 **수행과제 2** ② 삼국시대 사람들의 생활모습을 예술, 문화, 놀이 등 다양한 측면에서 살펴본 뒤, 사람들의 생활모습이 잘 드러날 수 있게 만화로 표현한 뒤, 벽화로 나타내기
수학	3	[6수02-01] 구체적인 조작 활동을 통하여 도형의 합동의 의미를 알고, 합동인 도형을 찾을 수 있다. [6수02-02] 합동인 두 도형에서 대응점, 대응변, 대응각을 각각 알고, 그 성질을 이해한다. [6수02-03] 선대칭도형과 점대칭도형을 이해하고 그릴 수 있다.	합동의 의미를 알고, 합동인 도형에서 대응점·변·각을 찾아보면서 선대칭도형과 점대칭도형의 성질을 이해하기 삼국 및 통일신라 시대의 다양한 문화재를 선대칭도형, 점대칭도형의 성질을 이용하여 직접 그림 그림으로 그려보기	
미술	9	[6미02-05] 다양한 표현 방법의 특징과 과정을 탐색하여 활용할 수 있다. [6미02-06] 작품 제작의 전체 과정에서 느낀 점, 알게 된 점 등을 서로 이야기할 수 있다.	삼국시대 사람들의 생활모습을 살펴보고, 그들의 생활모습을 만화와 애니메이션으로 표현하여 전시하기	
창체	자율		석기시대, 청동기 시대 관련 영상을 통해 국가의 등장 배경을 살펴보고, 석기 시대와 청동기 시대 생활 모습을 다양한 방법으로 정리하기	

소주제	차시	활동명	관련 교과 및 단원		활동 내용	준비물 (예산사용)	학교 행사
나라는 어떻게 생성될까?	3	석기·청동기시대 알아보기	창	자율활동	석기, 청동기 시대 관련 영상을 시청하고서 사람들이 함께 모여서 살게 된 이유와 국가가 생성된 배경을 생각하며 정리하기 석기시대와 청동기시대 생활 모습을 다양한 방법으로 정리하기		역량 중심 통합 교육 과정
	2	건국 신화 알아보기	사 국	1-1. 나라의 등장과 발전	고조선, 고구려, 백제, 신라, 각 나라의 건국 신화를 살펴보고, 글과 그림 등 다양한 방법으로 요약한 내용을 요약표현하기		
	2						
나라 발전 과정은 어떠할까?	3	삼국의 성립과 발전과정 알아보기	사	1-1. 나라의 등장과 발전	고조선, 고구려, 백제, 신라 각 나라의 발전과정 및 신라의 통일과정을 살펴보기 고구려, 백제, 신라, 각 나라의 발전과정을 요약한 뒤, 시대적 순서가 잘 드러나게 연표로 나타내기 신라의 통일과정에 대해 팀별로 이야기를 나누고, 과정이 잘 드러나게 협동만화로 표현하기		
	4	삼국시대 문화유산 선대칭도형으로 그리기	수	3. 합동과 대칭	선대칭 도형 그려보기		
	3	삼국시대 문학 선대칭도형 문화유산 알아보기	사	1-1. 나라의 등장과 발전	삼국시대의 다양한 시가, 예술 등을 분석하여 알아보고, 체험부스 활동에 계획하기		사용장 학교
	3	삼국시대 문학 체험하기	국	1. 합동과 대칭	삼국시대의 다양한 시가를 살펴보고, 삼국시대 예술가가 되어 낱말의 의미 살펴보기		
	4				삼국시대의 다양한 문화재를 선대칭 도형으로 이용하여 그림으로 완성하기		
	3	삼국시대 예술 체험하기	미	9. 이야기가 승수는 미술	삼국시대 사람들의 생활모습을 만화와 애니메이션으로 표현한 뒤, 삼국시대 사람들의 생각과 전통을 이어서 역사의 고분벽화로 생활모습을 표현하기		
삼국시대 문화 체험하기	7	삼국시대 문화유산 표현하기	사 미	1-1. 나라의 등장과 발전	1교시) 삼국시대 관련 영상시청하기 2교시) 3교시) (운영방법) 반별, 총 5개의 부스를 반별로 돌아가면서 체험학습 진행하기 4교시) 5교시) (체험 부스 종류) 6교시) ① 티코스터 DIY기로 만들기 ② 삼국통일과정 보드게임 ③ 삼국시대의상 인형만들기 ④ 삼국시대 문화재 마을 만들기 ⑤ 토끼 만들기 7교시) 학교안내 체험학습 감상문 작성하기	티코스터 DIY키트 ① 보드게임 ② 인형만들기 ③ 마을만들기 ④ 토끼책	학교안 체험 학습
	6	삼국시대 전통놀이 체험하기	체		1교시) (운영방법) 2교시) ① 각 반별 스포츠 부스 운영 3교시) ② 팀별 스포츠 부스 체험 순서 정하기 ③ (부스종류) 윷놀이, 페이지기, 제기차기, 공기놀이, 비석치기, 투호놀이 4교시) 5교시) (반별 대항 스포츠 경기 대회) 6교시) ① 반별 발달아기에 판뒤집기(남12, 여10) ② 반 전체 줄넘기(남12, 여10) ③ 반 전체 이어달리기(남14, 여11)	판뒤집기 (120,000원) 투호감 (울다리기줄) (30,000원)	스포츠 데이

■ 학생들과 함께 계획한 프로젝트 학습을 실천하다.

가. 학생 생성 프로젝트 학습 개요도

프로젝트 명	철의 탄생과 함께 시작된 세 국가, 그리고 최초의 통일 국가		
핵심역량	지식정보처리역량, 공동체역량		
관련교과	국어 7. 중요한 내용을 요약해요 사회 1-1. 나라의 등장과 발전 수학 3. 합동과 대칭 미술 9. 이야기가 숨쉬는 미술	교과역량	문화 향유 역량 의사소통 및 협업능력, 정보 처리, 문제 해결 미적감수성, 미술문화이해능력
관련 성취기준	[6국02-02] 글의 구조를 고려하여 글 전체의 내용을 요약한다. [6국04-03] 낱말이 상황에 따라 다양하게 해석됨을 탐구한다. [6국03-06] 독자를 존중하고 배려하며 글을 쓰는 태도를 지닌다. [6사03-01] 고조선의 등장과 관련된 건국 이야기를 살펴보고, 고대 시기 나라의 발전에 기여한 인물(근초고왕, 광개토대왕, 김유신과 김춘추, 대조영 등)의 활동을 통하여 여러 나라가 성장하는 모습을 탐색한다. [6사03-02] 불국사와 석굴암, 미륵사 등 대표적인 문화유산을 통하여 고대 사람들이 이룩한 문화의 우수성을 탐색한다. [6수02-01] 구체적인 조작 활동을 통하여 도형의 합동의 의미를 알고, 합동인 도형을 찾을 수 있다. [6수02-02] 합동인 두 도형에서 대응점, 대응변, 대응각을 각각 찾고, 그 성질을 이해한다. [6수02-03] 선대칭도형과 점대칭도형을 이해하고 그릴 수 있다. [6미02-05] 다양한 표현 방법의 특징과 과정을 탐색하여 활용할 수 있다. [6미02-06] 작품 제작의 전체 과정에서 느낀 점, 알게 된 점 등을 서로 이야기할 수 있다.		

나. 학생 생성 프로젝트 학습 실천 내용 및 모습

1) 내가 그린 삼국의 건국 이야기 (국어, 사회, 미술 통합)

① 국어 7단원을 통해 삼국이 건국 신화를 글과 그림으로 표현

② 건국 신화를 북아트(극장책 만들기)를 이용 전시 및 공유

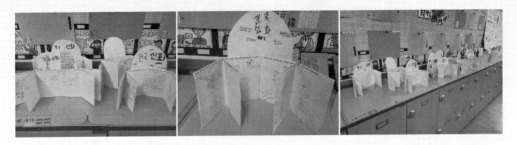

2) 연표 만들기 활동으로 삼국의 발전 과정 정리하기

① 삼국의 나라별 전성기 역사 지도 그리기

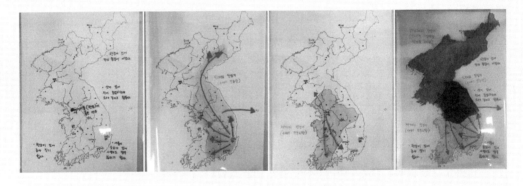

② 읽기자료 요약·정리한 뒤, 역사 연표 만들기

3) 문화재로 배우는 삼국시대, 그리고 통일 신라 시대

① 선대칭과 점대칭 도형의 성질 이용 문화재 그림 완성하기

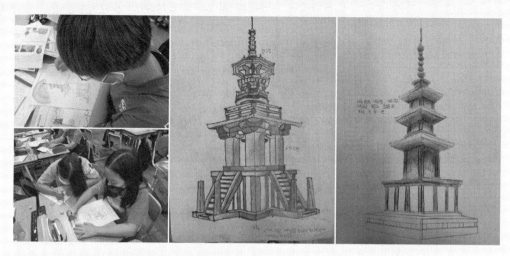

② 삼국시대, 통일신라시대 사람들 생활 모습 벽화로 남기기

③ 삼국시대의 다양한 문화 체험하기

- 프로젝트 학습 기반의 학교 안 체험학습 운영

- 작은 역사 박물관을 꾸미기

- 모두가 큐레이터가 되어 서로 가르쳐주고 배우는 역사 시간

- 학교 안 체험학습 및 스포츠 데이 연계 운영

- 학교 안 체험학습: 문화재 에코백 만들기, 티코스터 만들기, 삼국시대 의상 인형 만들기, 삼국 통일과정 보드게임, 삼국시대 사람들의 생활모습이용 퍼즐 만들기 등 총 5가지의 체험부스가 운영

- 스포츠 데이와 함께하는 전통 놀이 체험: 오전에는 윷놀이, 팽이치기, 비사치기, 제기차기, 투호놀이 등 삼국시대부터 이어져 오던 전통놀이를, 오후에는 긴줄넘기 넘기, 줄다리기, 이어달리기 등 반별 대항 경기

환경오염이 지속된다면, 우리는 어떻게 될까?

시나리오법을 이용하여 환경오염이 지금처럼 지속된다면, 앞으로의 우리 삶이 어떻게 변화될시 않은 이야기를 나누며, 앞으로의 미래 사회를 예측하였다.

미래 사회를 자유롭게 상상하고 예측할 수 있도록 자유로운 시나리오법 토의 시간을 주기 전에는 걱정이 앞선 것이 사실이었다. 시나리오법은 단순히 상상에 의한 것이 아니라, 현재의 상황과 미래 사회 변화 모습을 함께 고려하여 적절한 근거를 들어가며 예측해가는 것인데, 아이들이 상상위주의 재미적인 결과를 얻는 토의활동이 되지 않을까하는 생각이 들었기 때문이다. 그런데 이러한 걱정은 아이들이 토의를 시작하면서 말끔히 사라지게 되었다. 어쩌면, 한 학기동안 지속되어오던 프로젝트 학습 내 팀별 협의활동으로 어느새 토의활동에 익숙해져 있었던 것일 수도 있고, 서로가 모두 생각이 자라고, 지적인 측면에서의 성장을 이루고 있었는지도 모른다.

어쨌든 토의가 시작되자, 우리 교실은 시장통을 방불케 하듯이 열띤 이야기가 시작되었다. 지금에 와서 글을 통해 밝히지만, 그 당시 아이들의 모습을 보면서 너무 떠드는 것 같다고 핀잔을 주기는 하였지만, 아이들이 즐겁게 토의 활동에 참여하는 모습을 보면서 교사로서 너무 뿌듯하고 기분이 좋아졌다. 그리고 아이들의 주변을 돌아다니며 어떠한 이야기를 하는지 들어보았다.

어느 한 팀에서는..

"우리 팀에서는 지구 온난화로 인해 앞으로 우리들의 삶이 어떻게 변화될지에 대해 예측하면 좋을 것 같아."

"그래! 지구 온난화 심각해져서 지구의 온도가 올라가면, 가뭄이 지속되고, 육상 생물이 멸종되고, 땅이 사라지고, 식물들이 사라지고, 식량 생산도 어려워진다는 뉴스를 본 것 같아."

"나도 들어본 것 같아. 상상만해도 끔찍할 것 같아. 그러니 환경 오염이 지속되지 않도록 노력해야 될 것 같다는 생각이 더 많이 드는 것 같다."

"그러면 우리는 환경 오염으로 인해 지구 온난화가 계속 될 경우 우리의 삶이 어떻게 변화되어갈지 예측해보면 될 것 같아."

한 팀에서 나누는 이야기를 들으면서, 재미 위주로 상상을 하며 토의활동에 참여하면 어떡하지라는 저자의 걱정이 모두 사라지게 되었고, 다른 팀에서도 어떠한 이야기를 나누는지 궁금해지면서, 더욱 아이들의 토의 활동에 집중하여 빠져들게 되었다.

아이들의 토의 주제와 내용은 매우 다양하였다.

플라스틱 쓰레기가 늘어나게 되면 어떻게 될지, 쓰레기가 계속 쌓여서 땅들이 쓰레기로 가득차면 어떻게 될지, 환경오염으로 인해 식물이 줄어들게 되면 어떻게 될지, 농역이나 비료 등의 지나친 사용으로 인해 우리 주변의 흙들이 모두 오염되면 어떻게 될지 등 아이들의 토의 내용과 주제는 매우 다양하였다.

뜻밖의 모습도 보게 되었다. 그러한 삶을 살아가지 않기 위해서 우리가 앞으로 어떻게 행동해야 할지 스스로 고민하면서, 환경 오염을 줄이고 환경 보호를 위해 우리가 실천할 수 있는 행동에는 무엇이 있을지를 찾아보는 모습도 발견하게 되었다. 지금와서 생각해 보면, 시나리오법 토의활동 시간을 통해, 어쩌면 우리 아이들은 프로젝트 첫 활동을 통해서 이번 프로젝트에서 길러져야 할 역량을 이미 깨닫고 실천을 다짐하게 되었던 것 같기도 하다. 그리고 생각했다. 아이들의 성장과 발전은 정말이지 어른의 상상을 뛰어넘는 것이 아닐까?

❶ 우리 삶이 어떻게 변화할지, 상상하고 예측하며 이야기 나누기

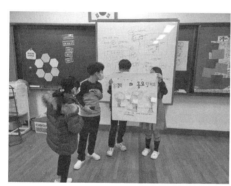

❷ 이렇게 우리의 삶이 변화될거에요! 시나리오법 결과물 공유하기

❸ 그래서 환경은 소중해요! 우리들의 실천 방안 생각 모음 결과

소주제 2   어떻게 하면 환경을 지킬 수 있을까요?

[활동 1] 환경오염, 얼마나 심각할까?

관련 교과(단원)
실과 2. 생활과 동식물(미래엔)
국어 5. 글쓴이의 주장

주요 활동 소개 (총 수업 차시 : 5차시)
① 멸종 위기의 동식물에 대해 자세히 살펴보기(1차시)
　　[관련 영상] YouTube 영상(검색 키워드 : 멸종위기 동식물)
② 동식물 자원의 중요성과 필요성 알기(2차시)
③ 동식물 자원 보호를 위한 주장하는 글쓰기(3~5차시)

관련 활동지 [프 2–3], [프 2–4]

【'환경오염, 얼마나 심각할까?' 수업 이야기】

멸종 위기의 동식물에 대해 자세히 살펴보기

　앞선 활동을 통해 우리들은 우리 주변의 환경오염이 얼마나 심각한지를 알게 되었고, 환경을 보호하기 위해 어떠한 활동을 하면 좋을지 함께 이야기를 나누었다. 우리 주변의 환경 모습을 살펴보고, 환경오염이 지속되면 어떻게 우리 삶이 변화될지 상상하며 토의 활동을 하였으니 환경오염이 심각하다는 것을 모두 느꼈을 것이라고 생각하던 어느 순간에 한 학생이 갑자기 말을 했다.

　"선생님! 환경오염이 심각하다고 하는데,

　솔직히 학교나 집에서 환경오염으로 인해 우리 생활에

　어떠한 피해를 입고 있는지를 직접 경험하지는 못했어요."

환경오염의 심각성을 깨달았을 것이라고 짐작을 하고서, 이제부터는 학생들이 생성한 교육과정에 따라서 어떻게 하면 환경을 보호할 수 있을지에 대한 다양한 활동을 시작해야 하는데, 생각지도 못했던 갑작스러운 대화로 인해 나는 어떻게 이번 프로젝트를 이어가야 할지 막막해졌다. 그래서 환경보호를 위한 다양한 활동을 시작하기 전에 환경오염에 대한 이야기를 조금 더 깊게 나누어야겠다는 생각을 하게 되었다. 그리고서..

"여러분 중에 환경오염으로 인해 어떠한 피해를 입었거나,

생활을 하는데 있어서 불편함을 겪은 경험을 발표해볼 사람이 있을까요?"

라는 질문을 던지게 되었다. 이에 몇 몇 아이들은

"저는 집주변에 버려진 쓰레기 냄새 때문에 힘들었어요."

"저는 꽃을 좋아하는데, 동네에서는 보기 힘들어서 꽃을 보려면 공원이나 산에 가야해서 불편했어요."

"저는 동물에 관심이 많은데, tv 프로그램을 보니 환경오염으로 인해 동물들이 점점 사라지고 있다고 해서 걱정이 되어요."

"저희 아파트에 나무가 한 그루 있는데, 어느 날 보니 나무가 시들해지고 죽어가는 것 같아서 슬펐어요."

아이들의 대답을 들어보면서, 환경오염의 심각성을 알려주기 위해서 학생들에게 친숙한 동물이나 식물을 활용하면 좋을 것 같았다. 그래서 우리 주변에서 점점 사라져가는 멸종위기의 동식물에 대해 함께 살펴보게 된다면 환경오염의 심각성을 조금 더 피부로 느껴보는 시간이 되지 않을까 생각하였다.

그래서 우리 반 텃밭 가꾸기를 하기 전에 학습하기로 했던, 실과교과의 '식물 가꾸기와 동물 기르기' 단원을 이용하여, 우리 주변에서 멸종 위기에 있는 동·식물의 종류에 대해 알아보는 시간을 먼저 가지기로 하였다. 갑작스럽게 이루어진 활동이다 보니, 별도의 활동지나 학습 자료를 구하기가 힘들어서 YouTube를 활용하게 되었고, 멸종위기의 동식물이라는 키워드로 검색을 했더니 정말 다양한 학습 자료들이 즐비해 있었다. 작년부터 이어져오는 코로나-19에 따른 원격수업으로 인해 좋아진 점이 있다면, 이렇게 인터넷을 통해 다양한 학습 자료를 손쉽게 구할 수 있다는 것이다. 물론 이로 인해 수업 시간마다 인터넷 사이트를 활용해 자료를 구하려고 해서는 안 되겠지만, 오늘처럼 갑작스러운 돌발 상황에도 손쉽게 활용할 수 있는 자료들을 다양하게 구할 수 있다는 것은 정말 좋은 것 같다.

이렇게 인터넷 사이트에서 쉽게 구할 수 있는 학습 자료를 활용해서 멸종 위기의 동식물에 대해 살펴보면서, 우리 주변의 동·식물이 모두 사라지게 된다면 우리는 어떻게 될까?라는 질문을 함께 던지게 되었다.

동식물 자원의 중요성과 필요성 알기

"사람도 살 수 없을 것 같아요.
동물과 식물이 사라지게 되면 사람들이 먹을 음식 재료도 사라지니까요."
"외로워서 힘들 것 같아요. 저는 집에 강아지를 키우고 있는데,
동물이 사라지게 되면 매우 외롭고 슬플 것 같아요."

많은 아이들이 대답을 하였는데, 대부분이 사람도 살지 못한다는 대답이었다. 이에 나는 다시

"환경오염으로 인해 점차 동·식물들이 사라지고 있는데,
우리는 어떻게 해야 될까?"

라고 질문을 하였다. 그랬더니 아이들은 환경을 보호해야 한다는 대답을 하였다. 이러한 아이들의 모습을 보면서, 역시 아이들은 자기 삶과 직접 연관지어서 문제를 발견하고 심각성을 느끼게 될 때 보다 주제에 집중하게 되고, 주제의 필요성을 피부로 느끼게 된다는 것을 다시 한 번 더 느끼게 되었다.

이렇게 환경과 함께 동식물 자원의 소중함을 몸소 느낀 후, 우리는 실과 교과를 통해 동식물 자원의 중요성에 대해 아래의 그림처럼 함께 배우게 되었다.

❶ 우리가 알고 있는 다양한 동식물 자원 소개하기

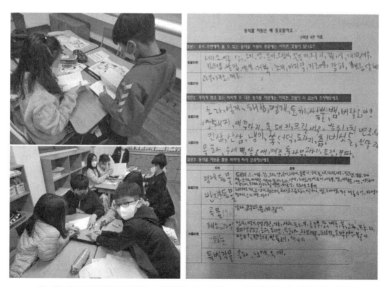

❷ 우리 주변의 동식물 자원을 조사하고, 목적에 따라 분류하기

동식물 자원 보호를 위한 주장하는 글쓰기

우리는 앞선 활동을 통해 환경오염으로 인해 점차 사라져가는 동식물 자원의 소중함을 느끼게 되었고, 사라져가는 동식물 자원을 보호하는 마음을 주장하는 글로 표현하기로 하였다.

'주장하는 글쓰기를 어떻게 시작하면 좋을까?'

우리들은 한참 고민하고 이야기를 나누었던 것 같다. 국어 교육과정과 연계하여 이번 프로젝트 학습에서 가장 적절한 활동이 주장하는 글쓰기라는 것에는 모두가 동의하였지만, 그 시작점을 찾기가 어려웠다. 프로젝트 학습이 교실에서 매끄럽게 운영되기 위해서는 프로젝트 별로 하나의 스토리가 만들어져야 하고, 그러한 스토리가 학생들의 삶과 연계되어 이루어질 때 진정한 의미에서의 프로젝트 학습이 실천될 수 있기 때문에, 중간 활동별로 스토리를 만들고 그 시작점을 찾기 위해 많은 고민과 이야기를 나누게 되었다.

이번 활동도 마찬가지였다. 한참동안 고민을 한 결과, 우리는 국어 교과서 5단원 '글쓴이의 주장' 단원을 이용하되, 교과서에서 제시된 다형어, 다의어를 배우기 위해서 다양한 환경보호 포스터를 활용하기로 하였다. 포스터 문구의 경우 다형어, 다의어를 다양하게 사용하고 있다는 사실을 발견하게 되었고, 환경보호 관련 포스터에서 문구를 삭제한 뒤에 학생들로 하여금 그림에 어울리는 포스터 문구를 만들어보는 활동을 그 시작점으로 정하게 되었다. 이러할 경우 앞선 사라져가는 동식물 자원의 소중함을 알게 되는 활동과 연계하여, 그림과 연관된 환경 보호 문구를 만들어봄으로 환경 보호에 대한 마음과 필요성, 중요성과 심각성을 다시 한 번 더 느끼는 계기가 될 것이라고 예상하였으며, 그러한 마음을 주장하는 글로 표현하도록 이끌어간다면 프로젝트 학습의 스토리가 만들어지게 될 것이라고 생각하게 되었다.

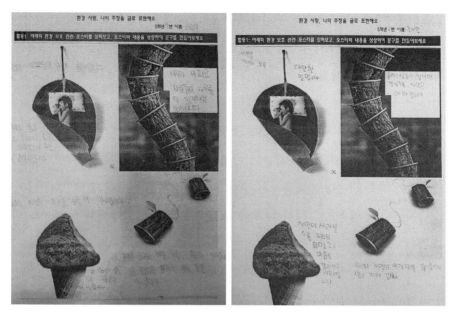

다형어, 다의어 활용 환경 보호 주제의 포스터 문구 만들기 활동 결과

이렇게 해서 우리는 환경 보호 포스터 문구를 다형어, 다의어를 활용하여 만들어보고, 주장하는 글쓰기 단계에 맞게 개요도를 작성하여 환경 보호의 마음을 주장하는 글로 표현하게 되었다.

그런데 주장하는 글을 쓰기 전 한 학생이,

"선생님, 어떠한 내용으로 써야 될지 모르겠어요"

라고 물어왔다. 그것도 너무나도 갑작스럽게 말이다. 당연히 어떠한 내용으로 글을 써야 할지 모든 학생들이 알 것이라고 짐작하고 있던 나에게, 이 질문은 머리를 땅하고 때리는 충격을 주게 되었다. 하지만 왜 이러한 질문을 했을까 고민을 해보기로 하였다.

'아, 그동안 프로젝트 학습을 하면서 환경보호가 중요하고 강조하였고, 동식물 자원이 사라져 가고 있다는 사실만 알려주었을 뿐, 환경오염으로 인해 어떠한 피해가 있는지에 대한 현실적

인 모습을 보여주지 못하고 있었던 것 같다. 환경오염과 관련된 영상을 소개하고, 각 영상에서 알 수 있는 환경오염의 피해나 심각성을 정리할 수 있게 한다면, 어떠한 내용으로 주장하는 글을 써야 할지 알 수 있을 것 같다.'

이번 프로젝트 학습의 목적이 환경오염의 심각성을 깨닫고 환경 보호의 마음을 길러 직접 실천할 수 있는 기회를 제공하는 것에 중심을 주다 보니, 주장하는 글쓰기 활동을 위한 기본적인 학습을 제대로 제공하지 못하고 있다는 사실을 깨닫게 되었다. 어쩌면 한 학생의 갑작스러운 질문으로 나는 다시금 프로젝트 학습이 결국에는 학생들의 학습을 위한 방법이 되어야 하며, 제공되는 활동들이 모두 학습을 위한 방법이 되어야 한다는 사실을 다시 한 번 더 깨닫게 되는 계기가 되었다. 그래서 부리나케 우리는 활동지를 수정하게 되었고, 이러한 과정을 거치면서 무사히 환경 보호를 주제로 한 주장하는 글쓰기 활동을 마무리 지을 수 있게 되었다.

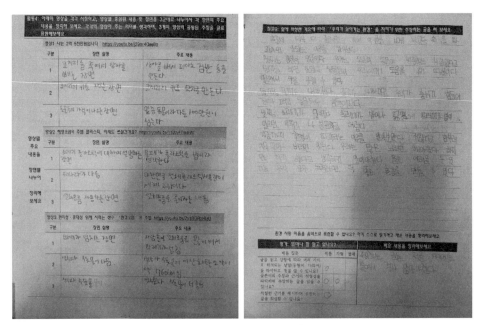

환경 보호 주제 주장하는 글 쓰기 활동 결과물

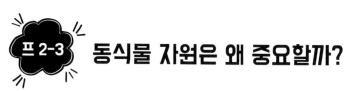

프 2-3 동식물 자원은 왜 중요할까?

학교급	초등학교		학년	5학년
교과 (과목)	음악		교육과정 내용 영역	생활화
단원/ 과제명	3단원 음악, 싱그러운 자연(프로젝트 1 - 우리가 지키는, 아름다운 환경)			

성취기준 (평가 기준)	[6음03-03]우리 지역에 전승되어 오는 음악 문화유산을 찾아 발표 한다.	상	환경 보호와 관련된 음악을 적극적인 태도로 알아보고 환경 보호 노랫말을 리듬에 맞게 만들어 발표할 수 있다.
		중	환경 보호와 관련된 음악을 알아보고 환경 보호 노랫말을 리듬에 맞게 만들 어 발표할 수 있다.
		하	환경 보호와 관련된 음악을 알아보고 환경 보호 노랫말을 리듬에 맞게 만들 어 발표하려고 노력한다.

교과 역량	음악정보처리역량, 자기관리 역량

평가 방법	평가 형식	☐서술·논술　　　☐구술·발표　　　☐토의·토론　　　☐프로젝트 ☐실험·실습·실기　☐포트폴리오　　☐기타
	평가 주체	☑자기평가　　　　☑동료평가　　　　☑교사평가 (관찰)

과정 중심 평가의 방향 (의도)	환경과 관련된 우리 생활 속의 다양한 음악을 탐색하고 조사할 수 있는 역량을 길러줌으로써 다양한 음악적 요소를 고려하여 노래를 발표하는 태도를 생활화할 수 있도록 한다.

평가 영역	평가 요소	평가 척도
음악과 행사	환경 보호와 관련된 음악을 적극적인 태도로 알아보기	3단계(상, 중, 하)
발표하기	환경 보호 노랫말을 만들고 발표하기	3단계(상, 중, 하)

평가 시 유의점	음악적 내용 요소 부분을 평가하기 보다는 학생들의 환경에 대한 관심과 이를 지키려는 실천 의지를 중심으로 평가하도록 한다.
피드백 계획	환경과 관련된 다양한 음악을 제공하고 우리 주변의 문제와 연관지어 이를 표현할 수 있도록 지도한다. 또한 발표할 때 가져야 할 태도와 관람 예절을 지도한다.

ESD 역량 함양 계획	관련 ESD 영역	환경적 관점(자연자원, 기후변화)	
	ESD 중점 역량 평가 및 피드백	인지 및 기능	동·식물 자원의 중요성과 필요성을 이해하고 비판 적 사고능력 및 문제해결 능력을 함양하도록 지도 한다.
		태도	환경 보호를 실천하는 태도를 함양함으로써 민주 시민 의식을 가지고 실천하도록 격려한다.

[참고] 우리들은 창의재단에서 운영 중인 ESD 실천교사 연구회(거점학교)를 운영하고 있으며, 1학기 프로젝트 중 '우리가 지키는 아름다운 환경' 지속가능발전교육(ESD)을 접목한 프로젝트 학습이었다. 이에 ESD 역량 함양 계획을 평가 정보표에 포함하여 새롭게 정보표를 구성하여 ESD 기반의 프로젝트 학습 실천 방안으로 함께 마련하고자 노력하였으며, 그 결과 위의 표처럼 평가 정보표에 'ESD역량함양계획'을 포함한 ESD연계 과정중심평가를 실천하게 되었다.

동식물 자원은 왜 중요할까요?

학년   반   이름:

질문 1 : 우리 주변에서 볼 수 있는 동식물 자원의 종류에는 어떠한 것들이 있나요?	
동물자원	
식물자원	

질문 2 : 우리가 알고 있는 이외에 또 다른 동식물 자원에는 어떠한 것들이 더 있는지 조사해보세요.	
동물자원	
식물자원	

질문 3 : 동식물 자원을 활용 목적에 따라 분류해보세요.		
	목적	종류
동물자원		
식물자원		

질문 4 : 다양한 식물 자원 중 3가지를 선정하여, 기르고 가꾸는 방법을 조사해서 정리해보세요	

질문 5 : 동물 기르기를 하고 있거나 체험해 본 경험을 적어보세요		
체험 날짜	체험 장소	
체험 내용		
체험 뒤 느낀점		

질문 6 : 동식물 자원은 왜 중요할까요?

문장 성분을 얼마나 알게 되었나요? 자기 스스로 평가를 하고 배운 내용을 정리해보세요.

평가 : 얼마나 잘 알고 있나요?				배운 내용을 정리해보세요.
배움 질문	싹틈	자람	열매	
우리 삶에서 동식물 자원의 중요성에 대해 알게 되었나요?				
동식물 자원을 활용 목적에 따라 바르게 분류할 수 있나요?				

프 2-4 환경 사랑 주제 주장하는 글 쓰기

학교급	초등학교		학년	5학년
교과 (과목)	국어		교육과정 내용 영역	듣기·말하기
단원/ 과제명	5단원 글쓴이의 주장(프로젝트 1 - 우리가 지키는 아름다운 환경)			
성취기준 (평가 기준)	[6국01-03]절차와 규칙을 지키고 근거를 제시하며 토론한다.	상	기사를 보고 읽고 정확하게 내용을 파 악하여 자신의 주장을 정한다. 다른 사람의 의견을 경청하고 차례를 지켜 말하는 태도가 우수하다.	
		중	기사를 보고 읽고 내용을 파악하여 자 신의 주장을 정한다. 다른 사람의 의견을 듣고 차례를 지켜 말하려고 노력한다.	
		하	기사를 보고 읽고 내용을 파악하여 자 신의 주장을 정하는데 어려움이 있다. 토의 주제를 고려하지 않고 말하며 경 청하는 태도가 부족하다.	
교과 역량	공동체·대인관계 역량			
평가 방법	평가 형식	☐서술·논술 　　☐구술·발표 　　☐토의·토론 　　☐프로젝트 ☐실험·실습·실기 　☐포트폴리오 　☐기타		
	평가 주체	☑자기평가 　　　☑동료평가 　　☐교사평가 (관찰)		

과정
중심
평가의
방향
(의도)

자신의 의견과 다른 생각과 의견을 교환하며 합의점을 찾아가는 과정을 평가하고자
한다.

평가 영역	평가 요소	평가 척도
체계적 내용 구성	자신의 주장을 분명히 말하기	3단계(상, 중, 하)
공감하며 듣기	다른 사람의 의견을 수용하기	3단계(상, 중, 하)

평가 시 유의점	글쓴이의 주장에 대한 자신의 의견 발표하기는 학생들의 구술 과정을 자기평가, 동료 평가, 관찰 평가 등으로 다양하게 평가한다.		
피드백 계획	토의에 활발하게 참여하지 못한다면 주장에 대한 이유나 근거를 자연스럽게 찾을 수 있도록 해결 방안이 좀 더 쉬운 활동을 하여 본다. 토의에 참여하여 알맞은 의견을 제시할 수 있다면 우리 주변에서 실제로 일어날 수 있는 일을 찾고 해결 방안을 찾아보는 활동을 하게 한다.		
ESD 역량 함양 계획	관련 ESD 영역	환경적 관점(자연자원, 기후변화)	
	ESD 중점 역량 평가 및 피드백	인지 및 기능	환경 보호를 위한 다양한 근거를 찾고 이를 논리적 으로 표현할 수 있는 능력을 길러주도록 지도한다.
		태도	자신의 생각을 논리적으로 표현하는 태도와 다른 사람의 의견을 존중하는 태도를 함양한다.

환경 사랑, 나의 주장을 글로 표현해요

학년   반   이름:

다의어

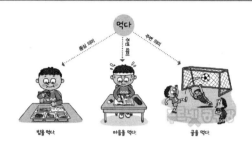

꿈¹

[명사]

1. 잠자는 동안에 깨어 있을 때와 마찬가지로 여러 가지 사물을 보고 듣는 정신 현상.
2. 실현하고 싶은 희망이나 이상.
3. 실현될 가능성이 아주 적거나 전혀 없는 헛된 기대나 생각.

동형어

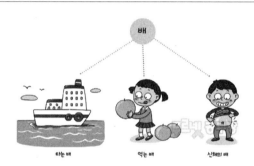

벌⁶ (罰) [벌]

[명사]

1. 잘못하거나 죄를 지은 사람에게 주는 고통.
2. 〈심리〉 행위를 금지하기 위해서, 또는 습관을 파기하기 위하여 주는 불쾌한 자극.

[유의어] 처벌, 징계, 형벌

벌²

[명사] 옷이나 그릇 따위가 두 개 또는 여러 개 모여 갖추는 덩어리.

[의존명사]

1. 옷을 세는 단위.
2. 옷이나 그릇 따위가 두 개 또는 여러 개 모여 갖추는 덩어리를 세는 단위.

[유의어] 세트, 작¹, 컬레²

벌³ [벌 :]

[명사] 〈동물〉

1. 벌목의 곤충 가운데 개미류를 제외한 곤충을 통틀어 이르는 말. 몸의 길이는 0.1~2cm이며, …
2. [같은 말] 꿀벌(2. 꿀벌과의 곤충).

질문 1 : 다의어와 동형어의 차이는 무엇인가요?	
다의어	
	(예시)
동형어	
	(예시)

질문 2 : 교과서 152~154쪽의 글을 읽고, 질문을 만들고서 동형어와 다의어를 찾아보세요.	
내가 만든 질문	(질문 1)
	(질문 2)
	(질문 3)
내가 찾은 동형어와 다의어	

질문 3 : 교과서 152~154쪽의 글에서 찾은 동형어와 다의어 중 2개를 선정하여 낱말 그물을 만들어보세요.

낱말 1 ( )	낱말 2 ( )

질문 4 : 다형어, 다의어 사전 만들기(내가 만든 책을 이용해서 모둠별 책으로 완성됩니다. 도화지를 반으로 오려서 아래의 방법과 순서대로 책을 완성해서 가지고 오세요. 멋진 팀별 책이 완성됩니다)

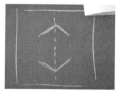

1. 색자를 한 장 준비하여 가운데를 접은 후에, 빨간색 부분을 가위로 자른다.

2. 반을 접은 상태에서 이렇게 위, 아래만 자르면 된다.

3. 접었던 부분을 펴면, 이렇게 완성된다.

4. 또다른 색자를 뒷면에 대고 조금 더 크게 가위나 칼로 오려내면 더 보기에 좋다.

5. 준비한 내용을 그림과 글로 예쁘게 꾸며 넣는다.

은자는 네장의 색자에 각각 한 장면의 만화를 넣어 이야기를 완성했지요.

활동 3 : 글을 읽고 문단별 내용을 정리하며, 글쓴이의 주장 파악하기			
글㉮	가장 많이 쓰인 단어		
	문단별 주요 내용 정리하기	1문단	
		2문단	
		3문단	
		4문단	
		5문단	
	글쓴이의 주장		
글㉯	가장 많이 쓰인 단어		
	문단별 주요 내용 정리하기	1문단	
		2문단	
		3문단	
		4문단	
		5문단	
	글쓴이의 주장		

활동 4 : 아래의 영상을 각각 시청하고, 영상별 중심된 내용 및 장면을 3군데로 나누어서 각 장면의 주요 내용을 정리해 보세요. 각각의 영상이 주는 의미를 생각하며, 3개의 영상의 공통된 주장을 글로 표현해보세요.

		영상 1 나는 2억 5천만원입니다. https://youtu.be/j29or4QeeBs	
영상별 주요 내용을 장면별 나누어 정리해 보세요	구분	장면 설명	주요 내용
	1		
	2		
	3		
		영상 2 해양오염의 주범 플라스틱, 이래도 쓰실건가요? https://youtu.be/11UzyF7mmWI	
	구분	장면 설명	주요 내용
	1		
	2		
	3		
		영상 3 편리성 · 휴대성 위해 사먹는 생수 '환경오염'의 주범 https://youtu.be/7xsSORzz9zU	
	구분	장면 설명	주요 내용
	1		
	2		
	3		

글	교과서 165~166쪽의 지문을 읽어보세요

질문 1 : 교과서 165~166쪽의 글을 읽고, 질문을 만들고서 동형어와 다의어를 찾아보세요

내가 만든 질문	(질문 1)	
	(질문 2)	
	(질문 3)	
주장 하는 내용 파악 하기	가장 많이 쓰인 단어	
	문단별 주요 내용 정리하기	1문단	
		2문단	
		3문단	
		4문단	
		5문단	
주요 체크!	주장을 잘 파악했는지 영상을 통해 선생님의 설명을 다시 들으며 확인해보세요. https://youtu.be/RiHbYxrjTJc	

활동 6 : 주장할 때 근거의 적절성을 살펴봐야 하는 까닭은?

질문 1 : 아래의 주장하는 내용에 대한 근거를 살펴보고 적절한 근거와 그렇지 않은 근거를 찾아보세요

주장과 근거	교실이나 복도에서 큰 소리로 떠들지 말자.	① 교실의 쓰레기를 줄일 수 있다. ② 넘어지거나 부딪혀 다칠 수 있다. ③ 소음 때문에 다른 사람에게 피해를 줄 수 있다. ④ 안전하고 질서 있는 생활을 할 수 있다.
적절하지 않은 근거와 그 이유는 무엇인가요?		
또 다른 근거가 있다면 제시해 보세요		

질문 7 : '우리가 살아가는 아름다운 환경 만들기'를 주제로 주장하는 글을 쓰기 전 개요를 작성해보세요

글의 처음 부분	◇ 글을 쓴 까닭은? ◇ 나의 주장은?
글의 가운데 부분	◇ 주장을 내세운 근거 ■ 근거 1 : ■ 근거 2 : ■ 근거 3 :
글의 끝부분	◇ 요약 및 강조

질문 8. 친구들의 주장하는 글에 대한 평가 기준을 만들어봅시다.

기준	평가 내용	왜?	평가 배점
기준 1			
기준 2			
기준 3			

지금부터 주장하는 글을 쓰고, 각자가 정한 평가 기준에 따라 친구들의 글을 읽고서 평가를 한 뒤, 우리 반 최고의 글이라고 생각되는 글에 댓글을 달아서 응원의 글을 올려주세요.

질문 9 : 앞에 작성한 개요에 따라 '우리가 살아가는 환경'을 지키기 위한 주장하는 글을 써 보세요.

환경 사랑 마음을 음악으로 표현할 수 있나요?

자기 스스로 평가하고 배운 내용을 정리해보세요.

평가 : 얼마나 잘 알고 있나요?				배운 내용을 정리해보세요.
배움 질문	싹틈	자람	열매	
글을 읽고 상황에 따라 여러 가지로 해석되는 낱말(동형어, 다의어)을 파악하고, 뜻을 쓸 수 있나요?				
글쓴이의 주장과 근거의 적절성을 파악하며 주장하는 글을 읽을 수 있나요?				
적절한 근거를 제시하며 주장하는 글을 작성할 수 있나요?				

[활동 2] 환경보호, 우리는 어떻게 실천할 수 있을까?

관련 교과(단원)
음악 3. 음악, 싱그러운 자연(비상교육)
미술 7. 프로젝트/작은생명 지킴이(동아출판)
국어 5. 글쓴이의 주장
실과 2. 생활과 동식물(미래엔)
국어 3. 글을 요약해요

주요 활동 소개 (총 수업 차시 : 29차시)
① 환경보호 마음을 음악과 그림으로 표현하기(1~7차시)
　[연계 활동] 음악 – 환경 사랑 음악 발표회 열기
　　　　　　　그림 – 우리반 텃밭 팻말 만들기 & 포스터 전시하기
　[토의활동 Tip] 다르니 모으니 토의 활동
② 우리 학교 쓰레기 분리수거장 개선하기(8~15차시)
③ 우리 반 텃밭을 만들고 가꾸기(16~29차시)

관련 활동지 [프 2-5]

【'환경보호, 우리는 어떻게 실천할 수 있을까?' 수업 이야기】

앞선 활동을 통해 우리는 환경의 소중함, 환경 보호 필요성, 그리고 환경오염의 심각성에 대해 함께 살펴보면서 환경을 보호하기 위해 우리가 실천으로 옮길 수 있는 일이 무엇인지, 환경 보호의 마음을 표현할 수 있는 방법에는 무엇이 있는지 다양한 이야기를 나누었다.

그 결과 우리는 환경보호의 마음을 음악과 그림으로 표현하고, 우리 학교 쓰레기 분리수거장 개선하기 활동으로 환경보호 마음을 직접 실천으로 옮기기로 하였으며, 학급별 텃밭 만들기와 식물 기르기 활동을 통해 식물자원의 소중함을 몸소 체험해보기로 하였다.

환경보호 마음을 음악과 그림으로 표현하기

우선 환경보호 마음을 음악으로 표현하기 위해, 음악 교과서 제재곡을 통해 aba양식과 장·단조의 특징을 학습한 후 각 팀별로 개사할 음악을 선정하였다. 선정 시, 장·단조의 특징을 살려서 환경 보호를 지켰을 때는 어떻게 될지에 대한 내용으로 개사하는 곡은 장조로, 환경 보호를 하지 않았을 때는 어떠한 삶을 살아가게 될지에 대한 내용으로 개사하는 곡은 단조의 곡으로 구분지어서 선정하였다. 이는 장조의 곡은 밝은 느낌을 주는 반면, 단조의 곡은 어두운 느낌을 주는 특징을 각각 가지고 있다는 이유 때문이었다.

그리고 이렇게 개사한 노래로 반별 환경보호 음악회를 열게 되었고, 이번 활동을 통해 완성된 노래 중 한 곡을 선정하기로 하였다. 반 별로 선정된 노래를 학급별로 연습한 뒤, 프로젝트 마지막 활동으로 계획되어 있는 환경 보호 캠페인 열기 때 노래를 함께 불러보기로 하였다.

❶ 환경 보호 주제 음악 개사하기 활동 결과물

❷ 환경 보호 음악 발표회 열기 모습

음악 개사하기 활동에 이어, 우리는 미술교과와 융합하여 그림으로 환경보호의 마음을 표현하는 시간을 가졌다. 그림을 그리기 전에 이렇게 물어보았다.

"어떠한 그림을 좋을까?"

나의 이러한 질문에 아이들은 어떠한 그림을 그리면 좋을까에 대해 토의활동으로 의견을 결정하기로 하였다. 토의 활동 결과 , 포스터 형식의 그림을 그리는 것이 좋겠다는 의견으로 좁혀지게 되었고, 프로젝트 마지막 활동으로 계획되어 있는 환경 보호 캠페인 때 포스터도 함께 게시하면 좋겠다는 의견도 받아들이기로 하였다.

　학급 의견을 모으기 위해 활용한 토의활동은 기존의 '다르니 모으니 토의 활동'이었으며, 이에 대한 자세한 안내는 167~169쪽에 제시되어 있다.

❶ 다르니 모으니 토의 활동 모습

❷ 포스터 그리기 활동 모습과 활동 결과물 전시

[다르니 모으니 토의활동]

👉 다르니 모으니 토의활동이란?

다르니 모으니 토의활동은 2018년 제26회 교육방송연구대회 수상 작품으로써, 학생들이 토의에 좀 더 재밌게 참여하고 자신의 생각을 존중받으며 협상 및 조정을 통해 최고의 해결방법을 함께 찾아갈 수 있는 방법이다.

👉 다르니 모으니 토의 활동 방법 및 활동지

토의 방법은 모둠별로 이루어지는 다르니 토의와 반 전체가 함께 하게 되는 모으니 토론 등 2개의 단계로 아래와 같은 방법으로 이루어진다.

[다르니 토의 단계 설명]

1. 해결방법 찾아보기

개인이 생각하는 해결 방법을 적어보고 모둠 친구와 이야기 나누기

* 먼저 이야기 하지 않습니다.

2. 판단 기준 정하기

여러 해결 방법 중 더 좋은 해결방법을 찾기 위한 기준을 만들어 봅니다.

* 예) 실천 가능할까? 효과적일까? _____

3. 우선순위 정하기 (모둠원과 정한 판단 기준으로 자신의 우선 순위 정하기)

4. 각자의 1순위 해결방법을 가지고 서로를 존중하며 협상 시작하기

➡ 협상 후 모둠에서 한가지 의견으로 정리하기 (양보와 타협)

5. 해결 방법 공유하기: 다른 모둠원들의 생각 들어보고 질문하기

[모으니 토의 순서 설명]

*각 모둠의 ＿＿＿＿＿＿＿＿ 모아 최고의 ＿＿＿＿＿＿＿＿을 찾는 활동

1. 우선 순위 정하기 (모둠별 해결방법을 참고하면서 우선순위를 적어봅니다)

2. 정한 우선 순위로 나만의 협상 피라미드 만들기

3. 만장일치 협상 시작

4. 협상 결과 살펴보기

5. 전체 해결 방법 정하기

　

다르니 모으니 토의 활동에서 실제 활용한 활동지는 아래와 같다. 아래의 활동지는 2학기 역사 중심 프로젝트 학습 중 민족대표 33인이 되어, 3.1. 운동을 어떻게 계획하면 보다 효과적이고 효율적으로 운영할 수 있을지에 대한 주제로 한 다르니 모으니 토의 활동지이다.

다르니 토의 활동지   모으니 토의 활동지

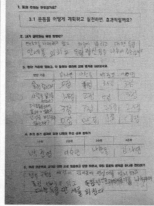

다르니 토의 활동 모습

모으니 토의 활동 모습

민족대표 33인이 되어 손도장을 만들고, 독립선언문에 도장 찍기 활동

우리 학교 쓰레기 분리수거장 개선하기

우리 학교 쓰레기 분리수거장 개선 활동을 위해, 내가 살고 있는 동네 분리수거장의 모습을 조사하는 활동으로 시작하였다. 이는 오른쪽 그림처럼 동네 분리수거장의 모습을 살펴보면서 잘된 점, 개선할 점, 알게 된 점, 더 알고 싶은 점 등에 대해 살펴본 후, 실제 우리 학교 분리수거장의 모습을 비교해 보면 개선할 점을 보다 더 자세히 설명할 수 있을 것 같은 생각에서이다.

내가 살고 있는 동네의 분리수거장 모습을 살펴본 후, 우리들은 우리 학교 분리수거장의 모습을 직접 비교해보는 시간을 가졌다. 그리고 우리 학교 분리수거장에서 개선할 점을 찾아 아래와 같이 개선의견을 작성하여 교장선생님에게 전달하는 시간을 가졌다.

물론 아직까지 우리들의 의견이 받아들여지지는 않았지만, 내년도 학교 환경 구성 사업을 통해 우리들의 의견을 적극 반영해주시겠다고 하였으니 그 결과를 기다려보는 중이다.

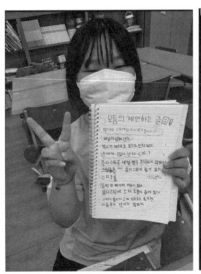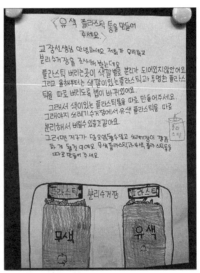

우리 학교 분리수거장 개선 활동 결과

우리 반 텃밭을 만들고 가꾸기

이렇게 환경보호 마음을 음악과 그림, 그리고 분리수거장 개선 요구 글 작성으로 표현한 우리는, 앞으로 우리 삶에서 식물 자원이 보다 소중해 질 것이라는 예상에 따라 학급별 텃밭을 직접 만들고 가꾸어보는 시간을 가지기로 하였다.

이를 위해서 우리 교사 공동체에서는 정말 많은 준비와 노력을 기울인 것 같다. 학교내 버려지듯이 놓여있는 텃밭을 찾아서 교장선생님 및 행정실과 협의하여 우리 학년에서의 사용 여부에 대한 허락을 받는 것에서 시작하였다. 그리고 몇 년간 버려지듯이 놓여있던 공간이었기에, 땅을 거름지게 만들기 위해 미리 땅의 흙들을 섞어놓고, 필요한 거름들을 구입하여 텃밭으로 활용하기에 적합하게 토양을 만들어두었다.

그리고서 학급별로 기르고 싶은 식물자원에는 어떠한 것들이 있는지 의견을 모으고, 학급별로 기르고자 하는 식물 자원을 2~3개씩을 선정한 뒤, 선정된 식물자원을 모종이 나오는 시기에 맞추어서 구입하는 번거로운 과정을 거치기도 하였다. 이로 인해 텃밭을 함께 만드는 시간을 모든 학급이 함께 하였지만, 학급별로 식물 자원을 심는 시기는 모종별 시기에 맞추어서 학급별로 이루어지게 되었다.

학급별 텃밭을 만들고, 식물자원을 기르는 모습

프 2-5 환경, 사랑, 마음, 노래로 표현해요.

학교급	초등학교		학년	5학년
교과 (과목)	음악		교육과정 내용 영역	생활화
단원/ 과제명	3단원 음악, 싱그러운 자연(프로젝트 1 - 우리가 지키는, 아름다운 환경)			
성취기준 (평가 기준)	[6음03-03]우리 지역에 전승되어 오는 음악 문화유산을 찾아 발표 한다.	상	환경 보호와 관련된 음악을 적극적인 태도로 알아보고 환경 보호 노랫말을 리듬에 맞게 만들어 발표할 수 있다.	
		중	환경 보호와 관련된 음악을 알아보고 환경 보호 노랫말을 리듬에 맞게 만들 어 발표할 수 있다.	
		하	환경 보호와 관련된 음악을 알아보고 환경 보호 노랫말을 리듬에 맞게 만들 어 발표하려고 노력한다.	
교과 역량	음악정보처리역량, 자기관리 역량			
평가 방법	평가 형식	☐서술·논술　　☐구술·발표　　☐토의·토론　　☐프로젝트 ☐실험·실습·실기　☐포트폴리오　☐기타		
	평가 주체	☑자기평가　　　☑동료평가　　　☑교사평가 (관찰)		

과정 중심 평가의 방향 (의도)	환경과 관련된 우리 생활 속의 다양한 음악을 탐색하고 조사할 수 있는 역량을 길러줌으로써 다양한 음악적 요소를 고려하여 노래를 발표하는 태도를 생활화할 수 있도록 한다.		
	평가 영역	평가 요소	평가 척도
	음악과 행사	환경 보호와 관련된 음악을 적극적인 태도로 알아보기	3단계(상, 중, 하)
	발표하기	환경 보호 노랫말을 만들고 발표하기	3단계(상, 중, 하)

평가 시 유의점	음악적 내용 요소 부분을 평가하기 보다는 학생들의 환경에 대한 관심과 이를 지키려는 실천 의지를 중심으로 평가하도록 한다.		
피드백 계획	환경과 관련된 다양한 음악을 제공하고 우리 주변의 문제와 연관지어 이를 표현할 수 있도록 지도한다. 또한 발표할 때 가져야 할 태도와 관람 예절을 지도한다.		
ESD 역량 함양 계획	관련 ESD 영역	환경적 관점(자연자원, 기후변화)	
	ESD 중점 역량 평가 및 피드백	인지 및 기능	동·식물 자원의 중요성과 필요성을 이해하고 비판 적 사고능력 및 문제해결 능력을 함양하도록 지도 한다.
		태도	환경 보호를 실천하는 태도를 함양함으로써 민주 시민 의식을 가지고 실천하도록 격려한다.

환경, 사랑, 마음, 노래로 표현해요.

학년   반   이름:

활동 1 : 아래의 노래를 부르며 aba 형식의 특징을 이해해보세요

가을 바람

조금빠르게 　　　　　　　　　　　　　　　　　　　동요나라

살랑살랑살 랑　살랑살랑살 랑　가을바람살 랑　불어옵니다

뱅글뱅글뱅 글　단 풍 잎　뱅글뱅글뱅 글　은 행 잎

살랑살랑살 랑　살랑살랑살 랑　가을바람살 랑　불어옵니다 라

활동 2 : '시원한 걸음' 노래를 부르며 aba형식 특징을 알아보고, 환경 사랑 관련 가사로 바꾸어 불러보세요.

시원한 걸음

보통 빠르게　　　　　　　　　　　　　　　　조영주 작사
　　　　　　　　　　　　　　　　　　　　　한승모 작곡

1. 햇 - 살 - 따 라　걸어요　하 - 나둘리 듬　맞춰서
2. 바 - 람 - 따 라　걸어요　시 - 원한 바 람　불어요

계이름	
개사하기	

땀 방 울　바람에 날려　시 원 해 기분 좋 아
꽃 향 기　바람에 날려　향 긋 해 기분 좋 아

계이름	
개사하기	

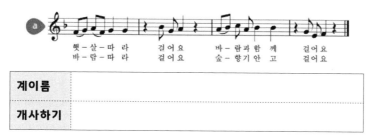

계이름	
개사하기	

정리 1 : aba형식 노래이 특징에 대해 배운 내용을 정리해서 적어보세요.

활동 3 : '엄마야 누나야' 노래를 환경 사랑 관련 가사로 바꾸고, 단조의 느낌을 살려서 불러보세요

엄마야 누나야

김소월 작사
김광수 작곡

엄 마－야 누－나 야 강 변살－ 자

계이름	
개사하기	

뜰 에－는 반짝이 는 금 －모래 빛

계이름	
개사하기	

계이름	
개사하기	

계이름	
개사하기	

정리 2 : 단음계의 특징에 대해 학습한 내용을 정리해보세요

활동 3-1 : 가락 만들기

질문 1 : 이어지는 느낌, 끝나는 느낌이 나도록 가락을 만들어보세요.

활동 방법	① 가락의 중간 끝 음은 '미'로 하여 계속 이어지는 느낌이 들도록 합니다. ② 가락의 끝 음은 단조의 으뜸임 '라'가 되어야 끝나는 느낌이 듭니다.

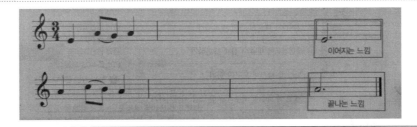

질문 2 : 내가 만든 가락을 노랜 악기로 연주해 보고, 어색한 부분을 수정해서 친구들에게 발표하기

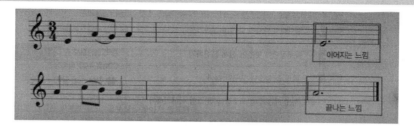

활동 4 : 내가 살고 있는 지역의 음악 문화유산을 조사해서 정리해보세요

환경 사랑 마음을 음악으로 표현할 수 있나요?

자기 스스로 평가하고 배운 내용을 정리해보세요.

평가 : 얼마나 잘 알고 있나요?				배운 내용을 정리해보세요.
배움 질문	싹틈	자람	열매	
곡의 형식을 구별하고, aba형식에 맞게 환경 사랑의 마음이 드러나게 노래 가사를 바꾸어 분위기에 맞게 노래를 부를 수 있나요?				
환경 사랑의 마음이 드러나게 개사하고, 곡의 일부 가락을 단조의 분위기에 어울리게 바꾸어서 단음계의 특징 잘 드러나게 노래를 부를 수 있나요?				

소주제 3 우리 함께 지켜요!

[활동 1] 환경 보호, 우리 함께 지켜요!

관련 교과(단원)
국어 5. 글쓴이의 주장
도덕 1. 바르고 떳떳하게
미술 7. 프로젝트/작은 생명 지킴이

주요 활동 소개 (총 수업 차시 : 10차시)
① 환경 사랑, 우리 마음을 표현해요(1~6차시)
    – 글, 그림, 포스터 등 다양한 방법을 이용하여 우리 마음 표현하기
② 환경 사랑, 우리 함께 지켜요(7~10차시)
    – 1~2학년 대상, 환경 보호 캠페인 열기

관련 활동지 [프 2-6]

【'환경 보호, 우리 함께 지켜요' 수업 이야기】

환경 사랑, 우리 마음을 표현해요

이번 프로젝트 학습의 마지막 활동인 '환경보호 캠페인 열기' 전에 우리들 스스로도 실천을 다짐하기 위한 활동을 하였다. 그런데 한 가지 문제점이 발생하였다. 실천 다짐 활동이 필요하다는 사실에 대해서는 우리 모두는 공감하였지만, 이를 위한 관련 교육과정을 어디서 찾아야 하는지에 대한 것이었다. 관련된 교과와 단원을 찾아보면서, 우리는 정직이라는 단어에 집중하게 되었다.

과연 정직이란 무엇일까?

정직한 생활이란 남을 속이지 않으며 스스로 당당할 수 있는 행위를 하는 것이라고 정의 내려져 있다. 그렇다면 과연 스스로 당당하기 위해서는 타인과의 관계에 있어서만 속이지 않으면 되는 것일까? 우리는 아니라고 생각하였다. 여기서 의미하는 타인은 사람을 의미하는 것이기도 하지만, 자연 그리고 환경을 포함하는 개념으로 판단해도 좋을 것 같다는 의견이 지배적이었다. 그때는 그냥 그러한 말이 맞는 것 같아서 모두가 동의하였던 것 같지만, 지나고 나서 지금 다시 돌이켜보니 아마도 자연 앞에서도 당당할 수 있는 생활, 스스로를 속이지 않으면서 환경보호, 환경사랑을 스스로 실천하는 것 또한 정직한 생활에 포함되지 않을까라는 생각을 모두가 했기 때문이었던 것 같다.

　　그래서 우리는 도덕 교과서를 이용하여 정직한 생활에 대해 학습을 하면서, 자연에게도 부끄럽지 않고 떳떳한 삶을 살아가는 것 또한 스스로에게 정직한 생활이라고 설명하였다.

　　그리고서 환경오염과 관련된 여러 개의 포스터와 그림을 보여주면서 자연에게 있어서 인간으로써 정직하지 않은 생활을 하게 되면 환경이 어떻게 변화되고, 우리 인간들의 삶이 얼마나 황폐해질 수 있을지, 그리고 인간뿐 아니라 동물들도 얼마나 힘든 삶을 살아가야 하는지에 대해 함께 생각하고 이야기를 나누기 위해 활동지를 그에 맞게 제작하였다.

환경을 지키기 위한 정직한 생활에 대한 활동 모습과 결과물

환경을 지키기 위한 정직한 생활에 대한 서로의 생각을 공유하고서, 스스로 실천을 다짐하고 직접 생활 속에서 행동으로 옮겨보는 시간을 가지게 되었다.

환경사랑의 마음을 실생활에서 어떻게 실천할 것인지 생각해보고 다짐 카드를 작성하였다. 다짐 카드는 북아트를 접목시켰는데 북아트 중에서도 '사람 소개책' 기법을 사용하였다.

마음 가운데에는 환경사랑 마음에 대한 자신의 실천 다짐을 써서 붙였다. 그리고 왼쪽 팔에는 실천으로 옮긴 내용을, 오른쪽 팔에는 실천 후 자신의 느낌과 다른 친구들의 실천 내용을 듣고 느낀 점을 썼다. 후에 자신의 다짐 카드는 다른 친구들이 볼 수 있도록 개인 사물함 문에 붙여두었다. 자신의 다짐을 다른 사람들에게 알림으로써 실천 의지를 더 가지게 하는 의도였다.

이번 프로젝트 학습 가장 큰 목적은 환경의 중요성을 알고, 스스로 환경보호 및 환경사랑의 마음을 생활 속에서 행동으로 옮길 수 있는 실천력의 함양이라 할 수 있다. 지식으로 배우고 아는 것에서 그치지 않고, 실제 생활과 삶 속에서 행동으로 옮길 수 있는 교육적 경험의 기회를 제공해주어야 한다고 생각하였기 때문이다. 이에 우리 공동체에서는 실천 다짐 카드를 적는 것에서 그치는 것이 아니라, 실천할 수 있는 시간을 1주일을 주었다. 1주일동안 실천 한 내용에 대해서 솔직하게 기록하게 하고, 1주일 후 실천을 한 친구는 실천을 한 것에 대해, 실천을 하지 못한 친구는 실천을 한 친구들의 발표를 들으면서 어떠한 생각이나 기분이 드는지를 비교하며 발표하는 시간을 가졌다.

실천을 한 친구는 행동과 실천 그 자체가 하나의 칭찬이 될 것이며, 실천을 하지 못했던 친구는 실천을 했던 친구들의 발표를 들으면서 스스로 반성하고 성찰을 하며 실천을 재 다짐하게 된다. 실제 본 프로젝트 학습이 끝나고 난 후 주말 일기를 통해 스스로 반성하고 집에서 실제 실천을 했던 이야기를 보면서 알게 되었다.

환경사랑 마음 실천을 기록한 사람 책 만들기 활동 결과물 전시 모습

환경 사랑, 우리 모두 함께 지켜요!

'우리가 지키는 아름다운 환경' 프로젝트 학습의 마지막 활동으로 무엇이 좋을지에 대해 함께 이야기를 많이 나누었다. 우리는 이런 저런 다양한 의견들을 내놓기는 하였지만, 별다른 소득없이 시간만 자꾸 흘러갔었다. 첫 술에 배가 부를 수 없듯이, 잦은 협의와 이미 소주제 1과 2를 통해 학생들이 환경 보호 관련 다양한 활동을 해왔기에 직접 실천으로 옮길 수 있는 활동이 되었으면 좋겠다는 생각에 모두 동의하였다.

어떠한 활동을 하면 스스로도 환경 보호를 직접 행동을 옮길 수 있을지, 그리고 우리 모두가 함께 협력하여 환경 보호를 실천으로 옮길 수 있는 방법이 무엇일지 고민에 빠지게 되었다.

이런 저런 고민을 함께 나누면서, 우리는 개인적인 측면에서의 실천과 공동체적인 측면에서의 실천으로 구분짓기로 하였다. 개인적인 측면에서는 북아트를 활용하여 스스로 환경 보호를 위해 실천할 수 있는 행동 방법을 선정하고, 1주일 간 시간을 주고서 직접 행동으로 옮긴 방법을 기록한 뒤, 스스로 실천을 하면서 느낀 점과 알게 된 점, 그리고 앞으로의 다짐 등에 대해 발표하며 공유하는 시간을 가지기로 하였다. 이를 위해 우리는 사람책 만들기라는 북아트를 활용하였다.

1주일동안 직접 실천으로 옮길 수 있는 시간을 줌으로써 교실 수업과 일상 생활과 연계성이 부족했던 수업 방법에 대한 대안을 함께 찾게 되었다. 사실 이와 유사하게 실천 다짐글을 적고, 실천할 것을 다짐하는 활동이 이루어졌던 수업의 경우, 실천 다짐글을 작성하고 발표하는 것에서 마무리가 되었던 것이 사실이었다. 그러한 실천 다짐이 일상

생활에 얼마나 많이 적용되어 행동으로 옮겨졌는지도 모른채 말이다. 그리고 우리 교사들은 그저 실천 다짐글을 적은 내용과 발표하는 모습을 보면서 평가하기도 하였다. 직접 생활 속에서 실천으로 옮겨야 하는 것이 중요하며, 그래야 성취기준에 적합한 올바른 평가임에도 불구하고 말이다.

그래서 우리는 직접 실천할 수 있는 기간을 주기로 하였고, 아이들로 하여금 교실 속 수업이 자신들의 삶의 모습을 변화시키고, 한 단계 성장시키면서 사회 구성원으로써 성정할 수 있는 밑거름이 되어짐을 느낄 수 있게 하고자 하였다.

물론 실천 다짐글을 작성하고, 실천 방법과 내용을 기록하고서 1주일동안 실천을 하지 않은 친구들도 있다. 그런데 그러한 친구들의 북아트 활동 결과물을 보면 바르게 다짐을 하고 있었고, 실천할 수 있는 행동 방법을 기록해두고 있었다. 만약 직접 실천할 수 있는 기간을 주지 않았다면, 그리고 그러한 실천 결과를 함께 공유하는 시간을 주지 않았다면, 아마도 우리 교사들은 그러한 사실을 모른 채, 매우 우수한 평가 내용을 기록해 주었을 것이다.

그리고 하나 더 명심해야 할 것은, 1주일동안 실천을 하지 않았다고 하여 그것으로 평가 내용을 좋지 않게 기록해주지는 않아야 한다는 사실이다.

1주일동안의 실천 후, 서로의 경험을 공유하는 시간에 저자는 분명하게 아이들에게 말을 해주었다.

"거짓으로 말을 하면 안됩니다. 실천을 하지 않은 사실을 실천하였다고 적으면 안됩니다. 하지 않은 것보다 거짓으로 말을 하는 것이 더욱 안 좋은 습관이 됩니다. 대신, 친구들의 발표를 들어보면서, 실천하지 않은 나 자신에게 대해 스스로 반성과 성찰을 하고, 반성한 내용을 친구들에게 발표하면 됩니다. 그리고 앞으로 어떻게 행동할 것인지 재다짐을 하고서, 그에 대한 내용으로 발표를 하면 됩니다."

실제 우리 교실에서 세 명의 학생이 실천을 다짐하였지만, 일상생활에서 1주일동안 실천을 하지 않았다. 그런데 친구들의 발표 내용을 스스로 반성하고 성찰을 하는 모습을 보였다. 친구들의 발표 내용을 듣고서, 스스로 1주일동안 실천하지 못한 것에 대해 반성을 하게 되었고, 앞으로의 1주일은 하지 못했던 것을 직접 실천으로 옮기고 싶다고 발표를 하였다.

그리고 다시 1주일이 지나고서, 저자 역시 프로젝트 학습 계획과 실천으로 바쁘게 시간을 보내면서 잠시 잊고 있었다. 그런데 월요일 아침, 갑자기 세 명의 친구가 나에게 다가오더니 지난주에 자신이 직접 행동으로 옮긴 이야기를 하기 시작하였다.

이러한 아이들의 모습을 보면서 생각하였다. 평가라는 것이 무엇일까? 수업의 목적이 무엇일까?

아직은 잘 모른다. 하지만 이것만은 확실한 것 같다. 교실에서 배운 내용을 직접 자신의 일상생활에서 실천으로 옮길 수 있으면, 그것이 수업이고, 그것이 과정중심 평가가 아닐까?

물론 첫 1주일간은 행동으로 옮기지 못했지만, 그 다음 1주일동안 직접 행동으로 옮기게 되었다면, 우리 아이들은 이미 성취기준에 도달한 것이 아닐까? 수업이 이러하면 되지 않을까? 프로젝트 학습이 이러면 되지 않을까?

조금은 느릴 수도 있지만, 느리더라도 수업의 목표를 달성하였다면 그것만으로도 되지 않을까? 우리들의 수업은 그동안 이러한 기다림을 학생들에게 제공해주지 못했던 것 같다. 기회를 주고, 충분히 기다려준다면 아이들은 얼마든지 자신의 역량을 발휘하고, 능력을 키울 수 있으며, 실제 일상생활을 변화시킬 수 있는 가능성이 충만한 존재라는 사실을 다시금 깨닫는 시간이었다. 그리고 이때 느낀 깨달음이란 이러한 것이었다.

우리들, 교실에게 필요한 것은 전문적 지식이나 기능이 아니라 어쩌면 아이들을 기다려 줄 줄 아는 기다림의 미학이 아니었을까? 기다리지 못해서 다그치고 야단하고 꾸중하고 재촉하고...

혹시 그러하지 않았을까?

우리 아이들은 이미 자기에게 맞는 방법으로 성장하고 있는 것은 아닐까? 1년 후, 우리 반 아이들을 보면 한 뼘 더 성장해있음을 발견하게 되니 말이다. 진도에 쫓기고 교과서에 쫓기고 학교 행사에 쫓기고 이리 저리 쫓기면서....

그러한 쫓김에 다급해진 우리들은 교과서를 펴게 하고 암기하도록 지시하였던 것은 아니었을까?

아이들 하나하나를 살펴보고 이야기를 들어주고 얼마나 성장하고 있는지, 그것을 살펴보는 것이 우리들에게 더욱 소중한 교육이었을 텐데, 왜 그러했을까?

사실 곰곰이 생각해보면 교사중심 교과서위주 수업은 기다림을 주기 어려운 것이 사실이다. 차시가 끝나면 공부를 했는지 알고 있는지 확인하고 평가하기에 바쁘니 말이다. 하지만 프로젝트 학습은 우리에게 필요한 기다림을 제공해주게 되는 것 같다. 나는 이제는 그러한 기다림이 좋다. 나는 그러한 기다림의 소중함을 알게 되었고, 그래서 프로젝트 학습이 더욱 좋아지게 된다.

프로젝트 학습은 수업 시간에 교사에게 자유를 제공해준다. 그러한 자유로움은 아이들에 대한 기다림으로 변화하게 된다. 지금의 현재 우리 반 아이들이 어떠한 생각을 하는지, 어떻게 표현하고 있는지, 무엇을 하고 있는지, 무엇을 할 수 있는지, 교사에게 주어진 자유로 인해, 우리들은 오롯이 아이들을 바라볼 수 있는 시간을 가지게 된다. 그러한 마술과 같은 시간을 프로젝트 학습은 우리에게 제공해준다. 또한 이러한 아이들에 대한 바른 혹은 자세한 이해가 평가의 기반이 되고, 이로 인해 과정중심평가에 대한 부담을 감소시켜주는 마법도 가지고 있다. 교사들이 진정으로 가져야 할 혹은 교사로써 가져야 할 본래의 의무감, 책임감, 사명감은 학생 스스로 자신을 소중히 여길 수 있는 기회를 수업에서 제공받게 하는 것이 아니었을까?

⋯⋯

이러한 생각을 하면서, 우리는 다시 한 번 더 프로젝트 학습의 소중함과 필요성을 깨닫게 되었고 '우리가 지키는 아름다운 환경'의 마지막 활동을 시작하게 되었다.

마지막 활동은 개인적인 관점에서 가졌던 생각들, 그리고 실천들을 더 많은 친구들과 함께 공유하기 위한 것으로 계획하게 되었다.

각 반별로 학생들과 이야기를 나눈 결과, 우리는 환경 보호 캠페인을 열기로 하였다. 또한 1, 2학년 후배들과 함께 환경 보호의 마음을 다지기 위하여, 1, 2학년 하교 시간에 맞세 실제 환경 보호 캠페인을 열었다.

환경 보호 캠페인을 열기로 한 날 아침, 아이들이 분주하고 무엇인가를 하고 있었다. 포스터를 만드는 친구들, 팻말을 만드는 친구들, 그 중에서 가장 눈에 띈 학생은 가면을 만드는 친구였다. 왜 가면을 만드는지 물어보았더니 이렇게 말하였다.

"환경 보호 캠페인을 하는 것에는 찬성을 하는데, 친구들이나
후배들 앞에서 환경 보호 구호를 외치면서 말을 하는데 자신이 없어서요.
혹시나 가면을 쓰면 더 잘 캠페인에 참여할 수 있을 것 같았어요"

한 학생의 이 말을 듣고서 아차 싶었다. 사실 가면을 만드는 모습을 보면서 꾸짖기 위해서 물어본 말이었는데, 그 대답이 예상치 못했기 때문이다. 만약, 오징어 모양의 가면을 만드는 학생에게 이렇게 묻지 않고, 그저 장난처럼 여기고 혼을 내며, 하지 못하게 했다면 어떠했을까라는 생각을 하면서, 다시 한 번 더 교사로서 나 자신을 되돌아보면서 학생들의 생각과 의견, 그리고 성장의 속도와 방향이 모두가 각기 다르다는 사실을 다시 한 번 더 깨닫게 되었던 기회였다.

환경 보호 캠페인을 준비하는 모습

이렇게 우리는 환경보호 캠페인을 열기 위해 준비를 마치게 되었고, 우리 학교 1~2학년 후배들의 하교 시간에 맞추어서 환경보호 캠페인을 열기 위해서 교실 밖으로 나갈 채비를 하게 되었다.

"어떻게 해야 되요?," "무슨 말을 해야 되요?"
"선생님 은근히 떨리는데요. 동생들에게 뭐라고 외쳐야 할까요?"

캠페인을 가기도 전, 걱정이 많은 우리 아이들......

"그냥 너희들이 하고 싶은 말을 하면 된단다. 환경오염이 심각해시면 어떻게 되는지, 그리고
환경을 보호하기 위해서 어떠한 노력들을 실천하면 좋은지, 그동안 배우고 알게 된 것을 함께
이야기 나누면 된단다."

긴장하는 아이들에게 어떻게 말을 해주어야 할지, 어떠한 조언을 해주어야 할지 나도 막막하였던 것 같다. 그래서 그저 평범하게 답을 해주었는데, 아이들은 그저 평범했던 이야기에 힘을 얻고, 서로 서로 어떻게 말을 하고 어떠한 구호를 외치면 좋을지 함께 이야기 나누면서 교실 밖을 나가는 모습을 보게 되었다. 이번 프로젝트를 통해서는, 교사로서 내가 더 많은 것을 느끼고 경험하게 되었으며, 학생들은 우리 교사들의 생각보다 훨씬 더 생각이 다양하고, 사고력이 더욱 뛰어나다는 것을 새삼 느끼는 프로젝트 학습이었던 것 같다.

"함께 환경을 지켜요" 우리들의 환경 보호 캠페인 참여 모습

환경 사랑. 이렇게 행동하고 실천해요.

학교급	초등학교		학년	5학년
교과 (과목)	도덕		교육과정 내용 영역	자신과의 관계
단원/ 과제명	1단원 바르고 떳떳하게 (프로젝트 1 - 우리가 지키는 아름다운 환경)			
성취기준 (평가 기준)	[6도01-03]정직의 의미와 정징하 게 살가는 것의 중요성을 탐구하 고, 정직과 관련된 갈등 상황에 서 정직하게 판단하고 실천하는 방법을 익힌다.	상	정직의 의미와 정직한 삶의 중요성을 탐구하고 갈등 상황에서 올바르게 판단하며 계획을 세워 자발적으로 실천한다.	
		중	정직의 의미와 정직한 삶의 중요성을 분석하고 갈등 상황에서 올바른 판단이 무엇인지 알며 계획을 세워 실천한다.	
		하	정직의 의미와 정직한 삶의 중요성을 발견하고 갈등 상황에서 올바르게 판단하려 노력하며 실천을 다짐한다.	
교과 역량	윤리적 성찰 및 실천 성향			

평가 방법	평가 형식	☐ 서술·논술 ☐ 구술·발표 ☐ 토의·토론 ☐ 프로젝트 ☐ 실험·실습·실기 ☐ 포트폴리오 ☐ 기타
	평가 주체	☑ 자기평가 ☐ 동료평가 ☑ 교사평가 (관찰)

과정 중심 평가의 방향 (의도)	구체적인 실천 계획을 세워 책임감 있고 의욕적인 도덕적 탐구 생활을 위함		
	평가 영역	평가 요소	평가 척도
	감정표현과 충동조절	갈등상황에서 올바른 가치 판단하기	3단계(상, 중, 하)
	정직한 삶	정직의 의미 이해와 실천의지 가지기	3단계(상, 중, 하)

평가 시 유의점	학생들의 구술 과정을 자기평가, 동료 평가, 관찰 평가 등으로 다양하게 평가한다.		
피드백 계획	다른 사람이 정직하게 변하기를 바라는 것보다 내가 먼저 정직해지도록 변하는 것이 정직한 삶을 실천하고 반성하는 데 가치가 있음을 강조하며 피드백을 해야 함.		
ESD 역량 함양 계획	관련 ESD 영역	환경적 관점(자연자원, 기후변화)	
	ESD 중점 역량 평가 및 피드백	인지 및 기능	환경 보호 실천과 정직한 생활의 관계를 알고 환경 보호의 중요성과 우리 생활과의 밀접성을 이해하도록 한다.
		태도	환경 보호를 실천하기 위한 의지와 자기관리능력을 길러주도록 한다.

환경 사랑, 올바르게 선택하고 행동해요.

학년   반   이름 :

질문 1 : 위의 사진을 보고, 환경을 생각하는 정직한 생활이란 어떠한 삶의 모습을 의미하는 것일까요? 그리고 정직한 생활이 중요한 까닭은 무엇일까요?

활동 2 : 나는 환경 보호를 위해 일상생활에서 어떠한 정직한 생활을 할 것인가요? 환경 보호를 위해 나이 실천 다짐을 다섯가지 선정하여, 실천 다짐의 글을 써보세요.

활동 3 : 다음 장의 활동지를 활용하여 사람책을 만들고, 자신의 다짐을 생활 속에서 실천으로 옮겨보세요.

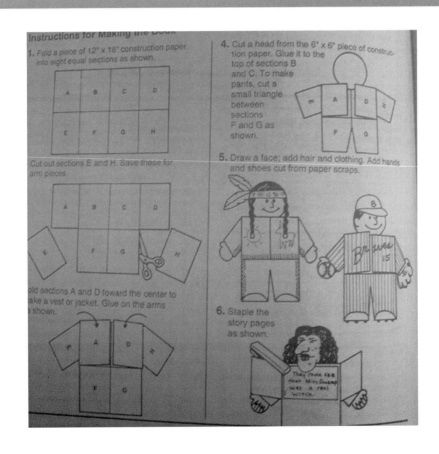

환경 사랑 마음을 음악으로 표현할 수 있나요?

자기 스스로 평가하고 배운 내용을 정리해보세요.

평가 : 얼마나 잘 알고 있나요?				배운 내용을 정리해보세요
배움 질문	싹틈	자람	열매	
정직의 의미와 정직하게 살아가는 것의 중요성을 탐구하고, 정직과 관련된 갈등 상황에서 올바르게 판단하며 실천할 수 있나요?				
환경을 위해 내가 담지한 정직한 삶의 모습을 직접 실천으로 옮기며 생활하게 되었나요?				

사람 소개 책을 만들고, 스스로 다짐하고 실천해봅시다.

사람 소개 책은 도화지를 이용해서 만들면
아래의 활동지를 사용할 수 있는 크기의 책이 만들어집니다.

아래의 사각형을 오려서 사람 책 왼쪽 가슴에 붙이도록 하세요.

일주일간 다짐을 했던 행동을 실천으로 옮기고, 실천한 내용을 간단 천으로 옮긴 것만 기록을 합니다)	
날짜(요일)	**실천으로 옮긴 행동 내용**

아래의 사각형을 오려서 사람 책 오른쪽 가슴에 붙이도록 하세요.

1주일 동안 실천을 하면서 어떠한 기분과 감정이 들었나요? 혹, 실천하지 않았다면 실천을 한 친구들의 발표를 들으면서 어떠한 생각과 감정이 드나요? 지금 드는 생각과 감정을 떠올리면서 앞으로의 나는 나의 부정적인 감정을 가족, 친구에게 어떻게 표현하면 좋을지 스스로 재다짐을 해봅니다.

 **'내 안의 나'**

1. 프로젝트 개요

중국철학사의 주요한 철학적 이슈 중의 하나가 인성론이라 할 수 있다. 맹자의 성설선과 순자의 성악설로 대표되는 것으로 이는 "인간의 성은 무엇인가"에 대한 논의가 아니라 "인간의 성은 선 한가 혹은 불선 한가"하는 담론의 형태도 전개되고 있음을 알 수 있다. 순자는 유효편에서 "정은 내가 가지고 있는 것이 아니다"라고 언급을 하고 있다. 여기서 말하는 정은 우리가 통상 "감정"이라고 부르는 것으로, 기쁨이나 슬픔, 분노, 즐거움 같은 것들이며 또한 좋아함이나 싫어함 같은 기호를 포함한다고 할 수 있다. 만일 우리 아이들이 "너의 감정은 네 것이 아니다"라는 말을 듣게 된다면, 아이들은 어떤 생각이 들까? 이 말을 듣는 순간 의아함이나 당혹감을 느끼게 되지 않을까? 혹은 이상한 선생님이라는 생각을 하지 않을까? 내 안에서 느껴지는 기쁨, 슬픔, 분노, 즐거움과 같은 감정들이 내 것이 아니라, 그러면 그것은 과연 누구의 것이란 말인가 하고 교사에게 되묻게 될 지도 모른다.

실제로 나의 마음에 대한 이해는 인간의 행동을 설명하고 예언하는 강력한 도구라는 주장과 함께 이에 대한 관심은 오랫동안 지속되어 왔다. 이는 자신과 다른 사람의 마음을 이해하고 행동할 수 있는 능력이 사람과의 사회적 관계에 있어 매우 중요한 역할을 하기 때문이다. 근대의 철학자 데카르트는 마음이란 육체와 분리되어 있으며 개인적인 영역이라고 주장하는 반면, Ryle는 마음이란 육체와 분리되어 있는 것이 아니라 인간의 의지와 행동을 함께 담는 것이라고 주장하였다. 또한 Restak은 마음을 뇌와 관련하여 설명하면서 뇌의 활동은 마음의 원인이 되고, 마음은 뇌 활동의 결과 일수도 있기 때문에 뇌 자체가 마음이라는 입장을 밝혔다. 또한 마음은 현실의 직접적인 반영이 아니라 실재에 대한 표상이며 마음이론을 습득한다는 것은 표상에 관한 상위 인지적인 발달을 의미하는 것이라고도 설명하였다(박애자, 2008) 이러한 마음에 대한 이해는 사람들이 표현하는 감정과 실제로 느끼는 감정이 다를 수 있다는 것을 아는 것, 상대방의 지식 상태에 따라 의사소통의 수준을 조질하는 섯, 외양과 실재, 정신적인 것과 물리적인 것을 구분하는 것 등과 같이 인간이 성공적인 사회적 상호작용을 하기 위해서 필요한 능력으로 이는 나의 마음에 대한 바른 이해를 기반으로 한 발달의 결과라고 할 수 있다.

즉, 사회적 관계 속에서 발생하는 문제를 해결하는 열쇠가 마음을 이해하는 것으로부터 출발한다고 보았기 때문에 초등학교 5학년 학생들을 대상으로 나의 마음을 바르게 이해하는 학습의 중요한 맥락은 언제부터 마음의 표상적 특징을 어떻게 이해하고 있는지를 스스로 파악하는 것과 어떠한 행동을 학생들 마음의 표상적 특징을 이해하는 증거로 볼 수 있는가 하는 것이었다.

이에 '내 안의 나'라는 프로젝트는 초등학교 5학년 학생들이 마음의 특성을 어떻게 이해하는지에 대해 알아보고 다른 사람의 행동을 신념 및 바람과 같은 내적 정신적 상태에 기초하여 지각하고, 해석하고, 예상하고, 설명하는 역량을 길러주기 위함이라고 할 수 있다. 즉 마음 상태와 행동 간의 관계를 이해하는 것으로서 다른 사람의 내적 세계인 정서, 사고, 앎, 믿음, 바람 등에 대한 마음 상태를 이해하고, 그 마음 상태를 추론하여 결과를 예측할 수 있는 능력을 의미한다.

이러한 생각에서 시작하여, 감정의 종류, 감정의 원인과 결과, 감정의 역할에 대해 살펴보면서 부정적인 감정과 긍정적인 감정 모두 나의 것임을 알게 하고 싶었다. 또한 부정적인 감정을 바르게 표현하는 방법을 체득하고, 긍정적인 감정을 가꾸어가는 생활을 실천할 수 있도록 실천 다짐을 할 뿐 아니라 직접 생활 속에서 실천할 수 있는 기회를 제공함으로써 바른 가족 관계 형성을 위한 밑거름을 제공해주고자 하였다.

2. 프로젝트 주제망

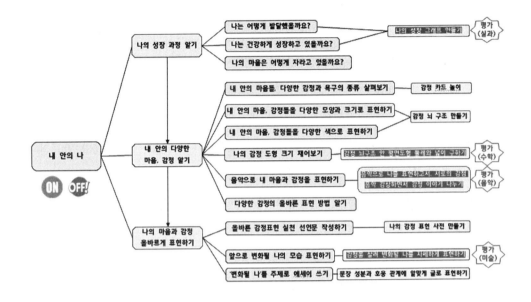

3. 프로젝트 학습 교육과정 재구성

교과 (차시)	단원	성취기준	프로젝트 수업 설계	수행과제
실과 (6)	1 단원	[6실01-01] 아동기의 신체적, 인지적, 정서적, 사회적 발달의 특징 및 발달의 개인차를 알아 자신을 이해하고, 건강하게 발달하기 위해 필요한 조건을 설명한다.	나의 발달 과정을 성장 그래프로 표현해 봄으로써 건강하게 성장하기 위해 어떠한 노력이 필요하며, 감정을 어떻게 다스려야 할지 알아보기	**소주제1. 나의 성장 과정 알기** 수행과제 1: ⓐ 신체·정서·인지·사회적 등 다양한 관점에서 내가 어떠한 과정을 거치며 성장하고 발달하였는지를 살펴보고, 나의 과정을 성장그래프로 표현하고 발표하기
도덕 (4)	2 단원	[6도01-01] 감정과 욕구를 조절하지 못해 나타날 수 있는 결과를 도덕적으로 상상해 보고, 올바르게 자신의 감정을 조절하고 표현할 수 있는 방법을 습관화한다.	나의 성장 그래프를 통해 내 안의 다양한 감정과 욕구들에 대해 살펴보고, 감정과 욕구를 대하는 올바른 방법 및 태도 알고 실천 다짐하기	**소주제2. 내 안의 다양한 마음, 감정 알기** 수행과제 1: ⓐ 내 안의 다양한 욕구와 감정들을 살펴보고, 각각의 감정들을 자주 느끼고 표현하는 정도에 따라 다양한 모형과 크기로 표현하고, 각각의 도형에 대한 둘레와 넓이를 구해보기
수학 (16)	6 단원	[6수03-06] 평행사변형, 삼각형, 사다리꼴, 마름모의 넓이를 구하는 방법을 다양하게 추론하고, 이와 관련된 문제를 해결할 수 있다.	다양한 모양과 넓이의 평면도형을 이용하여 내 안의 다양한 감정과 욕구에 대한 감정 뇌 구조 표현하기	
미술 (8)	2,4 단원	[6미02-04] 조형 원리(비례, 율동, 강조, 반복, 통일, 균형, 대비, 대칭, 접중 점이, 조화, 변화, 동세 등)의 특징을 탐색하고, 표현 의도에 적합하게 활용할 수 있다. [6미02-05] 다양한 표현 방법의 특징과 과정을 탐색하여 활용할 수 있다.	내 안의 감정과 욕구들을 다양한 색상, 명도, 채도로 표현·발표하고, 올바른 감정 표현 태도를 길러 앞으로 변화될 나의 모습을 표정과 움직임의 특징을 살려 다양한 방법으로 표현하기	**소주제 3. 나의 마음과 감정 올바르게 표현하기** 수행과제1: ⓐ 프로젝트를 하면서 느꼈던 감정과 마음과 유사한 느낌을 주는 음악을 찾아 함께 감상하고, 음악으로 나를 표현하기 수행과제 2: ⓐ 올바른 감정 표현 실천 선언문에 따라 앞으로 변화되어질 나의 모습을 자세하게 표현하기
음악 (8)	1 단원	[6음01-05] 이야기의 장면이나 상황을 음악으로 표현한다. [6음03-02] 음악이 심신 건강에 미치는 영향에 대해 발표한다.	'만남', '시작'을 주제로 한 음악을 통해 다양한 내 마음과 감정을 이해기 나누고, 앞으로 변화될 내 마음을 음악으로 표현하기	
국어 (9)	4 단원	[6국03-01] 쓰기는 절차에 따라 의미를 구성하고 표현하는 과정임을 이해하고 글을 쓴다.	앞으로 변화될 나를 상상하며 어떠한 경험을 하게 될 것인지 에세이 쓰기	

4. 프로젝트 학습 흐름 및 평가 계획

소주제	차시	교과	교수·학습 활동	블렌디드	평가
나의 성장 과정 알기	6	실과	나의 신체적, 정서적, 인지적, 사회적 발달 과정 및 특징을 살펴보고, 나의 몸과 마음이 어떻게 자랐는지 나의 성장 그래프로 표현하기	ON, OFF	✓
⇓ [연계활동] 나의 성장 그래프 교실에 게시하고, 서로의 성장 그래프에 선플 달아주기					
내 안의 다양한 마음, 감정 알기	2	도덕	나의 성장 그래프를 이용해 내 안에 있는 다양한 마음과 감정에 대해 살펴보고, 감정 카드 놀이를 이용하여 내 안에 있는 감정, 욕구, 그리고 마음들에는 어떠한 종류가 있는지 알아보기	OFF	
	16	수학	내 안의 다양한 감정들을 느껴지는 마음에 따라 평면도형 중의 하나와 연결 짓고, 각각의 마음 모양의 둘레 길이를 구해보기	ON, OFF	
			마음과 감정을 자주 경험하고 느끼는 정도에 따라 마음과 연결 지은 마음 모양을 크기별로 표현한 뒤, 각각의 감정 모양에 대해 넓이를 구해서 내 안의 감정들에 대한 크기 비교해보기	ON, OFF	✓
	4	미술	내 안의 감정들에 대해 감정별로 어떠한 색과 어울리는지 살펴보고, 내 안의 다양한 감정과 마음을 다양한 색상, 명도, 채도로 표현하면서, 나의 감정 뇌 구조 완성하기	ON, OFF	✓
	8	음악	다양한 음악을 듣고 음악에 어울리는 감정에 대해 이야기 나누면서, 같은 상황이나 경험에서도 서로 느끼는 감정이 다를 수 있음을 이해하기	ON	
			프로젝트 학습을 하면서 느꼈던 나의 감정, 혹은 내가 가장 자주 느끼고 경험하는 감정과 어울리는 음악을 찾아서 나의 감정을 음악으로 표현하기	OFF	✓
⇓ [연계활동] 친구들이 선정한 음악을 아침 시간마다 함께 듣고서, 아침 나의 감정 이야기 나누기					
나의 마음과 감정 바르게 표현	2	도덕	나의 감정과 욕구를 바르게 표현하는 방법 알아보고, 나쁜 감정과 욕구를 어떻게 표현할지, 북메이킹 활동을 활용해 나의 실천 다짐 카드 만들어서 1주일간 직접 행동으로 옮기기	OFF	
	4	미술	앞으로 감정을 바르게 표현하게 되면서 스스로 변화되고 성장하게 될 나의 모습이 어떠할지 상상하면서, 나의 얼굴을 자세히 살펴본 후 표정과 몸동작이 잘 드러나게 다양한 방법으로 표현하기	ON, OFF	✓
	9	국어	문장의 구성 성분 및 호응 관계가 알맞게 문장을 쓰는 방법에 대해 알아본 후, 자신이 쓰고 싶은 내용을 조직하여 글로 표현하는 방법 학습하기	ON	
			내 안의 다양한 감정과 마음을 바르게 표현하게 될 '내 안의 나'를 주제로 나의 생각을 에세이로 표현하기	OFF	
⇓ [후속활동] 나의 실천 다짐 카드를 행동으로 옮긴 결과를 발표하고, 스스로 성찰하는 시간 가지기					

5. 프로젝트 자기 평가지(가정 통지용)

"내 안의 나"를 통해 무엇을 배웠나요?

프로젝트 학습을 통해 새롭게 알게 된 내용, 더 자세하게 알게 된 내용이 무엇인지 스스로 생각해 보고 성찰해본 후 아래의 기준에 따라서 스스로 평가해보도록 합니다.

〈평가 기준〉

기준	싹틈(🌱)	자람(🌿)	나눔(🌷)
의미	관련 배움 내용에 대해 프로젝트 학습 전에는 알지 못했지만, 프로젝트 학습을 통해 새롭게 알게 되었어요.	관련 배움 내용에 대해 어느 정도 알고 있었으며, 프로젝트 학습을 통해 그러한 지식이 왜 필요한지, 어디에 사용되는지 알게 되었어요.	관련 배움에 대해 자세히 알고 있었고, 이번 프로젝트 학습을 통해 내가 아는 것을 친구들에게 나누면서 함께 성장하는데 도움을 주었어요.

〈스스로 평가해 봅시다〉

배움 내용	기준 🌱	기준 🌿	기준 🌷	왜 그렇게 평가 했나요?
나의 발달 과정을 성장 그래프로 표현해 봄으로써 건강하게 성장하기 위해 어떠한 노력이 필요하며, 감정을 어떻게 다스려야 할지 알게 되었나요?				
나의 성장 그래프를 통해 내 안의 다양한 감정과 욕구들에 대해 살펴보고, 감정과 욕구를 대하는 올바른 방법 및 태도 알고서 나의 다짐을 직접 실천으로 옮기게 되었나요?				
내 안의 다양한 감정과 욕구를 느껴지는 마음에 따라 다양한 모양과 넓이의 평면도형으로 표현하고, 각각의 도형에 대한 둘레 길이과 넓이를 구할 수 있게 되었나요?				
내 안의 감정과 욕구들을 다양한 색상, 명도, 채도로 표현하고서, 올바른 감정표현 태도를 길러 앞으로 변화될 나의 모습을 표정과 움직임의 특징을 살려 표현할 수 있게 되었나요?				
음악을 듣고 느껴지는 감정을 이야기 나누고서, 내 마음과 감정을 음악으로 표현할 수 있게 되었나요?				
문장 성분과 호응 관계를 고려하며 앞으로 변화될 나를 주제로 나의 생각을 글로 표현할 수 있게 되었나요?				

〈"내 안의 나"를 함께 배우면서 어떠하였나요?〉

* 프로젝트 학습으로 배우고 활동하면서 느꼈던 감정, 알게 된 점, 소감을 솔직하게 써보시오.

6. 〈내 안의 나〉 수업 이야기

소주제 1   우리 주변의 환경은?

[활동 1] 나의 성장을 알고 성장 그래프로 표현하기

관련 교과 :
실과 1. 나의 발달(아동기 발달의 특징)

주요 활동 소개 (총 수업 차시 : 6차시)
① 나는 어떻게 발달했을까요?(실과 1단원)(1~2차시)
② 나는 건강하게 성장하고 있을까요?(실과 1단원)(3~4차시)
③ 나의 성장 그래프 그리기(실과 1단원)(5~6차시)

관련 활동지 [프 3-1]

【'나의 성장 과정 알기' 수업 이야기】

나는 어떻게 발달했을까요?

'내 안의 나' 프로젝트는 자신의 성장 과정을 되돌아보는 것에서부터 시작하였다. 먼저 나는 어떻게 발달하고 있는지 살펴보기 위해 나의 신체적, 인지적, 정서적, 사회적, 성적 발달 과정 및 특징을 구분하여 살펴본 후, 나의 몸과 마음이 어떻게 성장하고 있는지를 알아보았다. 또한 모둠별로 친구들의 발달과정 및 특징을 이야기해 보는 시간을 가졌다. 친구들의 발달과정 및 특징을 비교하여 봄으로써 발달의 개인차를 이해할 수 있도록 하였다. 이때 저자는 학생들에게 사람마다 발달하는 속도와 시기에 차이가 있음을 이해하도록 하고, 자신의 발달에서 신체적 · 인지적 · 정서적 · 사회적 발달 중 어느 한 측면이 앞서거나 늦더라도 가치 판단할 일이 아니라는 점을 인식하는 데 중점을 두어 지도하였다.

프로젝트 3 주제망 함께 고민하기　　　　　완성된 프로젝트 3 주제망

나는 건강하게 성장하고 있을까요?

'건강하게 성장한다는 것은 무엇일까?'라는 질문을 학생들에게 던지면서 그 시작을 하였다.

"키가 180cm 넘게 크고 싶어요."

"아프지 않는 거요."

"뚱뚱해지지 않는거요~."

학생들은 주로 건강하게 성장한다는 의미를 신체적인 측면만을 생각하여 외적인 성장을 중심으로 답하였다. 이에 다시 한번 신체적, 인지적, 정서적, 사회적 발달에 대해 구분 짓고 이들의 발달이 모두 골고루 이루어져야 건강하게 성장하는 것이라고 학생들 스스로 생각할 수 있도록 지도하였다.

그런 다음 건강한 발달을 이루기 위해 내가 실천해야 할 것을 6가지 선정하여 그림과 함께 표현해 보는 활동을 계획했다. 자신의 생활을 반성해보고 지금보다 더 건강하게 발달하기 위해서 지금 실천할 수 있는 작은 것부터 고민하도록 발문하였다.

"게임 시간을 줄여야 될 것 같아요."

"밥을 골고루 먹어야 되요."

"부모님 말씀을 잘 듣겠습니다."

학생들의 생각은 예상보다 다양하게 나왔으며, 글이 아니라 그림으로 표현하면서 더욱 더 즐겁게 활동을 할 수 있었다. 가정, 학교, 사회 등에서 내가 할 수 있는 사소한 것이지만 건강한 발달에 필요한 실천을 스스로 계획할 수 있었다.

그리고 건강한 성적 발달을 위한 자기 관리 방법을 탐색하고 실천하는 활동을 계획했다. 첫 번째로 자기 관리 방법을 탐색했다. 모둠별로 각자의 생각을 말하며 다시 정리하여 반 전체 토의가 이루어질 수 있도록 했다. 자칫 불안해하거나 놀리는 분위기가 형성되지 않도록 교사의 개입이 필요했다. 사실 5학년 학생들은 대다수가 사춘기에 접어드는 시기여서 조심스러웠지만 건강한 성적 발달을 탐구하는 것이 매우 중요한 일이기 때문에 간과할 수는 없었다. 두 번째로 토의 결과로 도출된 건강한 성적 발달을 위한 자기 관리 방법을 선정하여 그림으로 표현하는 활동을 하였다. 여학생과 남학생의 자기 관리 방법이 다름을 이상하게 생각하지 않도록 허용적인 교실분위기를 만들어 주었다.

위에서 한 활동을 바탕으로 나의 실천 다짐을 책(얼굴책)으로 만드는 활동을 진행했다. 도화지를 오리고 접어 얼굴책을 만들어 위에서 스스로 다짐한 실천할 것들을 적어보았다. 책을 펼치면 다짐을 볼 수 있어 학생들이 재미있게 참여하였고 교실 뒤 환경게시판 및 사물함 앞에 전시하여 친구들과 함께 살펴보며 서로의 다짐에 대해 성찰하는 시간을 가졌다.

자기 평가지를 통해 내가 어떻게 발달하였는지를 탐색하면서 인생 그래프를 그리고, 앞으로 건강하게 성장하기 위해 어떻게 해야 할지 스스로 다짐하고 실천으로 옮길 수 있게 되었는지 생각할 수 있는 시간을 가져보았다.

나의 성장 그래프 그리기

앞에서 살펴본 나의 몸과 마음의 발달과정 및 실천 다짐을 바탕으로 나의 성장 그래프 그리기 활동을 시작하였다. 성장 그래프는 나이대별 자신의 성장 과정을 돌아보고, 그때 느꼈던 다양한 감정과 욕구로 중 기억에 남는 주요한 사건이나 일들을 떠올려 작성하도록 하였다. 또한 아직 다가오지는 않았지만, 학생의 20대, 30대, 40대의 모습을 상상하며 성장 그래프를 그리도록 하였다. 지금까지 자신의 모습을 바탕으로 미래의 나의 감정과 욕구를 상상하여 그려봄으로써 몸과 마음이 바르게 성장하기 위한 동기를 가지도록 하였다. 또한 친구들과의 성장 그래프를 비교해보는 활동을 함께 연계하여 자신의 성장과 미래의 모습을 함께 고민해보도록 하였다.

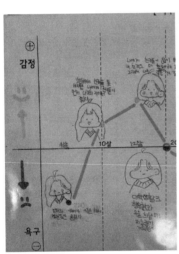

프로젝트 4 주제망 함께 고민하기   완성된 프로젝트 4 주제망

프 3-1 평가 정보표 및 활동지

평가 정보표

학교급	초등학교		학년	5학년
교과 (과목)	실과		교육과정 내용 영역	인간 발달과 가족
단원/ 과제명	1단원 나의 진로(프로젝트 3)			
성취기준 (평가 기준)	[6실01-02] 아동기에 나타나는 남녀의 성적 발달 변화를 긍정적으로 이해하고 성적 발달과 관련한 자기 관리 방법을 탐색하여 실천한다.	상	건강한 성장을 위한 노력의 중요성을 알고 적극적으로 실천하며 나를 돌아보는 그래프 그리기 활동에 능동적으로 참여함.	
		중	건강한 성장을 위한 노력의 중요성을 알고 실천하며 나를 돌아보는 그래프 그리기 활동에 참여함.	
		하	건강한 성장을 위한 노력의 중요성을 알고 실천하는데 미흡하며 나를 돌아보는 그래프 그리기 활동에 참여하려고 노력함.	
교과 역량	관계 형성 능력, 실천적 문제 해결 능력			

평가 방법	평가 형식	☐서술·논술 ☐구술·발표 ☐토의·토론 ☑프로젝트 ☐실험·실습·실기 ☐포트폴리오 ☐기타
	평가 주체	☑자기평가 ☑동료평가 ☐교사평가 (관찰)

과정 중심 평가의 방향 (의도)	나의 발달 특징과 개인차를 알아 자신을 이해하도록 돕고 자기 자신을 관리하는 방법을 탐색하여 삶에 대한 이해의 폭을 점차 넓혀 가는 것을 목표로 한다.

평가 영역	평가 요소	평가 척도
아동기 발달의 특징	나의 인생 그래프 그리기	3단계상, 중, 하
아동기 성의 발달	자기 관리 방법 알기	3단계상, 중, 하

평가 시 유의점	개인별 특징이나 성향이 언급될 수 있으므로 사적인 요소들이 평가 결과에 영향을 미치지 않도록 하여야 함.
피드백 계획	서로가 열린 마음으로 소통할 수 있도록 해야 하며 역할놀이, 광고, 뉴스, 영상제작 등을 활용한 프로젝트 수업을 통해 자신의 발달 특징을 긍정적으로 이해하도록 지도해야 함.

나의 성장 그래프를 그려 보면서,
내 안의 다양한 감정을 살펴보아요

학년   반   이름:

활동 1 : 나는 어떻게 발달하고 있을까요?

분류 1 : 신체적 발달

분류 2 : 인지적 발달

분류 3 : 정서적 발달

분류 4 : 사회적 발달

분류 5 : 12살, 성의 발달

활동 2 : 나의 성장 그래프 그리기 (경험 혹은 상상하여 그래프를 그릴 때, 기억에 남은 주요한 일을 간단히 적은 뒤 그 때 느꼈던 감정과 욕구를 적어보세요)

나의 인생 그래프

5학년 (   )반 이름(   )

감정 ⊕					
나이					
욕구 ⊖					

활동 3 : 건강하게 성장하기 위해, 스스로 실천을 다짐해보아요.

분류 1 : 건강한 발달을 위해 내가 실천해야 할 것을 6가지 선정하여 그림과 함께 표현해보세요

분류 2 : 건강한 성적 발달을 위한 자기 관리 방법 6가지 선정하여 그림과 함께 표현해보세요.

활동 4 : 나의 실천 다짐을 책으로 만들어서 스스로 실천으로 옮겨보세요.

방법 : 얼굴책 만들기

준비물 – 도화지(8절), 가위

가운데 선을 중심으로
아래와 같이 접습니다.

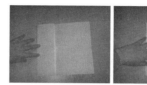 

한 곳을 제외하고
모두 입과 코를 그립니다.

주의할 점!

그린 선을 가위로 오립니다.

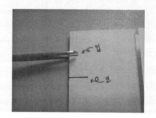

세 곳을 모두
같은 방법으로 접습니다.

모두 펼친 후에 빨간 선을 자릅니다.

미니북 만들기와 같이 접습니다.
책이 만들어지면 코와 입을
입체가 되도록 정리합니다.

참고 – 코와 입 모양

나의 발달 과정을 알고, 건강하고 바르게 성장하기 위해
스스로 실천하게 되었나요?

평가 : 얼마나 잘 알고 있나요?				배운 내용을 정리해보세요.
배움 질문	싹틈	자람	열매	
내가 어떻게 발달하였는지를 탐색하면서 인생 그래프를 그리고, 앞으로 건강하게 성장하기 위해 어떻게 해야 할지 스스로 다짐하고 실천으로 옮길 수 있게 되었나요?				
나의 성적 발달에는 어떠한 모습이 있는지 살펴보고, 나의 몸을 바르게 관리하는 방법을 알고서 스스로 실천할 수 있게 되었나요?				

소주제 2 내 안의 다양한 마음, 감정 알기

[활동 1] 나의 감정 크기를 측정하고 뇌 구조 표현하기

관련 교과(단원)

도덕 2단원. 내 안의 소중한 친구
수학 6단원. 다각형의 둘레와 넓이
미술 2단원. 우리를 둘러싼 색
음악 1단원. 음악 꿈꾸는 첫걸음

주요 활동 소개 (총 수업 차시 : 30차시)

① 감정 카드 놀이로 감정 이해하기(도덕 2단원)(1~2차시)
② 나의 감정 크기 측정하기(수학 6단원– 둘레, 넓이)(3~18차시)
③ 나의 감정 뇌 구조 표현하기(미술 2단원)(19~22차시)
④ 나의 감정을 음악과 신체로 표현해요(음악 1단원)(23~30차시)

관련 활동지 [프 3–2], [프 3–3]

【'내 안의 다양한 마음, 감정 알기' 수업 이야기】

감정 카드 놀이로 감정 이해하기

"감정 카드는 친구들과 싸우면 예전 선생님께서 주신 건데요?"

감정 카드는 예전에 유행해서 교실에 많이 비치된 자료이다. 감정 카드의 사용 취지는 좋았지만, 학생들이 별로 선호하지 않는 실물 자료이었다. 하지만 이번 프로젝트에서는 이 감정 카드를 학생들이 실제로 만들어 보는 것으로 첫 활동을 시작했다. 먼저 학생들에게 감정과 욕구에 대한 개념을 활동을 진행했다. 감정, 욕구란 무엇이며 내 안에 있는 감정과 욕구가 어떤 것이 있는지 모둠별로 서로 이야기할 수 있도록 했다. 그래서 감정 카드에 쓰일 감정, 욕구 리스트를 스스로 작성할 수 있도록 했다. 그리고 또 감정과 욕구의 중요성과 과부족 상태일 때의 위험성을 적어보며 메타인지의 경험을 하도록 했다.

"화난다. 슬프다. 눈물난다. 좋다. 나쁘다. 짜증난다." 등의 다양한 감정과 욕구가 뒤섞여 말했지만 토의 과정을 거쳐 각각 다섯 가지 정도로 분류하여 작성했다.

후속 활동으로 감정과 욕구와 관련하여 감정 카드를 도화지에 표현하게 했다. 8절 도화지를 16등분한 사이즈로 만들다 보니 그림의 크기가 작을 수 밖에 없기도 하고 직관적으로 알아볼 수 있게 하기 위해 첫 번째 프로젝트에서 학습한 픽토그램을 활용했다. 학생들은 감정, 욕구를 간단한 형과 선, 색을 활용하여 카드를 완성해나갔다. 카드 제작 활동 중 학생들은 자연스럽게 감정과 욕구의 연결고리를 어렴풋이나마 알 수 있었을 것이다. 특별한 발문이나 교사의 개입 없이도 학생들은 서로 질문과 답을 나누며 서로의 감정과 욕구를 공유했으며 서로 다름을 경험하는 좋은 계기가 되었다.

3차시에 걸쳐 완성된 감정 카드를 활용해 진행했고, 감정 카드 놀이 방법 및 규칙은 다음과 같다. 모둠원 네 명이 서로가 만든 감정, 욕구 카드를 30~40장 이용해 한 사람이 말을 하며 내미는 욕구 카드에 다음 사람이 공감할 수 있는 적절한 감정을 내밀어 주는 것이다. 만약 카드가 없다면 순서는 다음 사람으로 넘어가는 방식이다. 카드를 모두 내민 사람이 이기는 놀이이다. 이기고 지는 것을 넘어 학생들의 놀이지만 가볍지 않은 욕구 상태에 적극적으로 공감해줌으로써 학생들의 마음 상태를 서로 이해하고 보듬어줄 수 있는 의미있는 활동이다.

감정 카드 만들기

감정 카드 놀이하기

나의 감정 크기 측정하기

앞에서 배운 다양한 감정을 수학적으로도 함께 연결해서 배운다면 효과적일 것이라는 생각을 하게 되었다. 프로젝트에서 수학 교과는 대부분 단독으로 활동이 진행되거나, 다른 교과와 연결이 어려운 경우가 많다. 그래서 수학에도 학생들이 지금 배우는 프로젝트 수업이 활용될 수 있다는 것을 알려주고 싶다는 의견이 강했다. 그래서 동학년 협의회를 통해 고민을 하던 중 수학의 측정 단원을 감정 표현과 연계하여 프로젝트 수업을 계획하게 되었다.

앞에서 자신의 다양한 감정 중에서 앞으로 자신이 많이 느끼는 싶은 주요한 감정 6가지를 정하도록 하였다. 다양한 감정에 대해서 고찰하였으면 추후 활동으로 자신의 변화된 모습에 대한 실천 계획 및 다짐과 연결할 수 있도록 중간적 학습 활동으로 구성하였다. 학생들에게 긍정적인 변화를 줄 수 있는 감정을 찾아 살펴보고 그것을 6가지 도형(직사각형, 평행사변형, 삼각형, 마름모, 사다리꼴, 정사각형)으로 선택한 후, 자신이 생각하는 감정의 색깔로 표현하는 활동을 하였다, 이 때 학생들에게 1cm로 제작한 모눈종이 활동지를 제공하고 다양한 감정을 실제 크기에 맞추어 표현하고 계산하도록 하였다.

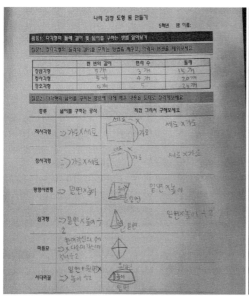

나의 감정 크기 측정하기 연습 1

나의 감정 크기 측정하기 연습 2

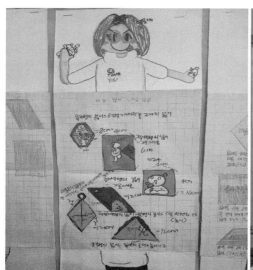

나의 감정 측정하기 활동

나의 감정 크기 측정하기 전시

나의 감정 뇌 구조 표현하기

감정 뇌 구조 만들기 활동은 예전에 유행했던 뇌 구조 그리기에서 착안하여 수업에 활용하였다. 사람의 얼굴을 나타내는 테두리 안에 자신의 다양한 생각을 정리해서 적는데, 중요도에 따라 생각의 크기를 달리한다. 동학년 선생님들과 협의를 통해 생각 뇌 구조 그리기를 감정 뇌 구조로 나타내면 좋은 것 같다는 의견이 있었다. 또한 미술 2단원의 명도, 채도와 연계하여 감정을 색으로 표현하면 짜임새 있는 수업이 되겠다는 의견이 있었다.

학생들은 감정 뇌 구조를 만들기 전에 어떤 색으로 어떤 감정을 만들지에 대해 고민을 시작하였다. 대부분의 학생들에게서 색깔에 대한 일반적인 개념을 확인할 수 있었다. 예를 들어 대부분이 '화남'의 감정에는 붉은색 계열로 표현하고 있었다. 하지만 화남은 검정색이거나 갈색일 수도 있다. 이와 같은 생각을 가지고 있는 학생일지라도 많은 친구들이 '화남'의 감정이 빨간색이라 하면 군중심리로 따라가는 경우가 있다. 나는 학생들이 자신의 생각을 바탕으로 자신의 감정과 색으로 표현해주기를 기대했다. 그래서 '감정에 따라 정해진 색은 없으며 정답 또한 없다. 여러분의 생각과 느낌을 바탕으로 표현하는 것이 맞다. 자신만의 감정 색을 정해서 표현해보자' 등의 피드백을 많이 제공하며 개방적인 교실 수업 분위기를 형성하는 데 노력하였다. 교사의 이러한 피드백에 많은 학생들의 얼굴에서 편안해지는 것을 관찰할 수 있었다.

또한 비슷한 계열의 감정이라고 생각하는 것은 명도와 채도를 이용하여 나타내보도록 지도하였다. 한 학생은 슬픔, 우울, 짜증을 같은 감정의 계열로 생각하였다. 그래서 슬픔은 파란색으로 우울은 파란색과 회색을 섞어서, 짜증은 파란색과 검정색을 섞어서 색칠하였다.

이와 같이 감정을 어떤 색으로 표현할 것인지에 대한 계획이 끝난 후에는 도화지를 잘라 만든 머릿속에 동그라미, 격자모양 등 다양하고 자유롭게 구역을 나누도록 하였다. 그리고 자신이 중요하다고 생각하거나 자주 느끼는 감정 순으로 크기와 위치를 정했다. 그런 후 감정에 따라 자신이 정한 색을 칠해 명도와 채도를 살려 표현하도록 하였다.

끝으로 자신의 감정 뇌 구조 그리기 활동에 대해 친구들과 생각을 나누어보도록 하였다. 친구들의 감정이나 마음의 상태를 이해하고 서로 배려하는 마음을 가지기 위해 이러한 활동을 함께 계획하였다.

이 활동을 통해 자신이 느끼는 감정이 어떤 것들이냐를 넘어서서 감정을 내면화하고 객관적으로 분석하는 역량이 자랐으리라 기대한다.

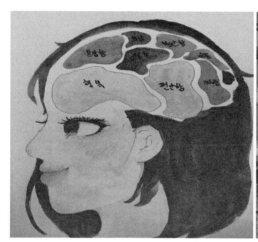
나의 감정 뇌 구조 표현하기

나의 감정 뇌 구조 작품 전시하기

나의 감정 뇌 구조 발표하기 1

나의 감정 뇌 구조 발표하기 2

나의 감정을 음악과 신체로 표현하기

앞에서 감정을 살펴보고, 자신의 감정 크기를 재어보고, 자신의 감정을 뇌 구조로 표현하는 활동을 하였다. 마지막 활동으로는 자신의 감정을 음악적으로 표현하고자 계획하였다.

다양한 음악을 듣고 그 음악에 어울리거나 떠오르는 자신의 감정에 대해 친구들과 이야기를 나누어본다면 감정에 대해서 더 깊이 이해할 수 있지 않을까는 생각을 하게 되었다. 또한 같은 상황이나 경험에서도 서로 느끼는 감정이 다를 수 있다는 것을 이해하면서 친구의 다양한 감정과 생각을 이해하는 활동으로 연결하면 좋겠다는 생각이 들었다.

모둠별로 감정과 관련된 노래나 자신이 좋아하는 동요 등에 대해 서로 생각을 나누고 그 중 하나의 곡을 선정해 자신의 감정을 신체로 표현하는 활동을 하였다. 고학년 학생들이라 조금 부끄러워하는 것은 있었지만, 어느새 활동에 흠뻑 젖어들어 재미있게 참여하는 모습이 매우 보기 좋았다. 이러한 활동을 통해 학생들이 자신의 감정을 자세히 살펴볼 수 있는 기회가 되었으리라 믿는다.

나의 감정을 음악과 신체로 표현해요 1

나의 감정을 음악과 신체로 표현해요 2

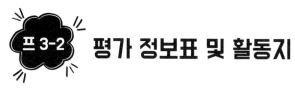

평가 정보표 및 활동지

평가 정보표

학교급	초등학교	학년	5학년
교과 (과목)	수학	교육과정 내용 영역	측정
단원/ 과제명	6단원(프로젝트 3)		

성취기준 (평가 기준)	[6수03-06] 평행사변형, 삼각형, 사다리꼴, 마름모의 넓이를 구하는 방법을 다양하게 추론하고, 이와 관련된 문제를 해결할 수 있다.	상	다각형의 넓이를 구하는 방법을 알고 이를 활용하여 다각형의 넓이를 정확하게 구한다.
		중	다각형의 넓이를 구하는 방법을 알고 이를 활용하여 다각형의 넓이를 구한다.
		하	다각형의 넓이를 구하기 위하여 노력한다.

교과 역량	추론, 창의·융합

평가 방법	평가 형식	☐ 서술·논술 ☐ 구술·발표 ☐ 토의·토론 ☑ 프로젝트 ☐ 실험·실습·실기 ☐ 포트폴리오 ☐ 기타
	평가 주체	☑ 자기평가 ☐ 동료평가 ☐ 교사평가 (관찰)

과정 중심 평가의 방향 (의도)	평면도형의 넓이를 학생들이 다양한 방법으로 구할 수 있도록 하고, 평면도형의 구성 요소와 넓이를 관계적으로 이해할 수 있는지 확인한다. 학생 스스로 문제를 만들어 풀어보도록 하여 수학적 사고력을 높일 수 있다.

평가 영역	평가 요소	평가 척도
평면도형의 둘레, 넓이	다각형의 넓이 구하는 방법을 다양하게 추론하기	3단계(상, 중, 하)
계산하기	다각형의 넓이 구하는 방법과 관련된 문제 계산하기	3단계(상, 중, 하)

평가 시 유의점	기계적인 암기를 통해 평면도형의 넓이를 계산하지 않고 실제적으로 넓이를 구하는 여러 가지 방법과 원리를 이해하고 있는지에 중점을 두어 평가하도록 한다.

피드백 계획	주변에서 찾아볼 수 있는 도형을 추가 제시하여 넓이를 구하여 볼 수 있도록 한다.

내 안의 감정을 색으로 표현하기

(수학 교과 감정 도형 몸 만들기 준비 활동지(미술))

학년   반   이름 :

활동 1 : 명도, 채도, 색상에 대해 알아보기

질문 1 : 명도란 무엇인가요?

질문 1-1 : 내 안의 다양한 감정과 욕구를 명도만을 이용하여 표현해보세요.

감정									
명도									

질문 2 : 채도란 무엇인가요?

질문 2-1 : 내 안의 다양한 감정과 욕구를 채도만을 이용하여 표현해보세요.

감정									
채도									

질문 3 : 색상이란 무엇인가요?

질문 3-1 : 내 안의 다양한 감정과 욕구를 색상만을 이용하여 표현해보세요.

감정								
색상								

활동 2 : 내 안의 감정과 요구들, 모두 소중한 내 안의 보물들입니다.

질문 1 : 만약에 색이 사라진다면 어떻게 될까요?

질문 2 : 색이 사라지는 것처럼, 만약에 내 안의 감정과 욕구들이 사라진다면 어떻게 될까요?

활동 3 : 색의 특성과 효과 알아보기

질문 : 색의 특성에 따라 느낌과 효과가 어떠한지 정리해보세요

특성과 느낌	효과

활동 4 : 내 안의 다양한 감정과 욕구를 다양한 명도, 채도, 색상으로 표현하여 나의 감정 뇌 구조를 완성해보세요.

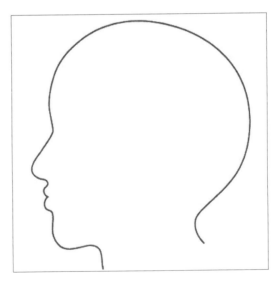

※ 직접 자신의 얼굴을 그려서 표현하면 더 좋습니다. 자신의 얼굴을 그려서 표현하고 싶은 친구들은 자신의 얼굴을 그려서 표현해도 됩니다. 자신의 얼굴을 그리기 힘든 친구는 선생님이 주는 그림을 활용하여 표현하면 됩니다.

나의 감정 도형 몸 만들기

학년   반   이름 :

활동 1 : 다각형의 둘레 길이 및 넓이를 구하는 방법 알아보기.			
질문 1 : 정다각형의 둘레의 길이를 구하는 방법을 배우고, 아래의 빈칸을 채워보세요.			
	한 변의 길이	변의 수	둘레
정삼각형			
정사각형			
정오각형			

질문 2 : 다각형의 넓이를 구하는 방법에 대해 배운 내용을 토대로 정리해보세요.		
종류	넓이를 구하는 공식	직접 그려서 구해보세요
직사각형		
정사각형		
평행사변형		
삼각형		
마름모		
사다리꼴		

활동 2 : 다각형 종류에 따라 어떠한 감정이 떠오르는지 이유와 함께 적어보세요. 그리고 그 감정과 어울리는 색을 골라서 도형에 색칠도 함께 해보세요		
종류	느껴지는 감정	이유

활동 3 : 나의 감정 도형 몸 만들기

활동방법 : 앞에서 도형별 감정을 살펴보면서, 내가 자주 느끼는 감정 및 생각의 순서대로 크기와 모양별로 나의 감정 도형을 완성하기(직시각형, 정사각형, 평행사변형, 삼각형, 마름모, 사다리꼴 등 다양한 도형이 모두 포함되어 있어야 하며, 각 도형에는 길이를 표시하여 넓이과 둘레를 구할 수 있게 합니다)책 만드는 방법은 아래의 그림과 같습니다. 방법에서는 여러 그림이 그려져 있지만, 여러분은 감정과 관련되도록 다양한 모양과 크기의 도형과 색으로 표현하여 나타내면 됩니다. 그리고 각 도형에는 길이를 cm로 표시해주세요.

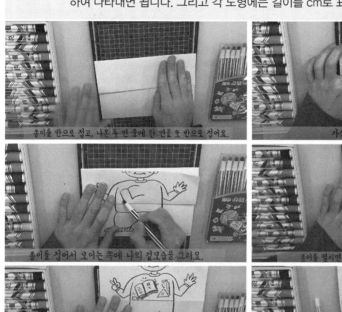

종이를 반으로 접고, 나온 두 면 중에 한 편을 또 반으로 접어요.

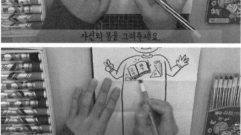

자신의 몸을 그려주세요.

종이를 접어서 모이는 쪽에 나의 걸모습을 그려요.

종이를 펼치면 보이는 쪽에 나의 속마음을 그려요.

종이를 펼치면 보이는 쪽에 나의 속마음을 그려요.

예쁘게 색칠까지 하면 완성~!

활동 4 : 감정 뇌 구조의 다양한 도형에 대한 넓이과 둘레길이 구하기

활동방법 : 친구와 교환하여 서로의 뇌 구조에 그려져 있는 도형에 대한 둘레길이와 넓이를 구하고,
친구에게 바르게 구했는지 확인받은 뒤, 자기 평가하기

도형(색)	둘레길이 공식과 답	넓이 공식과 답

도형의 둘레길이와 넓이를 구할 수 있나요?

자기 스스로 평가하고 배운 내용을 정리해보세요.

평가 : 얼마나 잘 알고 있나요?				배운 내용을 정리해보세요.
배움 질문	싹틈	자람	열매	
평면도형의 둘레를 재어 보고, 둘레의 길이를 구할 수 있게 되었나요?				
직사각형의 넓이를 구하는 방법을 이해하고, 직사각형과 정사각형의 넓이를 구할 수 있게 되었나요?				
평행사변형, 삼각형, 사다리꼴, 마름모의 넓이를 구하는 방법을 알고, 이와 관련되게 감정 뇌 구조를 완성하고, 각 도형의 둘레길이와 넓이를 구할 수 있나요?				

프 3-3

평가 정보표 및 활동지

평가 정보표

학교급	초등학교		학년	5학년
교과 (과목)	음악		교육과정 내용 영역	감상
단원/ 과제명	1단원 음악, 꿈꾸는 첫걸음(프로젝트3)			
성취기준 (평가 기준)	[6음02-01]5~6학년 수준의 음악 요소와 개념을 구별하여 표현한다.	상	마음을 표현한 악곡의 특징을 다양한 방법으로 표현하고, 올바른 태도로 감상할 수 있다.	
		중	마음을 표현한 악곡의 특징을 표현하고, 올바른 태도로 감상할 수 있다.	
		하	마음을 표현한 악곡의 특징을 표현하고, 올바른 태도로 감상하려고 노력한다.	
교과 역량	음악적 감성 역량, 음악적 소통 역량			
평가 방법	평가 형식	☐서술·논술 ☐구술·발표 ☐토의·토론 ☐프로젝트 ☑실험·실습·실기 ☐포트폴리오 ☐기타		
	평가 주체	☑ 자기평가 ☐동료평가 ☐교사평가 (관찰)		

과정 중심 평가의 방향 (의도)	우리 생활 속에서 마음과 관련된 다양한 음악을 탐색하고 표현해보고 올바른 태도로 음악을 감상할 수 있도록 한다.

평가 영역	평가 요소	평가 척도
음악 요소와 개념	5~6학년 수준의 음악요소와 개념을 구별하기	3단계(상, 중, 하)
참여하기	음악을 능동적인 태도로 이해하고 감상하기	3단계(상, 중, 하)

평가 시 유의점	음악을 감상하면서 감상곡이 지닌 리듬과 가락의 특징을 이해하고, 음악적 감수성과 표현력을 기르는 데 주안점을 둔다.

피드백 계획	내 안의 마음을 표현한 곡에 나타난 리듬과 가락의 특징을 이해하고 올바른 태도로 감상하는 태도를 기르도록 지도한다.

기차를 타고

김옥순 작사
김태호 작곡

1.기 — 차 타 고 신 — 나 게 달 — 려 가 보 자

높 — 은 산 도 지 — 나 고 넓은 들 도 지 나 고

푸 — 른 산 을 지 날 땐 — 산 — 새 를 찾 고

넓 — 은 바 다 지 날 땐 — 물 — 새 와 놀 고

설 — 레 임 을 가 득 안 고 달 — 려 가 보 자

새 — — 로 운 세 — 상 이 자 꾸 자 꾸 보 인 다

활동 3 : '내안의 나' 프로젝트를 하면서, 알게 된 내가 자주 느끼는 감정, 혹은 프로젝트를 하면서 자주 느끼게 되는 마음을 잘 표현할 수 있는 음악을 찾아서 소개해보세요

내가 소개하는 노래 제목:

소개하는 노래를 자세하게 안내해주세요(악보를 붙여도 됩니다)	
왜 이 노래를 소개하였나요?	

내가 소개하는 노래, 친구들은 어떠한 마음과 감정이 들었나요?		
친구이름	어떠한 마음과 감정이 드나요?	왜 그렇게 생각하나요?

나의 마음과 감정을 음악으로 표현할 수 있나요?
자기 스스로 평가하고 배운 내용을 정리해보세요.

평가 : 얼마나 잘 알고 있나요?				배운 내용을 정리해보세요
배움 질문	싹틈	자람	열매	
노래를 듣고서 나의 마음과 감정을 표현하면서, 서로의 마음과 감정이 다를 수 있음을 알게 되었나요?				
내 마음과 감정에 영향을 줄 수 있음을 이해하고, 나의 마음을 잘 표현할 수 있는 음악을 선정하여 친구들에게 소개할 수 있나요?				
악곡의 특징을 이해하며 개사하여 바른 자세와 호흡으로 노래를 부를 수 있게 되었나요?				

나의 마음과 감정, 음악으로 소개하고 표현해요(노래 소개)

학년   반   이름:

활동 1 : 아래의 음악을 들으면서 어떠한 감정과 마음이 드는지 적어보세요

음악 1 : 네모의 꿈(https://youtu.be/hJBFmVOvhII)	음악 2 : 오락실(https://youtu.be/zg-iVxZCBHU)
음악 3 : 달팽이(https://youtu.be/HJOwhrsrXrg)	음악 4 : 얼굴찌푸리지말아요 (https://youtu.be/SA4iHtXWVm0)
음악 5 : 다섯 글자(https://youtu.be/6LtRRWgg_x4)	음악 6 : 넌 할 수 있어(https://youtu.be/COuLMgyJZqg)

각 노래별 다른 친구들의 감정과 마음을 조사해보고, 같은 음악을 들었는데 감정과 마음이 다른 이유는 무엇인지 적어보세요

	친구 1	친구 2	친구 3	친구 4
음악 1				
음악 2				
음악 3				
음악 4				
음악 5				
음악 6				
같은 노래를 들었지만, 감정과 마음이 다른 이유는?				

소주제 3 나의 마음과 감정 올바르게 표현하기

[활동 1] 변화된 나의 모습 표현하고 에세이 쓰기

관련 교과(단원)

도덕 2단원. 내 안의 소중한 친구
미술 4단원. 개성과 특징을 담아요
국어 4단원. 글쓰기의 과정

주요 활동 소개 (총 수업 차시 : 15차시)

① 나의 감정 표현 사전 만들기(도덕 2단원)(1~2차시)
② 변화될 나의 모습을 표현하기(미술 4단원) (3~6차시)
③ '내 안의 나'를 살펴보고 나의 생각 에세이로 표현하기(국어 4단원)(7~15차시)

관련 활동지 [프 3-4]

【'나의 마음과 감정 올바르게 표현하기' 수업 이야기】

나의 감정 표현 사전 만들기

"선생님 화가 나는 것이 잘못된 감정인가요?"

앞에서 다양한 활동을 마친 후 한 학생이 던진 질문이다. 화남, 슬픈, 분노 등의 감정이 나쁜 것일까? 학생들에게 질문을 던져보았다. 대부분의 학생들은 그러한 감정은 나쁜 것이라고 대답했다. 학생들은 화남, 분노 이러한 감정을 가지면 안 되는 것으로 생각하는 경향이 많다.

하지만, 이러한 감정은 인간이라면 누구나 가지는 자연스러운 감정이다. 그래서 우리는 이러한 감정에 대한 오해와 편견을 없애고, 학생들에게 감정은 자연스러운 것이고 이러한 감정을 어떻게 해결하는 것이 중요한 것인지를 알려주기 위해 '나의 감정 표현 사전'을 학생들과 함께 만들기로 하였다.

먼저, 도덕에서 자신의 감정과 욕구를 바르게 표현하는 방법을 배우고, 나만의 감정과 욕구를 조절하는 방법을 찾아보기로 하였다. 그런 다음 모둠별로 친구들에게 자신의 해결 감정, 욕구 해결 방법을 공유하고 더 나은 해결책이나 방법을 해결해 보도록 하였다.

학생들은 진지하게 자신만의 해결 방법을 이야기 나누면서 친구들과 자신의 다양한 경험이나 이야기를 풀어나가기 시작했다. 이를 바탕으로 자신의 감정과 욕구를 어떻게 표현하고 해결하는 것이 좋을지에 대해서 실천 다짐에 대한 '나의 감정 표현 사전'을 만들기로 하였다. 학생들은 이러한 활동을 통해 자신의 감정과 욕구에 대해 더 깊이 이해하고 또 문제 상황이 발생했을 때 어떻게 해결할 것인지를 도덕적으로 판단하고 연습할 수 있는 기회가 되었으리라 생각한다.

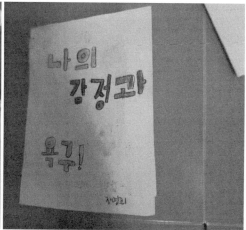

프로젝트 4 주제망 함께 고민하기　　　　　완성된 프로젝트 4 주제망

변화된 나의 모습을 표현하기

"여러분은 앞으로 어떤 모습으로 바뀌고 싶나요?"

앞의 활동을 통해 감정과 욕구를 올바르게 표현하는 방법을 이해하고 실천 다짐을 계획하였다. 그렇다면 자신의 변화될 모습을 상상하여 그 모습을 그려보는 것도 의미있는 수업 활동이 아닐까라는 생각을 하였다. 실천에 대한 다짐에 앞으로 변화되고 싶은 모습이나 변화될 자신의 모습을 구체적으로 설정할 수 있다면 이 프로젝트 활동이 의미가 더욱 학생들의 삶에 내면화 기회를 제공할 수 있을 것이라 생각하였다.

학생들은 처음에는 이 활동의 의미를 이해하지 못하고 단순히 미술의 만들기 활동으로 이해하였다. 그래서 학생들에게 앞에서 실시한 감정과 욕구 사전 만들기의 의미와 지금 실시하는 변화될 모습 표현하기 활동에 대한 연계성과 의미를 함께 설명해 주었다. 그제서야 학생들은 다소 학습의 의미를 이해하는 듯한 눈치였다.

프로젝트 학습의 경우, 학습 활동의 의미와 연계성에 대해서 구체적으로 설명을 해주는 것이 학습 활동의 효과를 높여주는 경우가 많다. 단순히 학습 활동으로만 실시될 경우, 학생들은 학습의 의미를 이해하지 못한 채 학습 활동에만 몰두하는 경우가 있기 때문이다. 이러한 부분을 잘 염두해두고 지도한다면 학습에 대한 효과를 더욱 높일 수 있을 것이다.

변화된 나의 모습 표현하기전시 1　　　　변화된 나의 모습 표현하기 전시 2

'내 안의 나'를 살펴보고 나의 생각 에세이로 표현하기

'내 안의 나' 프로젝트 마지막 활동으로는 글쓰기 활동으로 정하였다. '내 안의 나' 프로젝트의 경우 학생들에게는 추상적인 개념이라 이해가 어려울 수 있기 때문에 학생들의 실천과 체험 중심의 학습 활동을 중심으로 계획을 하였다. 말과 글로만 쓰는 것보다는 음악, 미술, 도덕, 수학 등의 다양한 활동을 통해 자신 안에 존재하는 다양한 감정을 이해하고 바르게 표현하는 방법을 이해하도록 하였다.

반면에 앞에서는 활동들이 많았기 때문에 자칫 무엇을 학습했는지 모른 채 활동으로만 끝날 수 있다는 생각을 하게 되었다. 따라서 국어 글쓰기 활동을 통해 지금까지 배웠던 내용을 바탕으로 직접 글로 정리하여 표현하는 활동을 연계하면 좋겠다고 생각을 했다. 문장의 구성 성분 및 호응 관계를 배워 알맞은 문장 쓰는 방법을 학습한 후, '앞으로 변화될 나'를 주제로 나의 달라진 모습을 중심으로 글을 쓰도록 하였다. 또한 친구들과 글을 쓴 후에는 함께 생각을 나눈 활동을 추가하여 학생들이 다양한 생각을 읽고 자신의 생각을 확장시킬 수 있는 기회를 제공하였다.

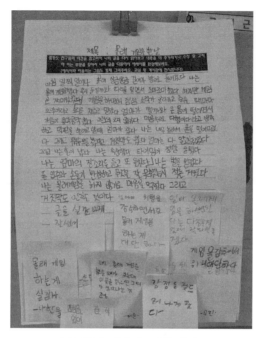

나의 생각 에세이 표현 결과물

에세이 생각 나누기 활동

평가 정보표 및 활동지

평가 정보표

학교급	초등학교	학년	5학년
교과 (과목)	미술	교육과정 내용 영역	표현
단원/ 과제명	4. 개성과 특징을 담아요(프로젝트 3)		

성취기준 (평가 기준)	[6미02-01]표현 주제를 잘 나타 낼 수 있는 다양한 소재를 탐색 할 수 있다.	상	내가 느끼는 감정을 바르게 이해하고 다양한 소재를 이용하여 색으로 표현할 수 있다.
		중	내가 느끼는 감정을 이해하고 다양한 소재를 이용하여 색으로 표현할 수 있 다.
		하	내가 느끼는 감정을 이해하고 다양한 소재를 이용하여 색으로 표현하려고 노 력한다.

교과 역량	미적 감수성, 시각적 소통 능력, 창의·융합 능력			
평가 방법	평가 형식	☐서술 논술 　☐구술·발표 　☐토의·토론 　☐프로젝트 ☑실험·실습·실기 　☐포트폴리오 　☐기타		
	평가 주체	☑자기평가 　☐동료평가 　☐교사평가 (관찰)		

과정 중심 평가의 방향 (의도)	자신의 감정을 자세히 들여다보고 자신의 감정을 특징이 드러나게 다양한 방법과 색으로 표현해보는 활동이다. 자신의 감정 중 가장 특징적인 것을 표현하게 한다.		
	평가 영역	평가 요소	평가 척도
	주제와 의도	내 안의 감정을 바르게 이해하기	63단계(상, 중, 하)
	표현하기	다양한 소재를 이용하여 색으로 표현하기	3단계(상, 중, 하)

평가 시 유의점	자신의 감정을 잘 드러낼 수 있도록 다양한 재료와 표현방법을 충분히 탐색한 뒤 선택하도록 한다. 그리고 다양한 그리기 재료의 특징은 실제 사용을 해 봄으로써 살펴볼 수 있도록 지도한다.
피드백 계획	자신의 내면에 있는 다양한 감정을 바르게 이해할 수 있도록 하고 자신의 감정을 다양한 소재와 색으로 표현하도록 지도한다.

프 3-5 나만의 감정 카드 만들기

내 안의 다양한 감정을 알아보고, 나만의 감정 카드 만들기

학년   반   이름:

활동 1 : 감정과 욕구에 대해 알아보기

질문 1 : 감정이란 무엇일까요? 그리고 내 안의 다양한 감정은 무엇이 있는지 적어보세요.

질문 2 : 욕구이란 무엇일까요? 그리고 내 안의 다양한 욕구는 무엇이 있는지 적어보세요

질문 3 : 만약 나에게 감정과 욕구가 없다면 어떻게 될까요?

질문 4 : 만약 내가 느끼는 감정과 욕구대로 행동을 한다면 어떻게 될까요?

활동 2 : 내 안의 다양한 감정과 욕구와 관련하여 감정카드를 도화지에 표현하세요. 내 안의 감정과 욕구를 첫 번째 프로젝트에서 배웠던 픽토그램을 활용하여 표현합니다.

활동 3 : 나의 감정과 욕구, 바르게 표현하는 방법 알고 실천 다짐하기

질문 1 : 감정과 욕구를 적절하게 조절하고 표현하는 방법을 4컷 만화로 표현해보세요.

질문 2 : 감정과 욕구를 다스리기 위해 나에게 도움이 되는 말로 편지를 써보세요.

방법 : 아래의 방법대로 책을 만들고, 내 안의 감정들을 적고 어떻게 다스리고 표현하면 좋을지
　　　방법을 글로 표현하면서 실천을 다짐해보세요.

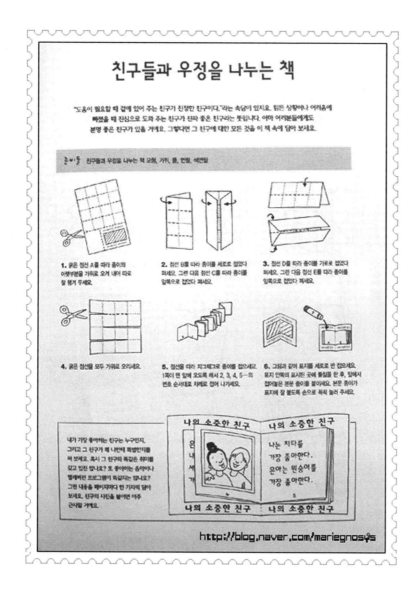

나의 얼굴을 자세히 관찰하고,

표정과 특징을 살펴 다양하게 표현해보세요(미술-4단원)

학년   반   이름:

활동 1 : 나의 특징을 탐색해보세요

질문 1 : 나는 즐거웠을 때 어떠한 표정과 동작을 취하나요?

질문 2 : 나는 힘들고 지칠 때 어떠한 표정과 동작을 취하나요?

활동 2 : 다양한 감정을 표현해보고 서로의 얼굴을 관찰해 봅시다.(표정의 특징 찾기) 그리고 내 안의 다양한 감정과 욕구를 글로 정리해 봅시다. (내 안의 다양한 감정을 이모티콘으로 다양하게 표현해 봅시다.)
※(자료 1) —https://www.youtube.com/watch?v=ZYREF-_iL_c

활동 3 : 모둠별로 지점토를 이용해, 앞으로 변화될 우리들의 모습을 비례와 동세를 살려 생동감 있게 표현해 봅시다. *핵심개념 (비례) 동작에 따라 나타나는 운동감, (환조) 모든 방향에서 감상할 수 있는 입체 작품, (동세) 대상의 부분과 부분, 전체와 부분 간의 길이나 크기의 관계

※(자료 1) – 소조 뼈대 만들기:https://www.youtube.com/watch?v=kT5bQcrCc−c
※(자료 2) – 환조로 인물 표현하기:https://www.youtube.com/watch?v=qj6Y_wqiYmo

개성과 특징을 담아
다양한 소재로 나의 얼굴을 표현할 수 있나요?

평가 : 얼마나 잘 알고 있나요?				배운 내용을 정리해보세요.
배움 질문	싹틈	자람	열매	
나의 얼굴 표정과 움직임의 특징을 찾고, 표정, 비례, 동세를 살려 생동감있게 표현할 수 있나요?				
다양한 표현 방법의 특징과 과정을 탐색하고, 적절한 방법을 선택하여 나의 얼굴을 개정과 특징이 담기도록 표현할 수 있나요?				

프 3-6 바르게 감정을 표현하는 나. 글로 표현하기

바르게 감정과 욕구를 표현하며,
앞으로 변화될 나를 주제로 에세이 쓰기 (국어 4단원)

학년   반   이름 :

활동 1 : 문장을 구성하는 성분 알아보고, 쓸 내용 정하기

질문 1 : 문장을 구성하는 데 필요한 성분 3가지를 쓰고, 성분을 설명해보세요

질문 2 : 질문 1에서 배운 성분 3가지를 모두 포함하여, 나의 감정이나 욕구와 관련된 문장을 3개 만들어 봅시다.

1.

2.

3.

질문 3 : 지금까지 내 안의 다양한 감정과 욕구에 대해 살펴보았습니다. 또한 나의 인생 그래프를 그려보면서 자신의 감정을 바르게 표현하는 방법을 배웠습니다. 자신의 감정을 바르게 표현하는 것을 실천할 때, 변화될 여러분의 모습과 생활을 주제로 글을 쓰려고 합니다. 쓸 내용을 떠 올리며 생각그물로 표현해보세요. 주제 : 앞으로 변화될 나의 모습과 생활

활동 2 : 앞으로 내가 겪을 일에 대해 상상하여 글을 쓰려고 합니다. 이에 글을 쓰는 상황이나 목적, 읽을 사람, 주제를 정해봅시다.

질문 1 : 글을 쓰는 상황이나 목적은 무엇인가요?

질문 2 : 글을 읽는 사람(대상)은 누구인가요?

질문 3 : 글의 주제는 무엇인가요?

활동 3 : 떠올린 내용을 조직해보세요(글의 개요, 다발짓기)

일어날 일	단계	생각이나 느낌
	처음	
	가운데	
	끝	

활동 3 : 교과서에서 배운 문장의 호응 관계를 생각하면서, 내가 겪을 일을 에세이로 표현해보세요.

에세이란? 일정한 형식을 따르지 않고 인생이나 자연 또는 일상생활에서의 느낌이나 체험을 생각나는 대로 쓴 산문 형식의 글을 의미합니다.

_____

_____

_____

_____

_____

_____

_____

_____

_____

_____

_____

_____

활동 4 : 친구들과 글을 돌려가며 읽어보고, 호응 관계가 맞지 않거나 문장에 필요한 성분이 모두 포함되지 않는 등 고쳐 써야 할 부분이 있으면 아래의 표에 고쳐 쓸 부분에 대해 의견을 제시해주세요

친구 이름	고쳐 쓰면 좋을 부분(이유도 함께 적어주세요)

활동 5 : 친구들의 의견을 참고하여 나의 글을 다시 읽어보고 내용을 더 추가하거나 수정 및 고쳐야 하는 부분을 찾아서 나의 글을 다듬어서 에세이를 완성해보세요. (에세이와 어울리는 그림도 함께 그려주세요. 교실 뒷 게시판에 전시합니다)

프로젝트 4 '언제나 네 편'

프로젝트 4
학습지 모음

1. 프로젝트 개요

Robert Harvighurst에 의하면 인간은 일생 동안 성장 발달하는 과정에서 각각의 단계마다 경험하고 학습해야 할 과제가 생기는데 그 과제를 발달과업이라고 하며, 이를 성공적으로 완수하면 자부심과 만족감을 경험할 뿐만 아니라 발달과업을 성공적으로 완수함으로써 다음 단계의 발달과업을 완수하는데 필요한 기술을 습득하게 된다고 하였다. 이 중 초등학교 아동기의 발달 과업 중 가장 중요한 것이 바로 또래와 어울리는 법을 학습하는 것이라고 하였다. 학생들은 초등학교에 입학하게 되면서 그동안 가족 중심으로 이루어지던 인간관계의 범위가 친구, 교사로 확대되게 된다. 특히, 그 중에서도 또래 집단은 아동의 사회적 행동에 중요한 영향을 미친다. 또래 집단은 자기중심적 사고에서 벗어나 객관적인 현상을 지각하도록 할 뿐만 아니라 또래와의 동등한 입장에서 상호작용을 통해 교우 관계를 지속시켜 나가야 할 사회집단이기 때문이다. 초등학생 고학년은 또래와의 상호작용이 빈번하게 일어나게 되며, 특히 신체 및 정신적으로 크게 성장하는 초등학교 시기의 교우관계는 대인관계 능력을 비롯하여 사회성 발달, 성격과 정서, 인지 발달에 커다란 영향을 미치게 된다(김지은, 2012). 또한 대부분의 시간을 학급이라는 집단에서 친구들과 함께 생활하면서, 학급 내에서 이루어지는 다양한 또래 관계의 상호작용을 통해 겪게 되는 경험이 아동의 성격 및 태도, 행동 형성에 미치는 영향력이 매우 크다고 할 수 있다.

또래와의 원만한 교우관계를 맺은 아동은 즐거움과 애정을 느끼며 학교생활에 잘 적응하겠지만, 교우관계가 원만하지 않은 아동은 인정과 관심의 대상에서 벗어나 자기존중감이 낮아지고 학교 적응력 역시 하락할 수 있다. 이렇듯 초등학생 시절 또래와의 친밀한 교우관계는 사회성 발달 측면에서 또래의 행동을 관찰하고 모방하여 내면화하는 역할 모델, 아동의 칭찬이나 비난이 강력한 영향을 미치는 강화, 아동에게 자신을 평가할 수 있는 기준을 제공해 주는 사회적 비교, 사회에서 무엇이 수용되고 거부되는지를 배워나가는 사회화 등 다양한 영향력을 미치게 된다.

또한 초등학생의 교우관계는 이러한 사회성 발달뿐만 아니라 인지 발달에도 영향을 끼친다고 한다. Piaget는 아동이 자기중심성을 벗어나는 데 있어 권위적·통제적인 존재인 성인은 큰 도움이 되지 못하는 반면, 또래와의 의사소통을 통한 관계 형성은 타인의 관심을 이해하고 논리적으로 사고하며 성숙한 도덕적 판단 형성에 큰 도움이 된다고 하였다. 이렇듯 초등학생의 원만한 교우관계는 아동의 사회성 발달 및 인지발달에 지대한 영향을 미친다고 할 수 있다(박민영, 2017).

그리고 초등학생들은 친구들과의 관계를 통해 자신의 성격, 능력, 인기 등을 파악할 수 있고 다른 친구들과 비교하는 과정을 통해 자아 개념을 형성해 나가기도 한다. 타인이 자신을 어떻게 평가하는 가를 중요시 여기게 되면서 자신감도 더불어 높아질 수 있다. 학교에서 학생들의 성격형성은 학생들과 교우 관계에 의해 큰 양향을 받는다. 학생들은 학교에 다니면서 친구가 생기고 또래 집단에 의해 자기 자신을 발견할 수 있으며, 때때로 학업성취를 위하여 동료들과 경쟁을 하고, 그러한 친구들과의 관계 속에서 양보와 배려를 터득하기도 한다. 이보다도 친구 관계가 더 중요한 이유는 보다 넓은 사회에서 살 수 있는 역량을 길러 줄 수 있는 데 있다. 즉 학생들은 교우관계를 통해 사회 지식을 넓혀주고 집단생활에서 주고받는 요령을 습득하게 되는 것이다.

이에 "언제나 네 편"을 주제로 한 프로젝트 학습을 통해 교우관계를 바르게 형성하는 방법, 실천할 수 있는 행동과 다짐, 그리고 직접적인 실천을 통해 사회성 발달과 인지발달에 긍정적인 영향을 줄 수 있는 바른 교우관계의 형성 기회를 프로젝트 학습 기반의 교실 수업으로 제공해주고자 하였다.

2. 프로젝트 주제망

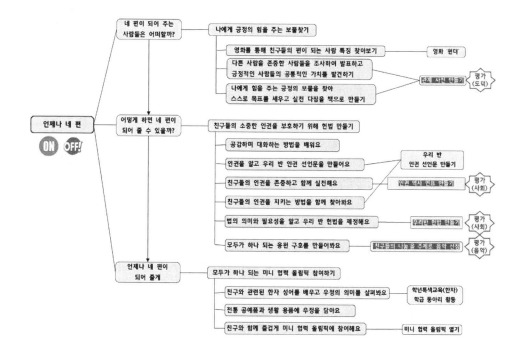

3. 프로젝트 학습 교육과정 재구성

교과 (차시)	단원	성취기준	프로젝트 수업 설계	수행과제
도덕 (4)	3 단원	[6도04-01] 긍정적 태도의 의미와 중요성을 알고, 어려움을 극복하기 위한 긍정적 삶의 태도를 습관화한다.	긍정적인 삶의 태도를 가지고서 타인을 위해 살아가는 본받을 만한 사람의 공통된 특징을 찾고, 나의 실천 다짐표를 만들어 행동으로 옮기기	**소주제1. 네 편이 되어 주는 사람들은 어떠할까?** 〈수행과제 1:〉 ㉮ 주변에서 타인을 위해 살아가는 긍정적인 사람들을 알아보고, 그 사람들의 삶과 생활 모습에서 공통점을 찾아 관계 사전 만들기
사회 (21)	2 단원	[6사02-01] 인권의 중요성을 인식하고 인권 신장을 위해 노력했던 옛 사람들의 활동을 탐구한다. [6사02-02] 생활 속에서 인권 보장이 필요한 사례를 탐구하여 인권의 중요성을 인식하고, 인권 보호를 실천하는 태도를 기른다. [6사02-03] 인권 보장 측면에서 헌법의 의미와 역할을 탐구하고, 그 중요성을 설명한다. [6사02-04] 헌법에서 규정하는 기본권과 의무가 일상생활에 적용된 사례를 조사하고, 권리와 의무의 조화를 추구하는 자세를 기른다. [6사02-05] 우리 생활 속에서 법이 적용되는 다양한 사례를 제시하고, 법의 의미와 성격을 설명한다. [6사02-06] 법의 역할을 권리 보호와 질서 유지의 측면에서 설명하고, 법을 준수하는 태도를 기른다.	인권 신장을 위해 노력했던 옛사람들을 조사·정리하고, 옛사람들이 인권을 지키기 위해 어떤 노력을 하였는지 시대별로 구분지어 인권 역사 연표 만들기 우리 반에서 인권이 침해된 사례를 찾아 조사하고, 우리 반 친구들의 인권을 보호하기 위해 우리가 실천해야 할 행동과 규칙을 정해서 우리 반만의 인권 선언문 만들고 공유하기 학교에서 지켜야 할 법과 규칙, 그리고 우리들의 권리와 의무에 대해 알아보고 우리가 행동으로 실천하고 지켜가야 할 우리반 헌법 만들어보기	**소주제2. 어떻게 하면 네 편이 되어 줄 수 있을까?** 〈수행과제 1:〉 ㉯ 인권 신장을 위해 노력했던 옛사람들의 노력을 시대별로 구분지어 인권 역사 연표 만들기 〈수행과제 2:〉 ㉰ 헌법의 의미와 역할을 이해하고 학교에서 적용되는 권리와 의무 관계를 탐색한 뒤, 우리 반 만의 헌법을 제정하고서 미니 협력 올림픽 개회식 때 반별로 공표하기 〈수행과제 32:〉 ㉱ 제재곡을 통해 친구 사랑의 마음을 느끼고, 친구와의 나눔과 관련된 음악을 선정하여 음악 구호를 만들어 발표하기
국어 (10)	1 단원	[6국01-07]상대가 편한 상황을 이해하고 공감하며 듣는 태도를 지닌다.	대화의 특성을 이해하고, 상대방을 배려하며 조언하거나 서로 공감하며 대화하는 방법을 익혀서 서로를 존중하고 인권을 보호하며 대화하기	
	6 단원	[6국-1-02] 의견을 제시하고 함께 조정하며 토의한다.	우리 반 친구들의 인권을 보호하기 위해 우리가 행동으로 옮기고 실천해야 하는 내용, 규칙은 무엇이 있을지 토의 과정을 거쳐 함께 결정하기	
음악 (7)	1 단원	[6음01-01] 악곡의 특징을 이해하며 노래 부르거나 악기로 연주한다. [6음03-01] 음악을 활용하여 가정, 학교, 사회 등의 행사에 참여하고 느낌을 발표한다.	'친구들과 나눔'을 주제로 친구들과 함께 음악을 만들고 실천하기 위해서, 친구 사랑의 마음을 음악 구호로 만들어서 음악적 방법으로 표현하기	
미술	6 단원	[6미03-01] 우리나라 전통 미술의 특징을 현대 미술과 비교할 수 있다.	친구와의 바른 관계 형성 및 친구 사랑의 마음을 전통 공예로 표현하고, 이를 활용하여 올림픽에 필요한 물건(제기, 연 등)들을 디자인하기	

4. 프로젝트 학습 흐름 및 평가 계획

소주제	차시	교과	교수·학습 활동	블렌디드	평가
네 편이 되어 주는 사람은?	3	창체	'원더' 영화를 시청하면서 친구들의 편이 되어 주는 친구와 그렇지 않은 친구들의 특징을 살펴보고, 친구들의 편이 되어주는 친구들의 특징 찾아보기	ON	
	4	도덕	주변에서 타인의 삶을 소중히 여기며 긍정적으로 살아가는 사람들에 대해 살펴보고, 그러한 사람들의 공통된 삶의 모습을 찾아서 네 편이 되어 주는 사람들이 중요시 여기는 가치를 발견하여 이와 관련되도록 '친구 관계 사전' 만들고, 실천 다짐하기	ON, OFF	✓

⇓ [연계활동] 1주일간 실천을 다짐 내용을 행동으로 옮긴 후, 발표하며 스스로 성찰하는 시간 가지기

소주제	차시	교과	교수·학습 활동	블렌디드	평가
어떻게 하면 네 편이 되어 줄 수 있을까?	10	국어	대화의 특성을 알고 상대방을 배려하며 조언하는 방법과 서로 공감하며 대화하는 방법 배우기	ON	
			친구들의 의견을 존중하고, 서로의 인권을 보호하며 대화하는 방법을 알고 실천으로 옮기기	OFF	
	10	사회	인권에 대해 알아보고, 인권 시장을 위해 노력했던 옛사람들을 조사·정리하여 인권 역사 연표 만들기	ON, OFF	✓
			우리 반에서 인권이 침해된 사례를 조사하고, 친구들의 인권을 보호하기 위해 실천할 내용을 정하여 우리 반 인권 선언문 만들기	ON, OFF	
	9	국어	토의의 뜻과 필요성, 절차와 방법을 알고 모의 토의 활동 해보기	ON	
			친구들의 인권을 보호하기 위해 우리가 만들어야 할 법에는 어떠한 것이 있는지 토의를 통해 결정하기	ON, OFF	
	10	사회	법의 역할과 법을 준수해야 하는 까닭을 배우고, 학교나 교실에서 우리가 지켜야 하는 법과 규칙에는 무엇이 있는지 살펴보기	ON, OFF	
			국민의 권리와 의무의 관계를 이해하고, 모두의 인권을 보장하기 위해 우리 반만의 헌법 제정하기	OFF	✓
	7	음악	메기고 받으며 노래 부르기, 중주, 합주 등 소리의 어울림을 통해 함께하는 기쁨을 음악을 통해 느껴보기	ON	
			'친구와의 나눔'을 주제로 친구들과 함께 만들고 나눌 수 있는 곡을 선정하여, 음악 구호를 만들어 다양한 음악적 방법으로 표현하기	OFF	✓

⇓ [연계활동] 반별로 제정한 헌법을 미니 협력 올림픽 개회식 때 학년 친구들에게 발표하기

소주제	차시	교과	교수·학습 활동	블렌디드	평가
언제나 네 편이 되어 줄게	2	창체	친구, 교우관계, 사랑, 인권, 법 등 '언제나 네 편' 프로젝트 활동과 관련된 한자 성어 배우고 써보기	ON	
	6	미술	전통 미술의 의미와 종류를 알아보고, 친구 사랑 마음을 표현하기에 적합한 전통 공예를 선정하여 직접 공에 작품으로 표현하기	ON, OFF	
	6	창체	전통 공예 작품을 이용해 운동 및 응원 도구를 만들고, 미니 협력 올림픽 열어서 함께 협력하며 참여하기	OFF	

⇓ [후속활동] 미니 협력 올림픽 후, 친구 사랑 마음을 담은 전통 공예 학년 복도에 전시하기

5. 프로젝트 학습 자기 평가지(가정 통지용)

"언제나 네 편"을 통해 무엇을 배웠나요?

프로젝트 학습을 통해 새롭게 알게 된 내용, 더 자세하게 알게 된 내용이 무엇인지 스스로 생각해 보고 성찰해본 후 아래의 기준에 따라서 스스로 평가해보도록 합니다.

〈평가 기준〉

기준	싹틈(🐛)	자람(🐞)	나눔(🦋)
의미	관련 배움 내용에 대해 프로젝트 학습 전에는 알지 못했지만, 프로젝트 학습을 통해 새롭게 알게 되었어요.	관련 배움 내용에 대해 어느 정도 알고 있었으며, 프로젝트 학습을 통해 그러한 지식이 왜 필요한지, 어디에 사용되는지 알게 되었어요.	관련 배움에 대해 자세히 알고 있었고, 이번 프로젝트 학습을 통해 내가 아는 것을 친구들에게 나누면서 함께 성장하는데 도움을 주었어요.

〈스스로 평가해 봅시다〉

배움 내용	기준 🐛	기준 🐞	기준 🦋	왜 그렇게 평가 했나요?
긍정적인 삶의 태도를 가지고서 타인을 위해 살아가는 본받을 만한 사람의 공통된 특징을 찾고, 나의 실천 다짐표를 만들어 행동으로 실천하게 되었나요?				
인권 신장을 위해 노력했던 옛사람들을 조사·정리하고, 옛사람들이 인권을 지키기 위해 어떠한 노력을 하였는지 시대별로 구분지어 인권 역사 연표 만들 수 있게 되었나요?				
우리 반에서 인권이 침해된 사례를 찾아서 조사하고, 우리 반 친구들의 인권을 보호하기 위해 우리가 실천해야 할 행동과 규칙을 정해서 우리 반의 인권 선언문 만들 수 있게 되었나요?				
학교에서 지켜야 할 법과 규칙, 그리고 우리들의 권리와 의무에 대해 알아보고 우리가 행동으로 실천하고 지켜가야 할 우리반 헌법 만드는데 참여하였나요?				
대화의 특성을 이해하고, 상대방을 배려하며 조언하거나 서로 공감하며 대화하는 방법을 익혀서 서로를 존중하고 인권을 보호하며 대화할 수 있게 되었나요?				
우리 반 친구들의 인권을 보호하기 위해 우리가 행동으로 옮기고 실천해야 하는 내용, 규칙에는 무엇이 있을지 토의 과정을 거쳐 함께 결정할 수 있나요?				
'친구들과 나눔'을 주제로 친구들과 함께 음악을 만들고 나눌 수 있는 음악을 선정하고, 친구 사랑의 마음을 음악 구호로 만들어서 음악적 방법으로 표현할 수 있나요?				
친구와의 바른 관계 형성 및 친구 사랑의 마음을 전통 공예로 표현하고, 이를 활용하여 올림픽에 필요한 물건(제기, 연 등)들을 디자인할 수 있나요?				

〈"언제나 네 편"를 함께 배우면서 어떠하였나요?〉

* 프로젝트 학습으로 배우고 활동하면서 느꼈던 감정, 알게 된 점, 소감을 솔직하게 써보시오.

6. 〈언제나 네 편〉 수업 이야기

소주제 1 네 편이 되어 주는 사람은 어떠할까?

[활동 1] 나에게 긍정의 힘을 주는 보물찾기

관련 교과(단원)
창의적 체험활동(자율활동)
도덕 3단원. 긍정적인 생활

주요 활동 소개 (총 수업 차시 : 7차시)
① 내 편이 되는 사람의 특징을 찾아봐요(창체)(1~3차시)
② 긍정적인 사람들의 공통적 가치를 발견해요(도덕 3단원)(4~5차시)
③ 긍정의 보물을 찾아 목표를 세우고 실천을 다짐해요(도덕 3단원)(6~7차시)

관련 활동지 [프 4-1]

【'네 편이 되어 주는 사람은 어떠할까?' 수업 이야기】

내 편이 되는 사람의 특징을 찾아봐요

'언제나 네 편' 프로젝트 학습은 '네 편이 되어 주는 사람은 어떠할까?', '어떻게 하면 네 편이 되어 줄 수 있을까?', '언제나 네 편이 되어 줄게' 3개의 소주제로 구성하였다. 그 중 첫 번째 소주제인 '네 편이 되어 주는 사람은 어떠할까?'에서는 이번 프로젝트 수업에서 자신의 생각을 표현해보는 활동에서 시작하였다. 이를 위해 다음의 질문에 대해 학생들은 스스로 생각하고 해결책을 찾아가기 위한 고민을 함께 시작했다.

"언제나 네 편이 되기 위해서는 우리는 어떻게 행동해야 할까요?"

프로젝트 4 주제망 함께 고민하기 완성된 프로젝트 4 주제망

모둠별로 프로젝트 주제망을 작성한 후, 창의적 체험활동 시간을 활용해 영화 '원더'를 시청하고 학습지를 통해 내 편이 되어 주는 사람과 그렇지 않은 사람의 특징을 살펴보았다. 영화 '원더'는 2012년에 출간된 소설 '원더'를 원작으로 만들어졌다. 보통의 친구들과 다른 외모를 가진 아이가 건네는 평범한 친절의 소중함과 그 소중함으로 변해가는 세상을 각각 등장인물의 입장에서 다루고 있다. 이 영화를 통해 학생들이 자신의 삶을 돌아보고 다른 사람의 입장에서 이해할 줄 아는 사람이 되기를 바랬다.

"넌 못생기지 않았어, 네게 관심 있는 사람은 알게 될 거야"

'원더'를 보면서 학생들은 주인공 어기가 겪는 일에 함께 슬퍼하고 화를 내면서 공감과 배려하는 태도의 중요성을 배울 수 있었다. 그리고 영화를 보고 난 후 학습지를 통해 어기의 입장과 감정을 정리하고 줄거리를 정리하는 활동을 하였다. 나아가 타인의 삶을 존중하기 위해 자신의 생각을 표현하는 활동도 하였다.

'원더'의 포스터

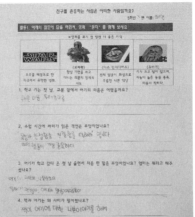

'원더' 시청 후 학습지 ❶

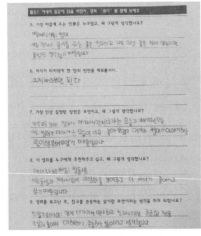

'원더' 시청 후 학습지 ❷

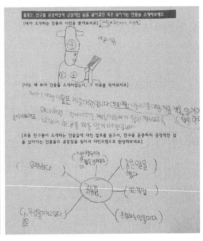

'원더' 시청 후 학습지 ❸

출처 : https://movie.daum.net/moviedb/main?movield=108740

긍정적인 사람들의 공통적 가치를 발견해요.

이 활동을 바탕으로 다른 사람의 모범이 될 수 있는 인물을 조사하고 소개하는 활동을 연계하였다. 학생들은 자신의 입장에서 다른 사람을 존중하는 인물을 찾고자 노력하였다. 한 학생은 세종대왕을 타인의 삶을 소중히 여기는 사람으로 선택한 이유를 다음과 같이 발표했다.

"저는 세종대왕을 소개하고 싶습니다. 그 이유는 한자가 어려운 백성이나 사람들에게 쉽게 글을 알 수 있도록 한글을 만들었기 때문입니다."

처음에는 학생의 생각을 듣고 '세종대왕이 과연 다른 사람의 삶을 소중히 여기는 사람인가?'라는 의문이 들었다. 하지만, 곰곰이 생각해보니 학생의 생각이 매우 논리적일 수 있다는 것을 깨달았다. 다른 사람의 삶을 존중한다는 생각이 다양한 의미로 해석될 수 있다는 것을 이해하게 되었다. 학생에게는 열린 생각과 다양한 사고를 강조하면서 정작 교사는 전통적 사고의 틀에 갇혀있음을 깨닫고 부끄러움을 느꼈다. 이번 프로젝트 수업을 통해 학생의 다양한 사고를 확인할 수 있었고 교사로서 한 단계 더 성장할 수 있는 계기가 되었다.

긍정의 보물을 찾아 목표를 세우고 실천을 다짐해요.

소주제 1의 최종 활동으로 실천 다짐을 책으로 만들어보았다. 먼저 자신에게 긍정의 힘을 주는 보물을 찾아보도록 하였다. 그러자 '부모님, 친구들, 꽃, 등' 다양한 생각들이 나왔다.

그리고 그 보물을 지키는 방법으로 '나를 이해해주고 도움과 사랑을 주는 부모님에게 표현하기', '친구들과 대화를 통해 좋은 이야기 나누기' 등과 같은 의견을 제시했다. 이러한 활동을 통해 자신의 긍정적인 삶을 살아가는 데 힘을 주는 고마운 존재들을 알고 이를 지키려고 노력하는 태도를 기르고자 하였다. 나아가 친구를 존중하면서 긍정적인 생활을 실천하기 위한 목표를 정하고 어떠한 노력을 할 것인지를 다짐하도록 했다. 학생들은 자신에게 부족한 점을 잘 이해하고 긍정적인 삶을 위해 자신만의 목표를 설정하고 이를 지키기 위한 실천 방법을 정할 수 있었다. 하지만 이번 소주제 1에서 가장 중요한 활동은 배움과 깨달음에 그치는 것이 아니라, 이를 생활 속에서 실천해 보는 것이 가장 중요한 활동이라고 생각하였기에 실천 다짐을 층층이 책으로 만들어 일주일간 실천해보고 자기평가를 실시하도록 했다. 프로젝트 수업을 통해 배움에 그치는 것이 아니라 배움이 생활과 연계되는 것이 의미있는 수업이라고 생각했기 때문이다. 그리고 다음 도덕 수업 전에 자신이 일주일간 실천한 내용을 평가하고 앞으로 더욱 긍정적인 삶을 생활화할 수 있도록 도모하였다.

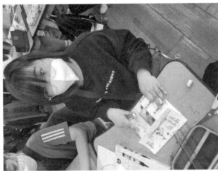

실천 다짐책 만들기 활동 ❶

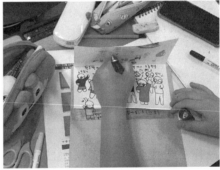

실천 다짐책 만들기 활동 ❷

프 4-1 # 평가 정보표 및 활동지

평가 정보표

학교급	초등학교	학년	5학년
교과 (과목)	도덕	교육과정 내용 영역	자연초월과의 관계
단원/ 과제명	3단원 긍정적인 생활(프로젝트 4)		

성취기준 (평가 기준)	[6도01-03]긍정적 태도의 의미와 중요성을 알고 어려움을 극복하기 위한 긍정적 삶의 태도를 습관화한다.	상	긍정적인 태도의 의미와 중요성을 알고 일상생활에서 긍정적인 태도를 실천한다.
		중	긍정적인 태도의 의미와 중요성을 어느 정도 알고 일상생활에서 긍정적인 태도를 실천하기 위해 노력한다.
		하	긍정적인 태도의 의미와 중요성을 이해하는 데 어려워하며 일상생활에서 긍정적인 태도를 실천하려는 노력이 부족하다.

교과 역량	도덕적 사고 능력

평가 방법	평가 형식	☐ 서술·논술　　☐ 구술·발표　　☐ 토의·토론　　☑ 프로젝트 ☐ 실험·실습·실기　☐ 포트폴리오　☐ 기타
	평가 주체	☑ 자기평가　　　☑ 동료평가　　　☑ 교사평가 (관찰)

과정 중심 평가의 방향 (의도)

스스로를 바르게 이해하여 이를 바탕으로 자아존중감을 가지고 어려움을 극복하는데 취지가 있다.

평가 영역	평가 요소	평가 척도
자아 존중, 긍정적 태도	나를 존중하는 마음 기르기	3단계(상, 중, 하)
윤리적 성찰	학급 선언문 실천하기	3단계(상, 중, 하)

평가 시 유의점	자신을 존중하고 긍정적인 생각을 하면서 어려움을 극복하려는 노력을 지속적으로 관찰하여 평가할 필요가 있다.

피드백 계획	자아의식 형성은 자신을 정확히 이해하고 자신의 장점과 단점을 이해하는 데에서 출발하기에 건강한 자아의식 형성을 위해 지속적이고 적절하게 피드백한다.

타인을 존중하는 사람은 어떠한 사람일까요?

학년   반   이름:

활동 1 : 영화 '원더'를 보고서, 질문에 답을 해보세요.

※영화를 보기 전 알면 더 좋은 지식

우주를 배경으로 한
미국에서 유명한
영화.

보바펫
항상 가면을 쓰고
다니는 의문의
정의의 사도

다스 인시디어스
전체 얼굴이
화상으로 주름진
나쁜 악당

츄바카
키가 크고 털이 많으며,
지능이 높은 동물
종족.마음이 착하다.

1. 학교 가는 첫 날, 교문 앞에서 어기의 마음은 어땠을까요?

2. 수업 시간에 써머가 읽은 격언은 무엇이었나요?

3. 어기가 학교 갔다 온 첫 날 울면서 처음 한 말은 무엇이었나요? 엄마는 뭐라고 해주셨나요?

4. 잭과 어기는 왜 사이가 멀어졌나요?

활동 1 : 아래의 질문에 답을 하면서, 영화 '원더'를 함께 보세요.

5. 가장 마음에 드는 인물은 누구였고, 왜 그렇게 생각했나요?

6. 어기가 마지막에 한 말의 빈칸을 채워봅시다.

7. 가장 인상 깊었던 장면은 무엇이고, 왜 그렇게 생각했나요?

8. 이 영화를 누구에게 추천해주고 싶고, 왜 그렇게 생각했나요?

9. 영화를 보고난 후, 타인을 존중하는 삶이란 무엇이라는 생각을 하게 되었나요?

활동 2 : 타인을 존중하면서 긍정적인 삶을 살아갔던 혹은 살아가는 인물을 소개해보세요

내가 소개하는 인물의 사진을 붙여보세요.

나는 왜 위의 인물을 소개하였는지, 그 이유를 적어보세요.

모둠 친구들이 소개하는 인물들에 대한 발표를 듣고서, 타인을 존중하며 긍정적인 삶을 살아가는 인물들의 공통점을 찾아서 마인드맵으로 완성해보세요.

활동 3 : 나에게 긍정의 힘을 주는 보물을 찾아보고, 타인을 존중하는 실천을 다짐해보세요.

나에게 긍정의 힘을 주는 보물	보물을 지키는 방법

활동 4 : 타인을 존중하며 스스로 긍정적인 생활을 실천하는 사람이 되기 위해, 스스로 목표를 정하고, 어떻게 실천하고 노력할 것인지 글로 표현해보세요.

목표 1	
실천방법 1	
목표 2	
실천방법 3	
목표 3	
실천방법 3	
목표 4	
실천방법 4	

스스로 실천을 다짐하기 위해서 나에게 하고 싶은 말을 적어보세요.

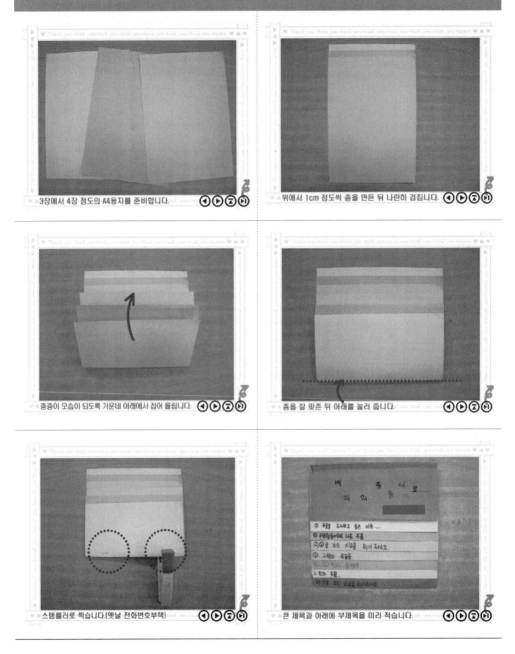

3장에서 4장 정도의 A4용지를 준비합니다.

위에서 1cm 정도씩 층을 만든 뒤 나란히 겹칩니다.

층층이 모습이 되도록 가운데 아래에서 접어 올립니다.

층을 잘 맞춘 뒤 아래를 눌러 줍니다.

스템플러로 찍습니다.[옛날 전화번호부책]

큰 제목과 아래에 부제목을 미리 적습니다.

타인을 존중하는 긍정적인 삶을 실천하게 되었나요?

자기 스스로 평가하고 배운 내용을 정리해보세요.

평가 : 얼마나 잘 알고 있나요?				배운 내용을 정리해보세요.
배움 질문	싹틈	자람	열매	
긍정적 태도의 의미와 중요성을 알고, 스스로 어려움을 극복하기 위한 긍정적인 삶을 살아가고자 다짐을 하게 되었나요?				
긍정적인 삶은 곧 타인을 존중하는 삶과 연결된다는 것을 함께 배웠습니다. 타인을 존중하며 스스로도 긍정적인 삶을 살기 위해 실천 목표를 세우고 스스로 행동으로 옮기게 되었나요?				

소주제 2 어떻게 하면 네 편이 되어 줄 수 있을까?

[활동 1] 친구들의 소중한 인권을 보호하기 위해 헌법 만들기

관련 교과(단원)
국어 1단원. 대화와 공감
사회 2단원-1. 인권을 존중하는 삶(인권 존중과 정의로운 사회)
국어 6단원. 토의하여 해결해요
사회 2단원-2. 법의 의미와 역할(인권 존중과 정의로운 사회)
사회 2단원-3. 헌법과 인권 보장(인권 존중과 정의로운 사회)
음악 1단원. 음악, 꿈꾸는 첫걸음

주요 활동 소개 (총 수업 차시 : 46차시)
① 공감하며 대화하는 방법을 배워요. (국어 1단원) (1~10차시)
② 인권을 알고 우리 반 인권 선언문을 만들어요. (사회 2단원-1) (11~15차시)
③ 친구들의 인권을 존중하고 함께 실천해요. (사회 2단원-1) (16~20차시)
③ 친구들의 인권을 지키는 방법을 함께 찾아봐요. (국어 6단원) (21~29차시)
④ 법의 의미와 필요성을 알고 우리 반 헌법을 제정해요. (사회 2단원-2,3) (30~39차시)
⑤ 모두가 하나 되는 응원 구호를 만들어봐요. (음악 1단원) (40~46차시)

관련 활동지 [프 4-2] [프 4-3]

【'어떻게 하면 네 편이 되어 줄 수 있을까?' 수업 이야기】

공감하며 대화하는 방법을 배워요

'언제나 네 편' 프로젝트 학습의 두 번째 '어떻게 하면 네 편이 되어 줄 수 있을까?'에서는 먼저 타인의 인권을 존중하기 위해서는 상대방을 배려하고 소통하는 대화의 방법을 배우는 것이 필요하다고 생각하였다. 이를 위해 국어 1단원에서 대화와 공감을 통해 친구를 이해하고 서로 공감하며 대화하는 방법에서 그 답을 찾고자 하였다.

이 시기는 원격수업과 등교수업이 병행하는 시기였기에 프로젝트를 진행하기 위해서 가정에서 학생들이 쉽게 수업에 참여할 수 있는 부분은 줌을 활용한 실시간 원격수업으로, 직접적인 설명이 필요한 부분은 등교수업에 진행하였다. 먼저, 앞 부분의 경우 등교수업에서 대화의 특성을 배우고 말을 주고받을 때 표정과 말투가 어떤 역할을 하는지를 학습하였다. 그리고 뒷부분에 실생활 적용 부분의 경우는 원격수업에서 패들렛을 활용하여 칭찬하기 활동, 상대방을 배려하며 조언하기 활동, 친구들의 고민에 대한 해결방법 제안하기 등을 실시간으로 수업하였다.

[패들렛을 활용하여 친구들과 바른 대화 나누기]

위의 그림은 원격수업 기간 중에 학생들이 패들렛을 활용하여 친구들을 칭찬해보는 활동에 참여한 결과물이다.

학기 초에 아직 친해지지 않은 친구들에 대해서 다시 한번 생각해보고 친구들의 장점이나 잘한 일을 찾아서 칭찬해봄으로써 친구들 간의 우정이 돈독해질 수 있었다.

한 학생은 학습활동에 참여하고 학교에 등교해서 다음과 같이 이야기하는 것을 듣고 학기 초에 친한 친구들이 없을 때 이렇게 서로를 관찰하고 잘한 점을 칭찬하면서 더 많은 친구들을 사귀게 될 수 있는 기회가 될 수 있다는 생각이 들었다.

"우리 반에는 4학년 때 친한 친구들이 없어서 많이 어색했는데, OO의 잘한 점을 칭찬하면서 친해지게 되어서 좋았어요."

한 학생은 원격수업으로 학습활동에 참여하였고, 등교수업 시간에 다음과 같이 이야기하는 것을 들었다. 패들렛을 활용한 수업이 학기 초에 친한 친구들이 없을 때 이렇게 서로를 관찰하고 잘한 점을 칭찬하면서 더 많은 친구들을 사귀게 될 수 있는 기회가 될 수 있다는 생각이 들었다.

인권을 알고 우리 반 인권 선언문을 만들어요

주요활동 ①에서는 상대방을 배려하며 조언하는 방법과 서로 공감하며 대화하는 올바른 방법을 배웠다. 또한 패들렛을 활용해 온라인에서 친구들의 좋은 점과 칭찬할 점을 찾아 대화하고 소통하는 방법을 함께 실천하였다. 이를 바탕으로 주요활동 ②에서는 인권 도움 영상 자료를 통해서 인권의 의미와 뜻에 대해서 고민하고 인권에 대한 자신의 생각을 표현하는 활동을 하였다. 추상적 개념인 인권에 대해 학생들은 조금 더 이해를 하게 되었고 자신의 생각을 더하는 활동을 통해 인권에 대한 의미를 바르게 이해할 수 있었다.

다음 활동으로는 세계인권선언문에 대해 살펴보았다. '모든 사람은 존엄하고 평등하다'는 대전제 아래 만들어진 세계인권선언문 30조에 관한 영상을 통해 학습했다. 인권이 가지는 다양한 관점을 살펴보고 그 안에서 인권의 공통적인 속성을 찾아보도록 하였다. 그런 후, 개인별로 중요한 가치와 덕목을 선택해서 친구들이 실천할 수 있도록 포스터로 나타내 전시했다. 또한 우리 학급과 연계하여 교실에서 잘 지켜지지 않는 친구들의 인권을 찾아보고 이를 존중하고 실천하는 활동으로 '우리 반 인권선언문 25조'를 하였다.

인권에 대한 주제망 만들기 ❶

세계인권선언문 결과물

인권 주제망 결과물 ❷

우리 반 인권선언문 결과물

"선생님! 인권은 재미없고 어려운 것이라고 생각했었는데 우리 반 인권선언문을 만들어보니까 다른 친구들을 이해하고 친구들이 싫어하는 행동은 하지 말아야겠다는 생각이 들어요."

위의 말은 '우리 반 인권선언문 25조' 만들고 난 후, 활동 소감을 발표하는 시간에 한 학생이 말한 것이다. 예전에는 수업시간에 인권이 무엇이고 인권을 지켜야 하는 필요성을 알려주기 위해 많은 노력을 했다. 돌이켜보면 그 수업을 통해 학생들이 인권의 필요성과 인권이 자신의 삶과 깊이 관련되어 있다는 것을 깨닫지는 못했을 것 같다. 그 학생의 말을 듣고 실제 자신의 삶과 관련지어 학습하는 것이 의미가 있고 배움이 일어나는 것이라는 생각이 들었다. 그러면서 지금까지 나의 수업을 반성하고 내가 옳다고 생각한 방법에 대한 의문이 들었다. '과연 지식을 전달하는 중심의 수업이 학생들에게 의미가 있는 것일까?' 이번 수업은 학생의 성장을 지켜보는 것보다 교사인 나의 수업 성찰과 반성에 큰 도움이 되지 않았나 생각한다.

친구들의 인권을 존중하고 함께 실천해요.

주요활동 ③에서는 인권 신장을 위해 노력했던 옛 사람들을 조사하여 정리한 후, 인권 역사 연표로 나타내는 활동이다. 이러한 활동을 통해 인권의 가치와 중요성을 이해하고, 우리 학급에서 실제 인권이 침해되는 사례를 찾아 해결 방법을 제시하고 실천하였다. 아래 그림은 소주제① 도덕 시간에 배운 인권 신장을 위해 노력한 인물과 자신이 조사한 인물을 바탕으로 역사 연표를 만든 결과물이다. 이 활동을 통해 사회 시간에 학습한 연표에 대한 개념을 바탕으로 자신이 알고 있는 정보와 조사한 정보를 요약 정리하여 나타내도록 하였다. 그리고 인물의 주요 활동을 정리하면서 그 인물의 배울 점 등을 스스로 생각하고 정해보도록 하였다.

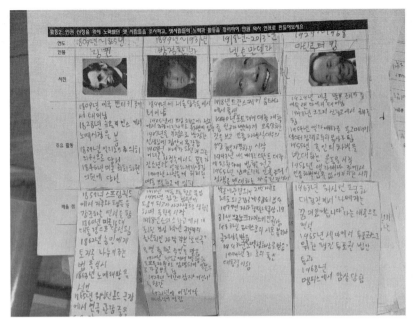

인권을 존중했던, 역사 인물들 연표 그리기

다음 활동은 학급에서 친구의 인권이 침해되는 사례를 찾아보고, 그에 대한 해결 방법을 정하고 실천하도록 하였다. 학급 내에서 일어나는 친구의 인권 침해 사례는 생각보다 다양했다. 다음은 학생들이 우리 반에서 많이 일어나는 인권 침해의 사례를 찾아본 것이다.

"별명을 부르는 것이 듣기 싫어요."

"저보고 잘못하고 이상하다고 말해요."

"장난이라면서 자꾸 저를 때려요."

"자꾸 제 말을 무시하고 들어주지 않아요."

"허락도 받지 않고 제 물건을 함부로 가져가서 사용해요."

물론 앞에서 살펴본 인권 침해 사례는 학급에서 쉽사리 짐작할 수 있었지만, 미처 생각하지 못한 부분들도 있었다. 이러한 활동은 담임교사가 학급에서 일어나고 있는 여러 상황을 자연스럽게 파악할 수 있고 학급을 운영하는데 많은 도움을 줄 수 있다는 생각이

들었다. 또한 학생들도 자신의 행동을 반성하는 계기가 될 수 있고 다른 사람의 입장과 마음을 듣고 행동의 변화로 이어지지 않을까 생각한다.

앞에서 다른 친구의 인권 침해 사례를 살펴보았고, 연계활동으로 문제 상황을 어떻게 해결할 수 있을지 개인별로 찾아보았다. 해결 방법을 글로 표현할 수도 있지만, 글로 전달하지 못하는 표현력이 있기에 친구의 인권 침해를 해결하는 방법을 만화로 표현하였다.

| 친구 인권 침해 해결 만화 | 친구 인권 보호 포스터 |

토의 방법을 배워 우리에게 필요한 헌법을 친구와 함께 만들어요.

주요활동 ④에서는 토의의 뜻과 필요성, 절차와 방법을 배우고, 실제 학급에서 어려움을 겪고 있는 친구들의 인권을 보호하기 위한 우리 반 헌법을 제정했다. 아래 사진은 우리 반에 필요한 헌법을 친구들과 함께 협의하기 전에 국어 6단원에서 토의의 뜻과 의미, 절차와 방법을 학습하고 모둠별 및 학급 전체 토의 활동을 하는 모습이다. 작년 코로나로 인해서 학생들은 토의 경험이 없는 상태였고 학급에 필요한 헌법을 제정하기 위해서는 필수적인 과정이기 때문에 사전에 토의를 하는 방법을 배우는 것이 중요하다고 판단했다.

'토의가 제대로 진행이 될까?'는 걱정과 '학생들이 재미없다고 지루해하지 않을까?'는 우려로 토의 활동을 시작했었다. 그러나 걱정과는 달리 학생들은 주제에 관심을 가지고 매우 활발히 수업 활동에 참여하며 그 문제를 해결하려고 노력하였다.

모둠별 토의 활동

학급 전체 토의 활동

토의의 과정과 절차를 배운 후, 사회 수업에서 법의 의미와 역할 그리고 필요성 등을 공부했다. 그리고 헌법 만들기 활동을 연계하여 프로젝트 수업을 진행했다. 사회 교과에서 용어와 개념은 매우 중요하지만, 이러한 부분을 설명으로만 할 경우에 학생들은 수업 활동에 대한 흥미와 호기심을 잘 느끼지 못하는 경우가 많다. 그래서 헌법과 관련된 영상을 통해 관심과 우리 생활 속과의 관련성을 이해하도록 하였다. 아래의 사진은 학생들이 법이 적용되는 사례를 찾아보고 그에 따른 법의 역할을 알아보도록 하였다. 그런 다음 헌법에 대한 개념과 헌법에서 제시하고 있는 기본권과 의무를 하나씩 학습하고 다시 자신의 언어와 그림으로 표현하고 우리 생활 속의 사례에서 찾아보도록 하였다. 이러한 활동을 통해 학생들은 법의 필요성을 바르게 이해하게 되었다.

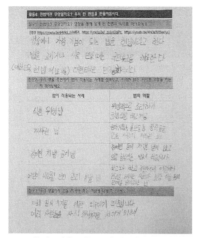

법이 적용되는 사례 살펴보기

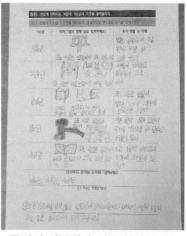

국민의 기본권과 의무 알아보기 1

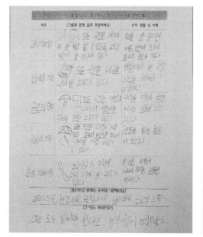

국민의 기본권과 의무 알아보기 2

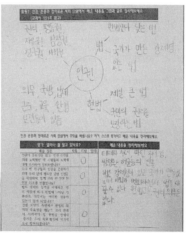

과정중심 평가지

소주제 2의 앞 부분에서 공감하며 대화하는 방법, 인권의 의미와 중요성, 토의 방법과 절차, 법의 역할과 필요성, 헌법에서 제시하고 있는 기본권과 의무를 배웠다. 이와 연계하여 우리 반 친구들의 인권을 보호하기 위한 헌법 만들기 활동을 계획하였다. 학생들이 토의 활동에 참여할 수 있는 기회를 최대한 보장하기 위해 모둠별로 진행하였다. 아래는 학생들이 모둠별로 참여하여 진행한 학습 결과물이다.

다양한 토의문제 상황 살펴보기

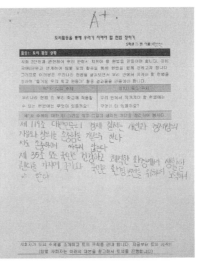

토의활동 ❶ 자신의 생각 정리하기

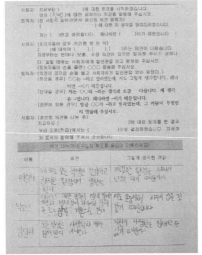

토의활동 ❷ 의견 나누기

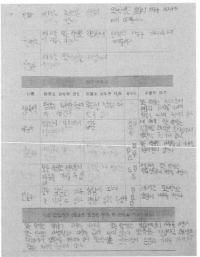

토의활동 ❸ 의견 모으기

우리 반 헌법을 제정하였지만, 실제 학생들이 이를 인식하고 지속적으로 실천할 수 있는 활동이 필요하였다. 헌법을 제정한 것을 [즐거운 우리 학교 만들기]를 활용하여 표현하도록 하고 우리 학급에서 제정한 헌법을 적도록 하였다. 그 결과물을 학생들이 항상보고 생각할 수 있도록 교실에 전시하였다.

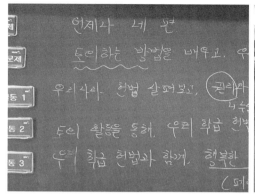

헌법 만들기 활동 안내

모둠별 토의활동 모습

즐거운 우리 학교 만들기 활동

즐거운 우리 학교 만들기 결과물

친구를 응원하는 노래를 만들어요

소주제 2의 최종 활동은 소주제 3의 미니 협력 올림픽에서 친구들을 응원할 수 있는 아름다운 노래를 직접 개사하는 것이다. 먼저 음악 '모두모두 자란다'는 음악을 배우고 난 후, 리듬꼴을 바꾸어 보도록 하였다. 그런 다음 모둠별로 우리 반 친구 응원 구호를 직접 만들고 발표하도록 하였다. 아래 사진은 친구를 응원하는 노래 만들기 학습지 결과물과 실제 활동하고 있는 모습이다.

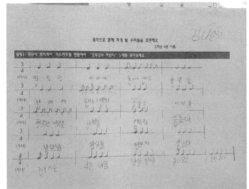

모두모두 자란다 리듬꼴 바꾸기

모두모두 자란다 부르기

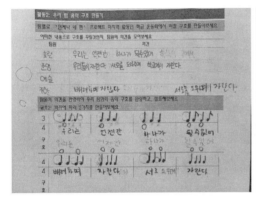

우리 반 친구 응원구호 만들기

우리 반 친구 응원구호 발표하기

프 4-2 평가 정보표 및 활동지

평가 정보표

학교급	초등학교		학년	5학년
교과 (과목)	사회		교육과정 내용 영역	법
단원/ 과제명	2단원(프로젝트 4)			
성취기준 (평가 기준)	[6사02-05] 우리 생활 속에서 법이 적용되는 다양한 사례를 제시하고, 법의 의미와 성격을 설명한다.	상	우리 생활 속에서 법이 적용되는 사례를 통하여 법의 필요성을 제시하고, 법의 의미와 성격을 설명할 수 있다.	
		중	우리 생활 속에서 법이 적용되는 사례를 바탕으로 법의 필요성을 설명할 수 있다.	
		하	우리 생활 속에서 법이 적용되는 사례를 보고 법의 필요성을 제시하려 노력한다.	
교과 역량	추론, 의사소통			
평가 방법	평가 형식	☑ 서술·논술 ☐ 구술·발표 ☐ 토의·토론 ☐ 프로젝트 ☐ 실험·실습·실기 ☐ 포트폴리오 ☐ 기타		
	평가 주체	☑ 자기평가 ☐ 동료평가 ☐ 교사평가 (관찰)		

과정 중심 평가의 방향 (의도)	일상생활 속에서 법이 적용되는 다양한 사례 조사를 통해 법의 의미와 성격을 탐구함으로써 법의 필요성을 인식하고 다른 사회 규범과 비교하여 법의 특징을 이해하는지에 주안점을 두어 평가한다.

평가 영역	평가 요소	평가 척도
법의 역할	법의 역할 및 필요성 제시하기	3단계(상, 중, 하)
조사하기	우리 생활 속에서 법이 적용되는 사례 조사하기	3단계(상, 중, 하)

평가 시 유의점	법이 적용되는 사례를 적절히 분석하여 법의 필요성을 제시할 수 있도록 한다. 다른 규범과 구분되는 법의 의미와 성격을 제시할 수 있도록 한다.
피드백 계획	분모가 다른 분수의 덧셈과 뺄셈을 일상생활과 관련지어 추가 제시하고 계산 원리를 이해할 수 있도록 한다.

우리 반 친구들의 인권 보호, 우리 반 법 만들기

학년   반   이름:

활동 1 : 인권이란 무엇일까요? 우리 반이 함께 인권 카드를 만들어봅시다.

질문 1 : 인권이란 무엇일까요? 영상을 통해 알게 된 인권의 의미를 적어보세요.

[영상 https://youtu.be/UwSU8krLNfQ, https://youtu.be/eN_fuoq3_Rk]

질문 2 : 세계 인권 선언문 30조를 영상을 통해 살펴보고 인권 선언문 중 하나씩 선정하여, 우리 반 인권 선언문 25조를 만들어봅시다.

[영상 https://youtu.be/DPFvH6UoiJs]
영상을 통해 알게 된 30개의 인권 선언문 중 하나씩 선정하여, 우리 반에서 지켜야 할 인권 선언문 25조를 함께 만들어보세요. 활동지는 도화지를 8등분한 뒤 하나씩 가지고서 활동을 하면 됩니다. 활동 결과는 우리 반 뒷 게시판에 제시하도록 하겠습니다.

활동 2 : 인권 신장을 위해 노력했던 옛 사람들을 조사하고, 옛사람들의 노력과 활동을 정리하여 권 역사 연표로 만들어보세요.

연도	
인물	
사진	
주요 활동	
배울 점	

활동 3 : 우리 반 친구들의 인권을 존중해요

질문 1 : 우리 반에서 인권이 침해된 사례에는 무엇이 있을까요?
(침해 사례를 그림으로 표현해보세요)

질문 2 : 질문 1에서 그림으로 표현한 우리 반 친구들의 인권 침해를 해결하기 위해서 우리는 어떠한 노력을 하고, 어떻게 실천하고 행동을 해야 할까요?(4컷 만화로 그려보세요)

질문 3 : 위에 적은 내용을 바탕으로 우리 반 친구들의 인권 보호를 주제로 포스터를 만드세요.

활동 4 : 헌법이란 무엇일까요? 우리 반 헌법을 만들어봅시다.

질문 1 : 헌법이란 무엇일까요? 영상을 통해 알게 된 헌법의 의미를 적어보세요

[영상 https://youtu.be/jHWcLzhWlE4,https://youtu.be/_zyJjnSbjPc,https://youtu.be/4hOa3W3eWys]

질문 2 : 우리 생활 주변에서 법이 적용되는 사례를 살펴보고, 이러한 법은 어떠한 역할을 하는지 적어보세요

법이 적용되는 사례	법의 역할

질문 3 : 우리 생활에서 법을 지켜야 하는 까닭에 대해 적어보세요.

활동 5 : 헌법에 나타나는 국민의 기본권과 의무를 알아봅시다.

질문 1 : 헌법에 나타난 기본권을 알아보고, 중요하다고 생각되는 순서를 정해보세요

기본권	의미(그림과 함께 글로 표현하세요)	우리 생활 속 사례

[중요하다고 생각되는 순서대로 나열해보세요]

[그 이유는 무엇인가요?]

질문 : 우리 반 친구들의 인권을 보호하기 위해, 우리 반에 필요한 헌법에는 무엇이 있을까요?

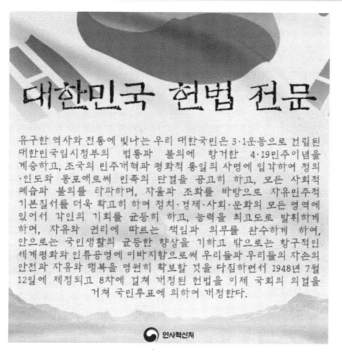

[영상 https://youtu.be/XV0qVzzhK3k, https://youtu.be/LKz7qQqifo8]

팀별로 우리반 친구들의 인권을 보호하기 위해 필요한 헌법을 정하고, 팀별로 정한 헌법이 적혀 있는 즐거운 우리 학교 만들기 활동 결과물을 전시하며 스스로 실천을 다짐해보세요. 즐거운 우리 학교 만들기 활동 영상은 https://youtu.be/5_ij6XSpPcE 이고, 도안은 다음 쪽에 있습니다.

토의활동을 통해 우리 반 헌법을 정해봅시다

학년   반   이름:

사회 2단원과 관련하여 우리 반에서 지켜야 할 헌법을 만들어야 합니다. 이에 국어 6단원과
연계하여 팀별 토의 활동을 통해 헌법을 함께 정하고자 합니다. 그러므로 여러분은 우리나라 헌법을
살펴보면서 우리 반에서 지켜야 할 헌법을 정하여 '즐거운 우리 학교 만들기' 활동 결과물을
만들어야 합니다.

제1차 토의 주제	제2차 토의 주제
우리나라 헌법 중 우리 학급에 적용할 수 있는 헌법에는 무엇이 있을까요?	우리 반에서 지켜져야 할 헌법에는 무엇이 더 있을까요?

제1차 주제에 대한 내 의견을 적고 그렇게 생각한 까닭을 정리하여 봅시다.

사회자가 토의 주제를 소개하고 토의 규칙을 안내 합니다. 지금부터 토의 시작!! (팀별 사회자는 아래의 대본을 참고해서 토의를 진행합니다.)

사회자:	지금부터 (　　　)에 대한 토의를 시작하겠습니다. 먼저 (　　　)에 대한 생각이나 의견을 말씀해 주십시오.
토의자:	(한 사람씩 돌아가면서 자신의 의견 말하기) (　　　　　　　) 에 대한 제 생각을 말씀드리겠습니다. 저는 (　　　)라고 생각합니다. 왜냐하면 (　　　)이기 때문입니다.
사회자:	(토의자들이 모두 의견을 말 한 뒤) (　　)에 대하여 (　　), (　　), (　　)라는 의견이 나왔습니다. 지금부터는 반대나 보충, 수정 의견이 있으면 말씀해 주시기 바랍니다. 말할 때에는 사회자에게 발언권을 얻고 말씀해 주십시오. (토의자들이 손을 들면) ○○○ 말씀해 주십시오.
토의자:	(의견이 있으면 손을 들고 사회자에게 발언권을 얻어 말한다.) (찬성일 경우) ○○는 ~라고 말하였는데, 저도 그렇게 생각합니다. 왜냐하면 ~이기 때문입니다. (반대일 경우) 저는 ○○의 ~라는 생각과 조금 다릅니다. 제 생각은 ~입니다. 왜냐하면 ~이기 때문입니다. (질문이 있을 경우) 방금 ○○가 ~라고 말하였는데, 그 까닭이 무엇인지 말씀해 주십시오.
사회자:	(충분히 의견을 나눈 후) 지금까지 (　　　　　　)에 대한 토의를 한 결과 우리 모둠(학급)에서는 (　　　　　　)으로 결정하였습니다. 지금까지 토의에 참여해 주셔서 감사합니다.

의견 나누기(친구들의 발표를 들으며 기록하세요)		
이름	의견	그렇게 생각한 까닭

의견 모으기				
이름	팀별로 검토한 장점	팀별로 검토한 단점	중요도	수용된 의견

의견 결정하기 (팀별로 결정한 우리 반 헌법을 적어보세요)

즐거운 우리 학교 만들기(교실 도안)

출처 : https://blog.naver.com/everydayvocab/221889309333

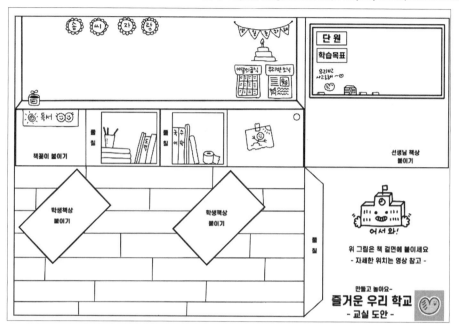

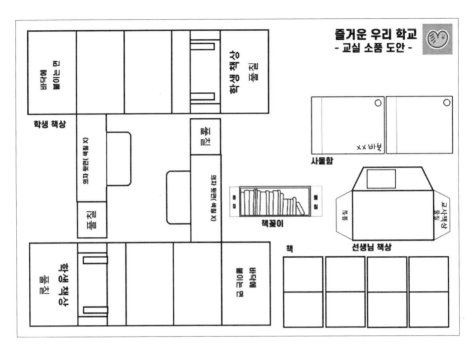

즐거운 우리 학교
- 교실 소품 도안 -

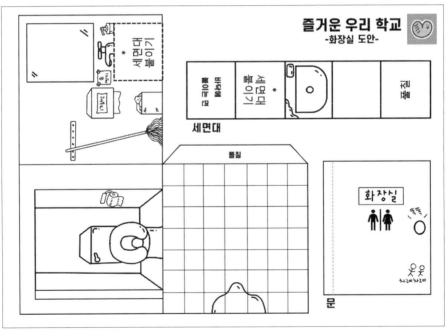

즐거운 우리 학교
-화장실 도안-

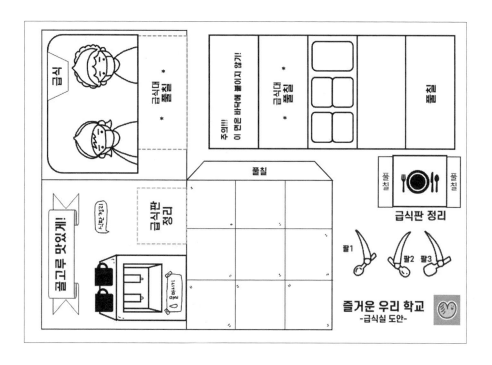

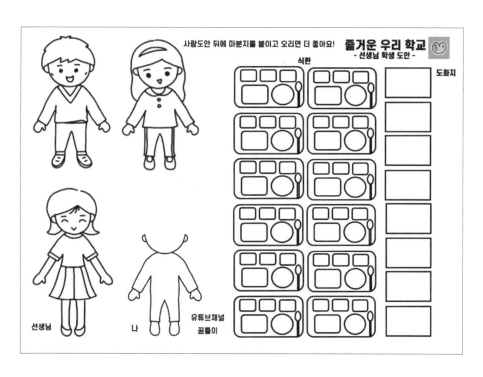

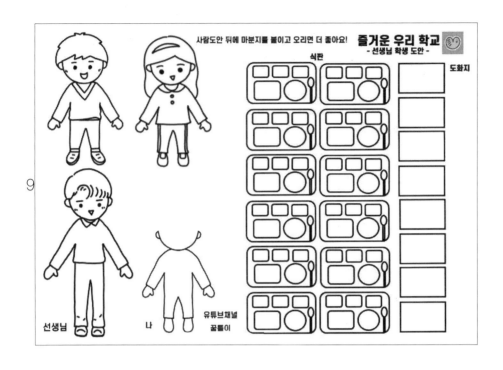

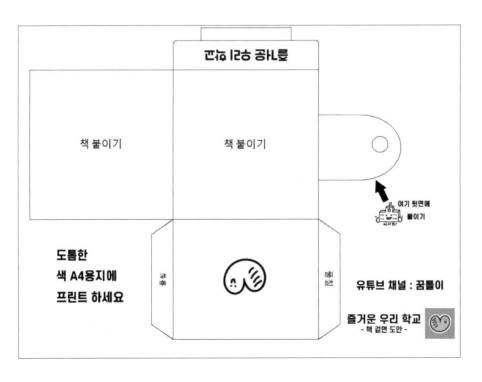

인권 존중과 정의로운 사회 단원에서 무엇을 배웠나요?

자기 스스로 평가하고 배운 내용을 정리해보세요.

평가 : 얼마나 잘 알고 있나요?				배운 내용을 정리해보세요.
배움 질문배움 질문	싹틈	자람	열매	
인권의 중요성을 앍고, 인권 신장을 위해 노력했던 옛 사람들의 노력에 대해 조사하여 정리하였나요?				
우리 반 친구들의 인권을 존중하기 위해 우리 반에 필요한 인권 선언문을 작성하여, 함께 우리 반 인권 선언문 25조를 만들었나요?				
법의 의미와 성격을 이해하고, 법의 역할에 따라 헌법에 나타난 기본권과 의무에는 어떠한 것들이 있는지 알게 되었나요?				
인권 보장의 측면에서 헌법의 의미와 중요성을 깨닫고, 우리 반에서 지켜져야 할 헌법을 정해서 '즐거운 우리 학교' 활동에 적극적으로 참여하였나요?				

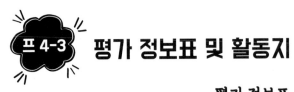

평가 정보표 및 활동지

평가 정보표

학교급	초등학교		학년	5학년
교과 (과목)	음악		교육과정 내용 영역	표현
단원/ 과제명	2단원 음악, 따뜻한 마음(프로젝트4)			
성취기준 (평가 기준)	[6음01-01]악곡의 특징을 이해하 며 노래 부르거나 연주한다. [6음01-06]바른 자세와 호흡으로 노래 부르거나 바른 자세와 주법 으로 악기를 연주한다. 프로젝트-4	상	악곡의 특징을 잘 이해하고 바른 자세 와 주법으로 악기를 연주할 수 있다.	
		중	악곡의 특징을 이해하고 바른 자세와 주법으로 악기를 연주할 수 있다.	
		하	악곡의 특징을 이해하고 바른 자세와 주법으로 악기를 연주하려고 노력한다.	
교과 역량	음악적 감성 역량, 음악적 소통 역량			

평가 방법	평가 형식	☐서술·논술 ☐구술·발표 ☐토의·토론 ☐프로젝트 ☑실험·실습·실기 ☐포트폴리오 ☐기타
	평가 주체	☑자기평가 ☐동료평가 ☐교사평가 (관찰)

과정 중심 평가의 방향 (의도)	학급의 친구들과 함께 협동하여 다양한 악곡의 특징을 이해하고 참여할 수 있는 역량을 길러줌으로써 바른 자세와 올바른 주법으로 악기를 연주할 수 있도록 한다.

평가 영역	평가 요소	평가 척도
자세와 연주법	바른 자세와 주법으로 악기 연주하기	3단계(상, 중, 하)
악기로 표현하기	악곡의 특징을 살려 악기로 표현하기	3단계(상, 중, 하)

평가 시 유의점	개인 악기의 연주 자체 보다는 친구들과 협력하여 합주하면서 자신과 타인의 음악적 표현을 이해하여 서로 소통하는 기회를 가지는 것에 주안점을 둔다.

피드백 계획	친구들과 협력하여 합주함으로써 서로 소통하고 공감하는 능력의 중요성을 이해하고 바른 자세와 올바른 주법으로 연주할 수 있는 표현 능력을 지도한다.

음악으로 함께 하게 될 우리들을 표현해요

학년   반   이름:

3					
4					

(가사)

3					
4					

(가사)

3					
4					

(가사)

3					
4					

(가사)

4					
4					

(가사)

활동 10 : 우리 팀 음악 구호 만들기

팀별로 '언제나 네 편' 프로젝트 마지막 활동인 학급 운동회에서 외칠 구호를 만들어보세요.

어떠한 내용으로 구호를 꾸밀 것인지, 팀원의 의견을 모아보세요	
팀원	의견

팀원의 의견을 반영하여 우리 팀만의 음악 구호를 완성하고, 발표해보세요.
구호는 박자에 따라 2가지를 만들어보세요.

3				
4				

구호

4				
4				

구호

나의 마음과 감정을 음악으로 표현할 수 있나요?

자기 스스로 평가하고 배운 내용을 정리해보세요.

평가 : 얼마나 잘 알고 있나요?				배운 내용을 정리해보세요.
배움 질문배움 질문	싹틈	자람	열매	
다장조의 주요 3화음을 이해하고, 부분 2부 합창과 기익 합주를 하며 '모두모두 자란다'노래를 부를 수 있나요?				
박자에 맞게 리듬반주를 만들어서 '모두 모두 자란다'노래를 부를 수 있나요?				
팀원과 함께 '우리 팀 구호'를 만들어서 발표하고, 느낀점과 소감을 발표할 수 있나"?				

소주제 3 · 언제나 네 편이 되어 줄게

[활동 1] 모두가 하나되는 미니 협력 올림픽 참여하기

관련 교과(단원)

창의적 체험활동(동아리활동)–한자교육
미술 6단원. 아름다운 전통 미술
창의적 체험활동(자율활동)–학년특색교육과정

주요 활동 소개 (총 수업 차시 : 14차시)

① 친구와 관련된 한자 성어를 배우고 우정의 의미를 살펴봐요.
　 (창의적 체험활동)–연차시 운영 (1~2차시)
② 전통 공예품과 생활 용품에 우정을 담아요. (미술 6단원) (3~8차시)
③ 친구와 함께 즐겁게 미니 협력 올림픽에 참여해요. (창의적 체험활동) (9~14차시)

관련 활동지 [프 4–4]

【'언제나 네 편이 되어 줄게' 수업 이야기】

친구와 관련된 한자 성어를 배우고, 우정의 의미를 살펴봐요.

마지막 소주제 3은 앞에서 배운 것을 실천해 보도록 하는데 중점을 두고 계획하였다. 이를 위해 먼저, 창의적 체험활동 중 동아리 활동과 연계하여 우정과 관련된 한자어를 배우고 친구의 의미를 살펴보도록 하였다. 또한 친구에게 예의를 지키지 않았던 자신의 삶을 돌아보고 나아가 앞으로 친구와 더욱 잘 지내기 위해 지켜야 할 예절을 그림으로 표현하여 학생들에게 친구의 소중함을 깨달을 수 있도록 하였다.

아래 그림은 학년 특색 교육활동으로 '언제나 네 편' 프로젝트 수업과 연계하여 한자 교육을 실시한 모습이다. 竹馬故友(죽마고우), 朋友有信(붕우유신)을 통해 오래된 친구와의 사이를 되돌아보고 친구 간에 지켜야 할 예절을 알아보도록 하였다. 이러한 활동을 통해 학생들은 친구의 의미를 깊이 잘 이해하고 친구 사이가 돈독해졌다.

한자쓰기 동아리 활동모습 ❶

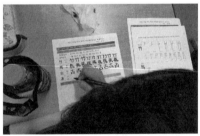
한자쓰기 동아리 활동모습 ❷

죽마고우 한자쓰기 활동 결과물

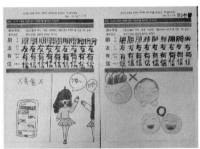
붕우유신 한자쓰기 활동 결과물

전통 공예품과 생활용품에 우정을 담아요.

미술 교과와 연계하여 학생들이 배운 한자성어를 우리나라의 전통 공예품과 생활용품에 표현해보도록 하였다. 프로젝트 수업의 경우 학생들이 활동에만 치중하여 주객이 전도되는 일이 발생하는 경우가 있을 수 있다. 그래서 앞에서는 한자를 실제 써보고 그림으로 표현해서 우정의 의미를 되살펴보았고, 이번 활동에서는 부채 만들기, 가습기 만들기를 이용하여 다시 한번 우정의 의미를 되새기도록 하였다. 아래 그림은 학생들이 한지공예를 이용하여 우리나라의 전통 공예품인 한지 부채를 만드는 모습과 활동에 따른 작품 전시물이다.

한지공예 미술 활동 ❶

한지공예 미술 활동 ❷

한지공예–친구사랑 부채 만들기

생활용품–친구사랑 가습기 만들기

친구와 함께 즐겁게 미니 협력 올림픽에 참여해요.

'언제나 네 편' 최종 프로젝트 활동으로 친구를 배려하고 존중하며 협력하여 다양한 미니 올림픽 경기를 개최하였다. 경기 종목은 학생들에게 전통 놀이와 관련된 종목을 선정하도록 하여 투표를 받아 경기 종목을 지정하였다. 그 결과 1반은 제기차기, 2반은 공기놀이, 3반은 투호놀이, 4반은 고깔모자, 5반은 딱지치기로 총 5개의 종목을 선정하였다. 이번 프로젝트의 목표 중 하나는 다른 반 친구들과도 만나서 가까워지고 함께 어울리면서 친구의 소중함을 깨닫는 것이었다. 그래서 각 학급 내에서 5개의 모둠을 구성한 후, 각 모둠별로 순서를 정하여 다양한 친구들과 만나도록 하였다. 평소에는 학급의 친구들만 만나서 경기를 하는 만큼 이 순간은 학생들이 친하지 않은 친구와도 만나서 이야기를 나누고 함께 경기를 하면서 더욱 친해질 수 있었다. 아래의 사진은 미니 협력 올림픽 활동 모습이다.

미니 협력 올림픽 활동 모습

미니 협력 올림픽-고깔놀이

미니 협력 올림픽-투호놀이

미니 협력 올림픽-제기차기

프 4-4 **평가 정보표 및 활동지**

우정과 관련된 한자 성어를 배워봅시다(1)

활동 1 : 우정과 관련된 한자, 사자성어를 알아보고 써 봅시다.

공부하기 : 다음의 한자어를 10번씩 쓰시오.

竹馬古友(죽마고우) : 대나무로 만든 말을 타고 놀던 벗이라는 뜻으로, 어릴 때부터 같이 놀며 자란 친한 벗을 이르는 말

竹	대나무(죽)							
馬	말(마)							
古	옛날(고)							
友	친구(우)							

활동 2 : 친구들에게 섭섭했거나 예절을 지키지 않은 경험을그림으로 표현하기

우정과 관련된 한자 성어를 배워봅시다

공부하기 : 다음의 한자어를 10번씩 쓰시오.

朋友有信(붕우유신) : 오륜(五倫)의 하나.
〈오륜 : 유교에서, 사람으로서 지켜야 할 다섯 가지 윤리〉 벗의 도리는 믿음에 있다는 뜻이다.

朋	벗(붕)									
友	친구(우)									
有	있을(유)									
信	믿을(신)									

활동 2 : 친구 사이에 지켜야 할 예절을 그림으로 표현하기

우정과 관련된 한자 성어를 한지 공예로 표현해요(미술)

학년   반   이름:

활동 3 : 친구 관계 관련 한자 성어 중 가장 마음에 드는 한자를 골라서 직접 써보세요.

활동 4 : 교우 관계 관련 한자 성어를 활용하여 한지 공예로 표현하기

관련영상 1 : https://youtu.be/RSjvhysiz80
관련영상 2 : https://youtu.be/jympsZD5glY
관련영상 3 : https://youtu.be/wT45GyUBm_M
관련영상 4 : https://youtu.be/3bwG9guWVjl

[어떻게 한자 성어를 꾸밀 것인지 밑그림을 그려보세요]

활동 5 : 한지 공예를 활용하여 우리 학급 올림픽에서 사용할 물건 만들기(제기 등)

프로젝트 5 · '우리가 살아가는 아름다운 국토'

프로젝트 5
학습지 모음

1. 프로젝트 개요

2019년 3월 SBS 8시 뉴스기사에 의하면 일본의 2020년 초등학교 역사교과서에는 독도를 '다케시마'라는 일본의 고유영토이며 한국이 이를 불법점거하고 있다는 내용이 들어 있다. 일본은 2010년부터 초등학교 교과서에 독도를 일본의 영토라는 내용을 싣고 있으며 우리나라는 이에 대해 항의하며시 정해야 한다는 것을 재차 주장하고 있지만 일본은 이를 듣지 않고 있는 실정이다.

이러한 시점에서 우리 국토의 위치와 영역, 자연환경과 인문 환경 등 지리적 특성을 이해하는 수업은 매우 의미있는 학습이 될 것이다. 하지만 그동안 우리 국토 교육은 창의적 체험활동 시간이나 사회, 국어 등 교과 시간과 연계하여 실시하고 있으나 '독도는 우리 땅' 노래 익히기, 독도의 날(10월 25일) 의미 알기, 독도와 관련된 퀴즈풀기 등 지식 이해 중심으로 가르치고 학생들은 단순히 독도는 우리나라 영토의 일부인 것만 기억하지 언제부터 독도가 우리 땅이 되었으며, 일본이 독도를 왜 자신의 것인지 주장하는 지 그리고 우리나라에게 독도는 어떤 의미를 가지고 있는지에 대한 것까지 탐구할 기회를 얻지 못하고 있는 것이 사실이다. 이러한 상황에서 학생들은 맹목적으로 우리나라는 한반도 이남에서 울릉도와 독도를 영토로 가진다고 '암기'할 것으로 예상할 수 있다. 섬을 그려볼 때는 제주도와 울릉도, 독도만 크게 강조해서 나타내는 경우도 있었다. 학생들은 독도가 소중하다는 것은 알지만, 정확한 인식을 하지 못하고 있다. 올바른 인식과 국토에 대한 사랑이 있어야 구체적 실천으로 나아갈 수 있을 것이다.

2015 개정 사회과 교육과정에서는 학생들이 민주시민으로서 갖춰야 할 창의적 사고력, 문제해결 능력, 의사소통 능력, 정보 활용 능력 등 다양한 자질을 지닐 수 있도록 지리, 역사, 경제, 문화 등 각 분야에 대한 지식을 습득함과 물론 그 개념과 원리를 발견할

수 있도록 탐구하는 능력을 기르도록하고 있다. 사회과의 여러 분야 중 지리는 사회과 교육과정의 구성 원리인 학생들이 생활하는 공간을 인식하고 이보다 더 넓은 지역, 국가, 세계를 점차 이해하도록 환경확대법을 중심으로, 우리 삶의 터전인 지역을 기초로 한다. 이를 토대로 한국사, 국토와 환경, 한국 사회의 특징과 변화, 지구촌의 특징과 변화 등에 대한 탐구를 통해 한국인으로서의 정체성과 세계시민으로서의 자질을 갖추도록 하고 있다. 그 과정 중 초등학교 5학년 사회교과에서는 우리나라의 자연환경과 인문환경의 이해를 바탕으로 올바른 국토관을 세우며 국토를 사랑하는 마음과 관심을 기를 수 있도록 방향이 설정되어 있다. 하지만 2015 개정 사회과 교육과정의 목표에 맞게 학교 현장에서 실시되고 있는가?

학생들의 인식 및 태도에 주목하는 이유는 학생들의 국토에 대한 개념 및 감정의 유형에 대한 검토가 그 변화를 마련하기 위한 단초를 마련할 수 있기 때문이다. 오늘날 국제 정세 변화 속에서 국토교육은 필요성과 당위성을 더해가나, 학생들의 국토인식과 태도의 요인, 적극적인 국토교육의 방향은 무엇인가에 대한 교육은 아직 미흡한 것이 사실이다.

이에 우리 공동체서는 '우리가 살아가는 국토' 프로젝트 학습을 통해 올바른 국토관을 세우고 더 나아가 국토를 사랑하는 마음과 바람직한 국토 발전에 대한 관심과 이를 실천하는 태도를 기르고자 하였다. 이를 위해 우리나라의 위치와 영역이 지는 특성을 알아보고 이를 통해 우리 국토의 소중함과 국톨르 사랑하는 태도를 기르고자 한다. 그리고 다양한 자료를 활용해 국토의 기초적인 지리 정보를 파악하고, 지형과 기후를 중심으로 국토의 자연환경 특성을 탐구하고, 우리나라와 관련된 자연재해의 종류와 대책을 탐색하면서 이와 관련된 안전 수칙을 실천하는 태도를 함께 기로도록 구성하였다. 끝으로 우리 국토의 인구 변화 도시 발달 과정의 특성을 탐구함으로써 인문환경의 특징도 파악하도록 하였다.

2. 프로젝트 주제망

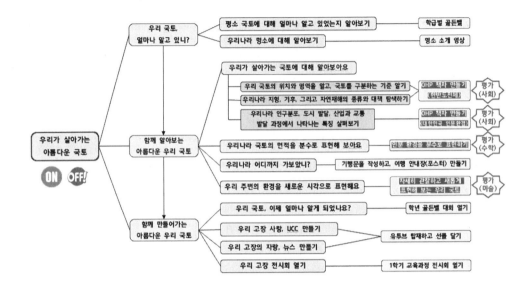

3. 프로젝트 학습 교육과정 재구성

교과 (차시)	단원	성취기준	프로젝트 수업 설계	수행과제
사회 (22)	1 단원	[6사01-01] 우리나라의 위치와 영역이 지니는 특성을 설명하고, 이를 바탕으로 하여 국토 사랑의 태도를 기른다. [6사01-02] 우리 국토를 구분하는 기준들을 살펴보고, 시·도 단위 행정구역 및 주요 도시들의 위치 특성을 파악한다.	우리 국토의 위치, 영역을 알아보고 우리 국토를 어떻게 구분을 하고 있는지 행정 구역의 위치를 살펴본 후, 우리 국토를 사랑하는 마음을 다양한 방법으로 표현하기(결과물 활용해서 프로젝트 마지막에 우리 고장 전시회 열기)	**소주제2. 함께 알아보는 아름다운 우리 국토** **수행과제 1:** ㉮ 우리나라 위치와 영역, 지형과 행정구역, 기후와 기온의 특징, 자연재해 등 4가지 주제에 대해 OHP 책자 완성하기
		[6사01-03] 우리나라의 기후 환경 및 지형 환경에서 나타나는 특성을 탐구한다. [6사01-04] 우리나라 자연재해의 종류 및 대책을 탐색하고, 그와 관련된 생활 안전 수칙을 실천하는 태도를 지닌다.	우리나라의 행정 구분별 특성(위치와 발달, 기후환경, 지형환경 등)을 학습한다. 한반도 백지도와 OHP필름을 활용하여 4개의 주제(위치와 영역, 지형과 행정구역, 기후와 기온의 특징, 자연재해 등)로 구분지어 OHP 책자 완성하기	**수행과제 2:** ㉯ 우리나라 인구 구성 및 분포, 도시 및 산업발달, 교통발달과 변화된 국토의 모습 등 4가지 주제에 대해 OHP 책자 완성하기
		[6사01-05] 우리나라의 인구 분포 및 구조에서 나타난 변화와 도시 발달 과정에서 나타난 특징을 탐구한다. [6사01-06] 우리나라의 산업구조의 변화와 교통 발달 과정에서 나타난 특징을 탐구한다.	우리나라 인구 구성 및 분포, 도시 및 산업발달, 교통발달과 변화된 국토의 모습 등 4개의 주제에 대해서 대한민국 백지도활용 OHP 책자 완성하기	**수행과제 3:** ㉰ 우리나라 국토의 특성(행정구역별 면적 크기, 인구 분포 정도 등)을 이용해 분수로 표현하여 시각적으로 비교해보고, 그와 관련된 문제를 만들고 친구들과 돌려가며 풀어보기
수학 (9)	5 단원	[6수01-08] 분모가 다른 분수의 덧셈과 뺄셈의 계산 원리를 이해하고 그 계산을 할 수 있다.	분모가 다른 다양한 분수의 덧셈과 뺄셈 방법을 학습하고, 우리나라 국토의 특징(행정구역별 크기, 인구 분포 정도 등)을 이용하여 우리나라의 특성을 분수로 표현해서 알아보고, 그와 관련된 문제를 만들고 친구들과 돌려가며 풀어보기	**수행과제 4:** ㉱ 우리나라 국토 중 아름다운 장소를 하나 선정한 뒤, 관련된 다양한 자료를 수집하여 시각적인 특징을 자세하게 탐색하고 발견하여 아름다운 우리 국토 소개 책자로 완성하기
미술 (5)	1 단원	[6미01-02] 대상이나 현상에서 시각적으로 특징을 발견할 수 있다.	여행 가 보았던 장소 혹은 가고 싶은 장소를 선정하여, 시각적인 특징을 자세하게 탐색하고 발견하여 아름다운 우리 국토 소개 책자 만들기	
국어 (6)	7 단원	[6국03-05] 체험한 일에 대한 감상이 드러나게 글을 쓴다. [6국01-04] 자료를 정리하여 말할 내용을 체계적으로 구성한다.	여행을 가 보았던 경험을 떠올리거나, 가보거나 경험하고 싶은 여행을 생각하면서 우리나라 명소 한 군데를 선정하여 여정, 견문, 감상이 잘 드러나게 기행문으로 표현하고, 여행 안내장 만들기	

4. 프로젝트 학습 흐름 및 평가 계획

소주제	차시	교과	교수·학습 활동	블렌디드	평가
우리 국토 얼마나 알고 있니?	2	창체	우리 국토에 대해 그동안 나는 얼마나 많은 내용을 알고 있었는지 학급별 골든벨 대회를 통해 확인하고, 우리 국토 관심정도에 대해 스스로 성찰하면서 이번 프로젝트에 대한 학습 다짐 및 계획서 작성하기	OFF	
	2	창체	우리나라 명소를 소개하는 여러 종류의 영상을 함께 시청하고, 여행을 가보았거나 평소 알고 있었던 명소에 대해서 함께 공유하고 이야기 나누기	ON	
⇩ [연계활동] 가보고 싶은 명소를 선정하고, 그와 관련되어 기행문 및 여행 안내문 만들기 활동하기					
함께 알아 보는 아름 다운 우리 국토	7	사회	우리 국토의 위치와 영역을 살펴보고, 자연환경에 따라 우리 국토를 구분하는 기준을 알고서 우리나라 행정 구역의 위치를 살펴보고, 우리 국토의 소중함을 포스터, UCC, 노래 등 다양한 방법으로 표현하기	ON, OFF	
	9		우리나라 지형·기후·해안·자연재해와 대책 등 전반적인 특성을 탐색하면서, 위치와 영역, 자연환경에 따라 구분된 행정구역, 기후의 변화, 자연재해와 대책 등 4가지 주제와 관련하여 우리나라 백지도와 OHP필름을 활용하여 책자로 완성하기	ON, OFF	✓
	6		우리 국토의 인구 변화와 도시 발달 과정의 특성, 산업 구조와 교통 발달 과정을 특성을 탐구하고서, 관련된 4가지 주제를 선정하여 대한민국 백지도와 OHP필름을 활용하여 책자로 완성하기	ON, OFF	✓
	6	수학	분모가 다른 다양한 분수의 덧셈과 뺄셈 학습하기	ON	
	3		행정구역의 크기, 인구 분포 등 우리 국토의 특성을 다양한 종류의 분수를 활용하여 표현·비교하고, 그와 관련된 수학 문제를 만들어서 친구들과 풀어보기	ON, OFF	✓
	6	국어	기행문을 읽거나 쓴 경험을 공유하면서 기행문의 특성을 파악하고, 가보았거나 가보고 싶은 명소를 선정하여 다양한 자료를 수집·분석하여 여정, 견문, 감상이 드러나게 기행문을 작성하고, 여행 안내문을 포스터, UCC 등 다양한 방법으로 표현하기	ON, OFF	
	3	미술	우리나라 명소에 대해 다양한 자료를 수집하고, 명소에 대해 자세하게 살펴보면서 시각적인 특징을 찾아 자료집으로 만들어 친구들에게 소개하기	OFF	✓
⇩ [연계활동] 활동별 학생 결과물을 활용하여 우리 국토 전시회 작품으로 활용하기					
함께 만들어 가는 아름 다운 우리 국토	1	국어	내가 만든 다양한 종류의 여행 안내문을 유투브, 온라인 학급 방 등을 활용해 공유하고, 친구들의 결과물에 선플을 달아주면서 동료평가 실시하기	ON	✓
	3	창체	'우리가 살아가는 아름다운 국토'프로젝트 학습을 통한 학생들의 결과물을 활용해 교실별 우리 국토 전시회장을 꾸미고, 각 반을 돌아다니며 반별 전시회를 구경하고, 서로의 작품에 댓글 달아주며 응원하기	OFF	
	2	미술			
⇩ [후속활동] 전시회 활동 모습과 학생들의 댓글 결과물을 활용해 영상으로 제작하여 함께 공유하기					

5. 프로젝트 학습 자기 평가지(가정 통지용)

"우리가 살아가는 아름다운 우리 국토"을 통해 무엇을 배웠나요?

프로젝트 학습을 통해 새롭게 알게 된 내용, 더 자세하게 알게 된 내용이 무엇인지 스스로 생각해 보고 성찰해본 후 아래의 기준에 따라서 스스로 평가해보도록 합니다.

〈평가 기준〉

기준	싹틈(🐛)	자람(🐾)	나눔(🐾🐾)
의미	관련 배움 내용에 대해 프로젝트 학습 전에는 알지 못했지만, 프로젝트 학습을 통해 새롭게 알게 되었어요.	관련 배움 내용에 대해 어느 정도 알고 있었으며, 프로젝트 학습을 통해 그러한 지식이 왜 필요하고 어디에 사용되는지 알게 되었어요.	관련 배움에 대해 자세히 알고 있었고, 이번 프로젝트 학습을 통해 내가 아는 것을 친구들에게 나누면서 함께 성장하는데 도움을 주었어요.

〈스스로 평가해 봅시다〉

배움 내용	기준			왜 그렇게 평가 했나요?
	🐛	🐾	🐾🐾	
우리 국토의 위치, 영역을 알아보고 우리나라 국토를 어떻게 구분을 하고 있는지 행정 구역의 위치를 살펴보면서 우리 국토를 사랑하는 마음을 다양한 방법으로 표현하게 되었나요?				
우리나라의 행정 구분별 특성(위치와 발달, 기후환경, 지형환경 등)을 학습하고, 위치와 영역, 지형과 행정구역, 기후와 기온의 특징, 자연재해 등을 정리하여서 책으로 만들 수 있게 되었나요?				
우리나라 인구 구성 및 분포, 도시 및 산업발달, 교통발달과 변화된 국토의 모습 등 4개의 주제에 대해 대한민국 백지도활용 OHP 책자 완성할 수 있게 되었나요?				
분모가 다른 다양한 분수의 덧셈과 뺄셈 방법을 학습하고, 우리나라 국토의 특징(행정구역별 면적 크기, 인구 분포 정도 등)을 이용하여 그와 관련된 분수 문제를 만들고 해결할 수 있게 되었나요?				
여행 가 보았던 장소 혹은 가보고 싶은 장소를 선정하여, 시각적인 특징을 자세하게 탐색하고 발견하여 아름다운 우리 국토 소개 책자 만들 수 있게 되었나요?				
여행을 가 보았던 경험을 떠올리거나, 가보거나 경험하고 싶은 여행을 생각하면서 우리나라 명소 한 군데를 선정하여 여정, 견문, 감상이 잘 드러나게 기행문으로 표현할 수 있게 되었나요?				

〈"우리가 살아가는 아름더운 국토"를 함께 배우면서 어떠하였나요?〉

* 프로젝트 학습으로 배우고 활동하면서 느꼈던 감정, 알게 된 점, 소감을 솔직하게 써보시오.

6. 〈우리가 살아가는 아름다운 국토〉 수업 이야기

소주제 1 우리 국토, 얼마나 알고 있니?

[활동 1] 국토에 대한 생각을 알아보아요.

관련 교과(단원)
창의적 체험활동(자율활동)

주요 활동 소개 (총 수업 차시 : 2차시)
① 국토 인식 조사하기(1차시)
② 학급 국토 골든벨 개최(2차시)
　[tip] 띵커벨을 적용하여 골든벨 열기

【우리 국토, 얼마나 알고 있니?】 수업 이야기

우리 국토에 대한 인식은 어떨까?

수업을 하고 보면 느끼는 거지만 생각보다 학생들이 교사가 중요하다고 생각한 부분을 잘 모르고 크게 주안점을 두지 않은 부분을 오히려 선명히 기억하는 경험이 있었다. 학생들이 기억할만한 활동이 이루어졌는가에 따라 갈린다고 생각했다. 아마도 학생들은 저마다의 관심도를 가지고 '우리가 살아가는 아름다운 국토' 프로젝트에 참여하고 있을 것이다. 우리 국토를 어떻게 하면 의미 있게 받아들일까라는 생각을 가지게 되었다.

'우리가 살아가는 아름다운 국토' 프로젝트 학습을 시작하기에 앞서 먼저 학생들의 인식 조사가 필요했다. 학급별로 학생들에게 가고 싶은 여행지를 묻고 답하는 시간을 가지며 학생의 선호를 조사한 결과 학생들의 거의 대다수가 잘 알지도 못하는 외국의 도시를 말했다. 그 이유는 대부분 우리나라는 외국과 비교했을 때 멋지다거나 풍광이 아름답다라는 생각을 못하고 있다고 말했다.

학생들의 생각을 한번 바꿔보고 싶은 생각이 들었다. 우리나라의 멋진 자연환경과 더불어 그 속에 깃든 역사를 알게끔 해주는 프로젝트가 될 수 있을 것 같다는 생각이 들었다.

우리 국토도 아름답단다, 얘들아

두 번째 활동으로 학급 골든벨을 개최했다. 퀴즈 형식으로 사회과 선수 학습 환기를 하는 것이 나쁘지 않겠다는 팀 토의 결과 골든벨을 선택했고 방식을 띵커벨로 진행하는 것이 시간과 효율 측면에서 최선이라 판단했기에 선택했다. 그리고 프로젝트의 최종활동을 학년 전체 골든벨로 계획했기 때문에 방법 연습 차원에서의 효율성도 고려했다. 골든벨 우승자에게는 소정의 상품을 제공한다는 당근도 있었다. 문제는 총 20문제로 학생들이 한번쯤은 들어봄직한 관광지와 4학년 사회 시간에 배웠던 지리의 기본 개념에 관한 것이었다. 학생들은 생각보다 우리 국토에 대해 잘 모르고 우리 고장에 대해서도 파악하지 못하다는 것을 느꼈다.

학급 골든벨 개최

프로젝트 5 주제망 만들기

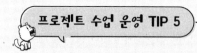

띵커벨 이용 방법

👉 띵커벨이란?

띵커벨은 수업시간에 교사가 실시간으로 문제를 출제하면 학생들이 동시에 답하고, 그 결과를 바로 확인해서 등수가 나오는 전형적인 퀴즈게임 프로그램이다. 장점은 게임 요소를 집어 넣어 학생들의 긴장감을 유지시키고, 재미있게 참여하게 할 수 있다는 점이다. 최근에 온라인 수업이 이슈가 되면서 과제기능이 추가되어, 이제는 동시에 모이지 않아도 온라인 수업에서 개별적으로 참여가 가능해졌다. 물론 학생들은 회원가입 없이 참여할 수 있어서 편리하다. 검색엔진에서 '띵커벨'을 검색하면 쉽게 찾아 접속할 수 있으며 출제자는 회원가입을 하여야 문제 출제가 가능하다.

👉 띵커벨 활용 방법

1. 문제 만들기

띵커벨레 로그인 후 우측상단에 있는 만들기를 누르고 퀴즈를 선택한다. 제작할 퀴즈 제목을 입력하고 학교급과 교과를 선택하면 OX, 선택형, 단답형 등 문제 유형을 선택하여 문제를 출제할 수 있다.

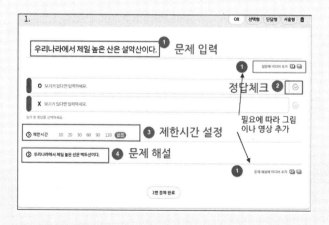

2. 문제 공유하기

제작한 문제는 보관함에 가면 확인할 수 있다. 공유를 눌러 다른 선생님에게 내가 만든 문제를 보내 줄 수 있다. 복사를 눌러 같은 문제를 하나 더 만들 수 있다. 문제를 수정하거나, 여러반에 각각 문제를 내야 하는 경우에 사용하면 좋다. 그리고 수정을 눌러 이미 만들어진 문제를 수정할 수도 있다.

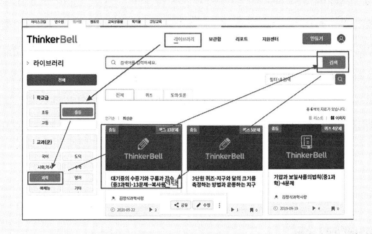

3. 문제 가져오기

라이브러리에서 교과별로 검색만 잘하면 이미 다른 선생님이 만들어 공개한 문제를 복사해 와서 내 문제로 만든 다음 수업에 활용할 수 있다.

[활동 2] 우리나라 명소 소개 영상 만들어요.

관련 교과(단원)
창의적 체험활동(자율활동)

주요 활동 소개 (총 수업 차시 : 2차시)
① 우리나라 소개 영상 시청(1차시)
② 우리나라 명소에 관한 간단한 소개 영상 만들기(2차시)

관련 활동지

이후에 세 번째 활동으로 유튜브에서 많은 조회수를 기록한 한국관광공사 제작 '한국의 리듬을 느껴보세요'(Feel the Rhythm of KOREA) 영상을 시청하도록 했다. 학생들이 웃으면서 신기하게 보게 된 배경이 바로 우리가 살고 있는 대한민국이라는 사실에 학생들이 우리 국토를 다시금 바라보게 한 계기가 아니었나 생각했다. 후속 차시로 자신이 가보았거나 평소 잘 알고 있는 우리나라의 명소에 대해 토의하여 소주제 2에 계획된 안내문 만들기의 여행지를 선정하는 활동을 진행했다. 모둠별로 여행지를 선정하여 1분 내외의 간단한 영상을 제작하여 발표하는 시간을 가졌다. 그림을 연결하여 만든 모둠, 요즘 유행하는 굉장히 빠른 컷을 넣어 감각적으로 만든 모둠, 나레이션을 직접해 만든 모둠 등 학생들의 센스가 돋보이는 활동으로 소주제 1의 활동을 마무리했다.

캡컷앱 어플로 영상 만들기

영상콘티 제작

[활동 1] 우리 국토, 얼마나 알게 되었나요?

관련 교과(단원)
사회 1. 국토와 우리생활
수학 5. 분수의 덧셈과 뺄셈

주요 활동 소개 (총 수업 차시 : 31차시)
① 자연 · 인문환경 OHP필름책 만들기 (1∼16차시)
② 우리나라 지형, 기후, 자연재해의 종류와 대책 탐색하기 (17∼22차시)
③ 우리나라 국토를 분수로 표현해보기 (23∼31차시)

관련 활동지 [프 5–1], [프 5–2]

【함께 알아보는 아름다운 우리 국토】 수업 이야기

우리가 살고 있는 우리 땅에 대해 얼마나 알고 있을까?

소주제 2 에서는 기본적인 지리적 용어를 시작으로 우리 국토의 위치와 영역, 기후 등 자연, 인문 환경의 다양한 방면에서의 우리 국토의 전반적인 정보를 두루 배울 수 있는 활동을 계획했다. 다양한 정보를 알려주는 지도가 실려있는 사회과 부도를 적극적으로 활용하도록 했으며 최신의 정보가 요구되는 지도는 따로 인쇄해주며 수업을 시작했다.

첫 번째 활동으로 OHP 한반도 자연 환경 책자 만들기를 했다. 두 개의 책자를 만드는 것인데 간단히 설명하여 A4도화지를 2장을 나눠주고 각 변에 OHP필름을 한 장 씩 접고 펼 수 있도록 붙인 뒤 OHP필름 위에 여러 정보를 적는 방식으로 활동을 진행했다. 먼저 자연환경 책자는 빈 A4도화지에 행정구역으로 나눠진 백지도가 인쇄되어 있다. 그 행정구역 별로 색을 달리하여 칠하게 한 후 각 행정구역의 이름을 조그맣게 적고 위치를 스스로 알게 하였다. 따로 색의 구분은 정해주진 않았고 다만 여러 색을 자유롭게 쓰게 하여 행정구역의 분절을 분명히 구분할 수 있게만 했다. 그리고 나서 색칠을 끝낸 백지도 위로 1차시 당 1장의 OHP필름을 포개어 붙이는 방식으로 책을 만들어 나갔다. 4장의 OHP필름 위에 지형도, 연평균 강수량, 1월 평균 등온선, 8월 평균 등온선을 표현하도록 했다. 최초에 계획할 때에는 지형도를 그리는 것이 아니라 OHP필름 위에 점토를 한반도 지형을 만들어 올리는 방식을 쓰려고 했지만 게시의 불편함과 펼쳐보는데에 한계가 있어 수업 진행 중 팀 토의를 거쳐 배제했다.

그리고 똑같은 A4 도화지 백지도와 OHP필름을 주고 인문환경을 나타낼 수 있는 책자만들기 활동을 했다. 똑같이 A4의 4개의 변에 OHP필름을 붙이고 4자의 필름 위에 1960년의 인구분포 점그래프 및 도시 크기, 2015년 인구분포 점그래프 및 도시 크기, 산업발달 모습, 2018년의 교통도를 그릴 수 있도록 했다.

학생들이 처음에는 무작정 따라 그리기를 하다 2장, 3장이 겹쳐지며 자연환경과 인문환경 사이의 지리적 관계를 어렴풋이 인식하는 단계가 오는 것을 확인했다. 그리고 어느새 스스로 자신이 완성한 자연환경, 인문환경 책자를 뒤적여 보는 모습을 볼 수 있었다. 우리 국토의 전반적인 지형과 기후 그리고 인문환경에 대해 눈으로 볼 수 있고 손으로 짚어낼 만큼 구체적인 정보를 파악할 수 있다는 점에서 의미있는 활동이 되었다 생각한다.

| 행정구역, 지형도 넣기 | 연평균 강수량 넣기 | 1월 평균 등온선 넣기 | 8월 평균 등온선 넣기 |

인문환경 책자 제작 모습

인문환경 책자 완성본

자연재해를 막을 수 있는 재해 보안관이 되어볼까?

우리나라 자연재해의 종류 및 대책을 탐색하고 그와 관련하여 생활 안전 수칙을 실천하는 태도를 견지해야 한다는 5학년 사회과 성취기준을 어떤 활동으로 수업을 할지 고민하다 포스터를 만들어 캠페인을 하는 것으로 결정했다.

첫 번째로 우리나라에서 주로 발생한 자연재해의 사례를 알아보는 시간을 가졌다. 시기가 여름이었고 학교 주변 하천에서 물놀이를 하는 학생들이 많아 먼저 홍수부터 소개

했다. 영상을 통해 홍수로 인해 목숨을 잃거나 집이 무너져 내리는 모습을 보며 학생들이 매우 놀라는 모습을 볼 수 있었다. 그리고 이어 지진과 산사태의 사례를 제시했다. 영상은 일본과 최근들 어 자주 있는 우리나라의 지진의 실제 상황을 보여줌으로서 자연재해의 위험성을 학생들에게 각인시킬 수 있었다. 그리고 지진과 동반하는 산사태, 해일 등과 또 황사, 가뭄, 태풍, 폭설 등의 사례를 보여주며 자연재해의 종류를 알아보는 시간을 마쳤다.

"그런데요 선생님, 사람이 저걸 막을 수 있을까요?"

학생들의 물음이 있었다. 학생들에게 "저걸 막을 수 있을꺼라고 보니?"라고 반문했다. 자연재해를 막을 길은 우리 인간에게는 없을 것이다. 다만 자연재해 발생 시 필요한 안전 수칙을 잘 따르는 것이 피해를 최소화하는 방법이라고 말했다. 자연스럽게 자연재해 발생 시 안전 수칙 정하는 활동을 시작했다.

모둠별로 먼저 여러 자연재해 중 한 가지를 선택하도록 했다. 다양한 자연재해를 캠페인하기 위해 겹치는 것은 되도록 피하도록 교사의 개입이 필요했다. 그 후 선택한 자연재해의 안전수칙을 만드는 토의를 진행했다.

"황사가 심하면 절대로 밖에 나가지 않는다"
"홍수가 발생하면 구명조끼를 입고 높은 곳으로 올라간다"

학생들은 각자가 생각한 안전수칙을 생각했다. 자신의 경험과 느낌을 말하며 어설프지만 자신들만의 안전수칙과 예방법을 만들어냈다.

후속 활동으로 자연재해에 관한 설명과 사례, 안전수칙을 적은 포스터 제작을 실행했다. 형식을 따로 정해주지 않았다. 자유로운 형태의 포스터 6가지가 완성되었다. 그리고 간단하게 만들 수 있는 머리띠와 자연재해 예방구호, 도화지 현수막을 제작하여 캠페인 활동을 준비했다.

1,2학년 학생들이 하교하는 시간에 교문 앞에서 5학년 130명 학생이 만든 포스터를 이젤에 게시하여 1,2학년 학생들이 지나가가 볼 수 있도록 하였고 각자가 만든 머리띠를 매고 구호를 외치는 캠페인을 하며 활동을 마무리했다.

"재밌었어요. 우리가 알아낸 안전수칙을 진짜 좀 지키면 좋겠어요"

단순히 사회책에 나오는 몇가지 사진으로 자연재해를 '읽은' 것이 아닌 우리 삶의 문제로 받아들이고 '탐구'했다고 느꼈다. 프로젝트 수업을 준비하면서 느꼈던 고된 시간이 헛되지 않음을 깨달았다.

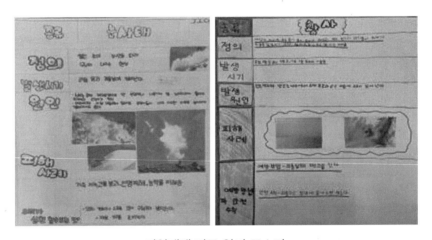

자연재해 바로 알기 포스터

프 5-1 **우리나라 국토에 대해 알아보기**

평가 정보표

학교급	초등학교		학년	5학년
교과 (과목)	사회		교육과정 내용 영역	자연환경과 인간생활
단원/ 과제명	1단원(프로젝트5)			
성취기준 (평가 기준)	[6사01-04] 우리나라 자연재해의 종류 및 대책을 탐색하고, 그와 관련된 생활 안전 수칙을 실천하 는 태도를 지닌다.	상	우리나라 자연재해의 종류와 그에 따른 대책을 설명하고, 그와 관련된 생활 안 전 수칙의 실천 방안을 제시할 수 있다.	
		중	우리나라 자연재해의 종류와 그에 따른 대책을 열거하고, 관련된 생활 안전 수 칙을 제시할 수 있다.	
		하	우리나라 자연재해의 종류와 그에 따른 대책을 제시하고자 노력한다.	
교과 역량	창의·융합, 추론			
평가 방법	평가 형식	☑ 서술·논술 ☐ 구술·발표 ☐ 토의·토론 ☐ 프로젝트 ☐ 실험·실습·실기 ☐ 포트폴리오 ☐ 기타 ||	
	평가 주체	☑ 자기평가 ☐ 동료평가 ☐ 교사평가 (관찰) ||	

과정 중심 평가의 방향 (의도)	황사, 가뭄과 홍수, 폭염, 태풍, 폭설과 한파 등을 중심으로 발생 계절과 대책을 탐 색하고, 그에 따른 안전 수칙 준수의 생활화가 이루어지는데 주안점을 두고 평가한 다.		
	평가 영역	**평가 요소**	**평가 척도**
	국토의 자연재해와 대책	우리나라 자연재해의 종류 및 대책 탐색하기	3단계(상, 중, 하)
	공감하기	생활안전 수칙을 실천하는 태도 가지기	3단계(상, 중, 하)

평가 시 유의점	자연재해의 종류와 대책을 제시할 때 실생활과 연관 지을 수 있도록 한다. 생활 안전 수칙의 실천 방안은 학생의 눈높이에서 제시할 수 있도록 한다.
피드백 계획	우리나라 자연재해의 실제 사례를 조사해볼 수 있도록 한다.

자연환경에 따른 우리 국토 알아보기

학년   반   이름 :

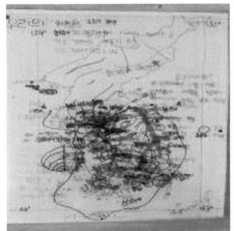

활동 방법 안내

(1) A4크기의 도화지에 프린트하여 나누어 준, 다음 장의 우리나라 국토의 모습의 4개 변에 각각 OHP필름을 한 장씩 접었다 펼수 있도록 붙입니다. 그리고 우리나라 국토를 행정 구역에 따라 다른 색으로 색칠을 하고 위치를 알아봅니다. 그리고 각 도의 이름이 어떻게 정해졌는지를 기록합니다.

(2) 왼쪽편 OHP필름에는 우리나라 지형도를 보면서 우리나라의 산지, 하천, 평야 등을 표시합니다. 산지를 표현할 때는 갈색의 지점토 및 찰흙을 이용하여 만들어봅니다. 그리고 우리나라의 산지, 하천, 평야, 해안의 특징을 정리하여 기록합니다.

(3) 오른편 OHP필름에는 우리나라의 연평균 강수량을 표시합니다. 그리고 지역별 강수량의 특징을 정리하여 지역별로 기록합니다.

(4) 위쪽 OHP필름에는 우리나라 1월 평균 기온에 따라 등온선을 그려서 색으로 표현합니다. 그리고 기온에 따른 옛날 사람들의 생활 모습을 기록합니다.

(5) 아래쪽 OHP필름에는 우니라라 8월 평균 기온에 따라 등온선을 그려서 색으로 표현합니다. 그리고 1월과 8월에 평균 기온에 차이가 나는 까닭, 우리나라 기온의 특징을 정리하여 기록합니다.

※ 단, OHP필름 방향은 바뀌어도 괜찮습니다.

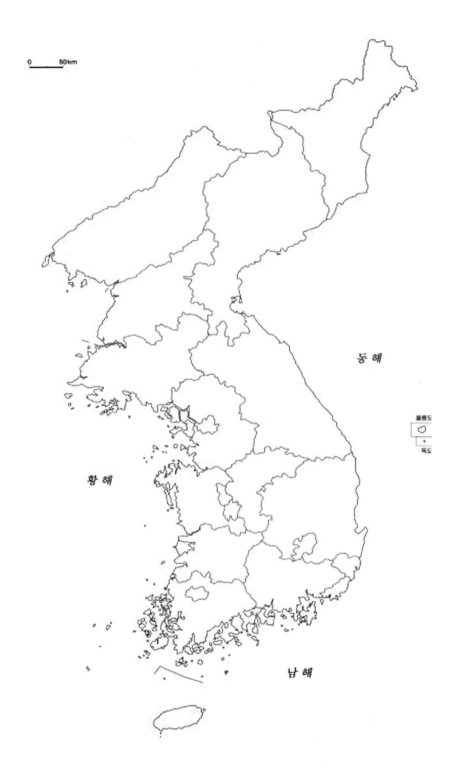

0 ____ 50km

동해

황해

울릉도

독도

남해

활동 2 : 우리나라의 다양한 자연재해에 대해 알아보기

[질문 1] 우리나라에서 겪을 수 있는 계절별 자연재해의 종류를 조사해보서 정리해보세요.

[봄]	[여름]

[가을]	[겨울]

[질문 2] 자연재해 피해를 줄이기 위해 우리가 할 수 있는 노력에는 무엇이 있을까요?

우리 국토와 자연환경에 대해 얼마나 배웠나요?

자기 스스로 평가하고 배운 내용을 정리해보세요.

평가 : 얼마나 잘 알고 있나요?				배운 내용을 정리해보세요.
배움 질문	싹틈	자람	열매	
우리 국토의 위치를 지도에서 찾고, 우리나라의 영역과 행정 구역의 위치를 지도에서 찾고 설명할 수 있게 되었나요?				
우리나라 땅 모양을 표현하여 지형적 특징, 기온과 강수량의 특징을 설명할 수 있나요?				
우리나라의 다양한 자연재해 종류를 알고서, 자연재해 탐구 보고서를 만들어서 발표할 수 있게 되었나요?				

프 5-2 # 우리 국토 면적을 분수로 계산하기

평가 정보표

학교급	초등학교	학년	5학년
교과 (과목)	수학	교육과정 내용 영역	수와 연산
단원/ 과제명	5단원(프로젝트 5)		

성취기준 (평가 기준)	[6수01-08] 분모가 다른 분수의 덧셈과 뺄셈의 계산 원리를 이해하고 그 계산을 할 수 있다.	상	분모가 다른 분수의 덧셈과 뺄셈 원리를 알맞게 이해하고 정확하게 계산할 수 있다.
		중	분모가 다른 분수의 덧셈과 뺄셈 원리를 이해하고 계산할 수 있다.
		하	분모가 다른 분수의 뺄셈 원리를 이해하려 노력한다.

교과 역량	문제해결, 추론, 의사소통

평가 방법	평가 형식	☐서술·논술 ☐구술·발표 ☐토의·토론 ☑프로젝트 ☐실험·실습·실기 ☐포트폴리오 ☐기타
	평가 주체	☑자기평가 ☐동료평가 ☐교사평가 (관찰)

과정 중심 평가의 방향 (의도)	이분모 분수의 덧셈과 뺄셈의 개념 및 원리에 대한 정확한 이해를 바탕으로 분수 연산의 기본 개념이 잘 형성될 수 있다.

평가 영역	평가 요소	평가 척도
분모가 다른 분수의 덧셈과 뺄셈	분모가 다른 분수의 덧셈과 뺄셈 원리 이해하기	3단계(상, 중, 하)
계산하기	분모가 다른 분수의 덧셈과 뺄셈 계산하기	3단계(상, 중, 하)

평가 시 유의점	기약분수로 나타낼 것을 요구하지 않을 경우, 계산 결과를 기약분수가 아닌 분수로 나타내는 것도 허용한다. 분수의 통분을 이용한 문제에서 공통분모로 최소공배수뿐만 아니라 분모의 곱과 같은 공배수도 이용할 수 있게 한다.
피드백 계획	분모가 다른 분수의 덧셈과 뺄셈을 일상생활과 관련지어 추가 제시하고 계산 원리를 이해할 수 있도록 한다.

우리 국토 주요도시의 면적을 활용하여
분수의 덧셈과 뺄셈 계산하기

학년   반   이름:

활동 1 : 우리 국토 백지도를 활용해 주요 도시 위치 및 면적 파악하기			

아래의 백지도에서 보기의 '우리 국토의 주요도시'를 찾아보고 색칠해 보세요.

서울특별시	부산광역시	세종특별자치시	경북 안동시
대전광역시	울산광역시	제주도 서귀포시	경북 칠곡군

Ver.2017.08

아래 표는 우리 국토 주요 도시의 면적을 분수로 나타내었습니다. 아래 표를 보고 다음 문제를 해결해보세요.

도시 이름	면적(단위 : 1000km2)	도시 이름	면적(단위 : 1000km2)
서울특별시	$\frac{3}{5}$	세종특별자치시	$1\frac{2}{5}$
부산광역시	$\frac{19}{25}$	제주도 서귀포시	$\frac{9}{10}$
대전광역시	$\frac{27}{50}$	경북 안동시	$1\frac{1}{2}$
울산광역시	$1\frac{1}{20}$	경북 칠곡군	$\frac{9}{20}$

문제 1. 서울특별시와 부산광역시의 면적의 합을 두가지 방법으로 구하세요.

① 분모의 곱을 공통분모로 하여 계산하기

② 분모의 최소공배수를 공통분모로 하여 계산하기

문제 2. 안동시와 세종특별자치시의 면적의 합을 두가지 방법으로 구하세요.

① 분모의 곱을 공통분모로 하여 계산하기

② 분모의 최소공배수를 공통분모로 하여 계산하기

평가 : 얼마나 잘 알고 있나요?				배운 내용을 정리해보세요.
배움 질문	싹틈	자람	열매	
분모가 다른 분수의 덧셈 원리를 이해할 수 있나요?				
분모가 다른 분수의 뺄셈 원리를 이해할 수 있나요?				
분모가 다른 분수의 덧셈과 뺄셈을 정확하게 계산할 수 있나요?				

인문환경에 따른 우리 국토 알아보기

학년   반   이름:

활동 1 : 우리나라의 인구 구성의 변화를 알아봅시다.

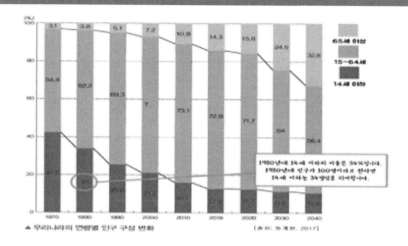

▲ 우리나라의 연령별 인구 구성 변화   [출처: 통계청, 2017]

[질문 1] 14세 이하는 유소년층, 15~64세는 청장년층, 65세 이상은 노년층으로 나누고 있습니다. 1970년대와 비교했을 때 2018년 유소년층의 비율은 어떻게 변화하고 있나요?

[질문 2] 65세 이상 노년층의 비율은 어떻게 변화하고 있나요?

[질문 3] 15~64세 청장년층의 인구는 우리나라의 경제 활동 인구라고 할 수 있습니다. 2018년 이후 예상되는 우리나라 경제 활동 인구 비율은 어떻게 변화할 것으로 예상되나요?

[질문 4] 이 그래프로 알 수 있는 우리나라 인구 비율의 특징은 무엇인가요?

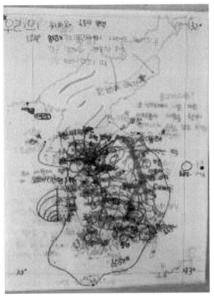 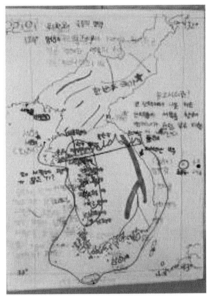

활동 방법 안내

(1) A4크기의 도화지에 프린트하여 나누어 준, 다음 장의 우리나라 국토의 모습의 4개 변에 각각 OHP필름을 한 장씩 접었다 펼수 있도록 붙입니다. 그리고 우리나라 국토를 행정 구역에 따라 다른 색으로 색칠을 하고 위치를 알아보고, 각 도의 이름을 적어봅니다.

(2) 왼쪽편 OHP필름에는 우리나라 1966년 인구 분포표와 우리나라 도시의 수를 함께 살펴보고 인구 밀도와 도시 분포를 색과 그림으로 표현합니다. 그리고 1960년 이전까지 우리나라 인구 분포의 특징을 정리하여 기록합니다(64쪽, 68쪽).

(3) 오른편 OHP필름에는 우리나라 2015년 인구 분포표와 도시의 수를 함께 살펴보고 인구 밀도와 도시 분포를 색으로 표현합니다. 그리고 2015년 우리나라 도시 발달의 특징에 따른 인구 분포의 특징을 글로 기록합니다(65쪽, 68쪽).

(4) 위쪽 OHP필름에는 우리나라의 다양한 산업 발달 모습을 그림과 색으로 표현하고, 각 지역별 발달 모습을 정리하여 기록합니다(71쪽).

(5) 아래쪽 OHP필름에는 2018년도 우리나라 교통도를 그림으로 표현하고, 우리나라 교통도의 특징을 글로 정리하여 기록합니다.

※ 단, OHP필름 방향은 바뀌어도 괜찮습니다.

우리 국토와 인문환경에 대해 얼마나 배웠나요?

자기 스스로 평가하고 배운 내용을 정리해보세요.

평가 : 얼마나 잘 알고 있나요?				배운 내용을 정리해보세요.
배움 질문	싹틈	자람	열매	
우리나라 인구 분포 그래프를 살펴보면서, 우리나라 인구 분포의 특징을 찾아 설명할 수 있나요?				
우리나라 도시 분포가 시대별로 어떻게 변화되고 달라졌는지 지도로 표현하고 설명할 수 있나요?				
우리나라 교통 발달에 따른 국토의 변화모습을 지도로 표현하고 설명할 수 있나요?				

【우리 고장 칠곡을 분수로 표현해볼까?】

생각보다 경상북도는 크다!

우리 국토 백지도를 활용하여 수학과의 분수의 덧셈, 뺄셈을 공부해보자 하는 팀원의 의견이 있었다. 우리 국토의 주요 도시와 우리 지역, 칠곡군의 국토 대비 면적을 분수로 변환하여 면적의 합과 차를 구할 수 있도록 학습지를 마련했다.

먼저 백지도를 통해 각 지역들의 상대적 크기를 눈으로 볼 수 있도록 했다. 우리 고장 칠곡이 속해있는 경상북도를 진하게 테두리를 쳐보고 다시 그 속에 칠곡을 테두리를 칠함으로써 우리가 살고 있는 경북 지역의 면적을 확인할 수 있도록 했다. 또 수도권의 면적을 비교과 우리 지역, 그리고 나머지 지역들을 비교하는 활동을 했다.

"선생님! 칠곡이 엄청 작은 줄 알았거든요?

근데 TV에서 듣던 분당이나 용인보다 크네요.",

" 경북이 선생님 수도권보다 훨씬 큰데요?"

아이들은 예상대로 놀라는 눈치였다. 이렇듯 직관적으로 학생이 알지 못하는 자료를 제시하고 수업을 진행하는 것이 얼마나 수박겉핥기 식의 수업이었는가 스스로 반성하는 계기가 되었다.

두 번째 활동으로 분모가 다른 분수의 덧셈과 뺄셈의 계산원리를 두가지를 배우는 수학 5단원을 본격적으로 학습했다. 사회과와 연계한 앞서 테두리를 칠한 백지도 중 주요 도시 8곳을 선정하여 남한 면적을 분모로 두고 특정 지역의 면적을 분자로 해 간단한 분수로 변환한 자료를 주었다. 예를 들면, 서울특별시는 1/5, 경북 칠곡군은 9/20가 되는 것이다. 이를 바탕으로 학생들이 서로 다른 두 지역의 면적의 합, 차를 ① 자연수는 자연수끼리, 분수는 분수끼리 빼서 계산, ② 대분수를 가분수로 나타내어 계산할 수 있도록 했다. 실질적인 크기를 대략적으로 보고 난 후 학생들이 공통분모를 만들어 계산하는 것이 수학책에 주어진 문제 상황을 가지고 수업하는 것보다 좀 더 가깝게 받아들이는 것을 느꼈다.

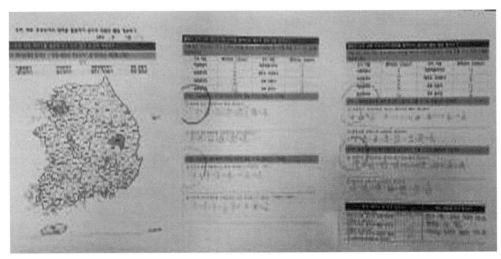

학생들의 지도 분수 학습지

[활동 3] 우리 국토, 어디까지 가보았나요?

관련 교과(단원)
국어 7. 기행문을 써요
미술 1. 새로운 눈으로 보는 세상(동아출판)

주요 활동 소개 (총 수업 차시 : 9차시)
① 기행문 쓰기(1~3차시)
② 여행지 안내장 만들기(4~6차시)
③ 국토 사랑 영상 만들기(국토 소개 책자 만들기 포함) (7~9차시)

관련 활동지 [프 5-3], [프 5-4]

내가 가본 우리 국토

세 번째 활동으로 국어와 사회를 연계하여 기행문 쓰기 수업을 진행했다. 국어 7단원에서 다루는 기행문의 특성을 파악하는 것으로 수업을 시작했다. 수업의 시작은 사전에 여행 사진을 한 장씩 가져와서 모둠 학습지에 붙이고 여행의 좋은 점에 대해 한 문장씩을 적어보는 활동이었다. 학생들의 대답은 대체로 비슷했다. 음식, 풍경 등의 아름다움이 주된 답이었다.

그리고 교과서 218-222쪽『돌하르방 김수광』을 포함해 6종류의 기행문을 모둠별로 돌려 읽으며 일정한 형식이 있다는 것을 깨닫게 했다. 물론 학생들이 곧바로 알 수는 없었지만 여정, 견문, 감상의 개념을 어렴풋이라도 알 수 있게 수업을 설계했다. 여정, 견문, 감상의 개념을 배우기에 앞서 여행길, 들은 것, 느낀 것으로 바꿔 내용을 뜯어볼 수 있게 했다. 이후에 기행문에서의 여정, 견문, 감상의 개념을 말해주었고 다시 한번 읽고 분류할 수 있도록 모둠 토의를 진행했다. 경험 상 학생들이 쓰기에 어려움을 겪는 감상 부분에 좀 더 주목하고 읽을 것을 요구했다.

다음 차시는 기행문을 써보는 시간이다. 경험 상 어디로 여행을 갔는지 생각이 나지 않는다고 말하며 소재 선정부터 어려움을 겪는 학생들이 있었는데 올해의 장곡 학생들은 달랐다. 각자 가본 곳에 대한 곳을 자세히 알기 위해 인터넷을 활용하여 정확한 명칭과 차편 등까지 검색하며 열의를 띄며 기행문 쓰기에 몰입했다. 다만 몇몇 아이들은 어려워했다. 이같이 글쓰기를 주저하는 경우에는 꼭 하고 싶은 말만 짧게라도 적으라는 허용적인 교실 환경을 만들어줄 필요가 있었을 것이다.

후속 활동으로 개인별로 각자의 기행문을 쓰고 발표하는 시간이 있었다. 교실 앞으로 나와 학생들이 발표를 했고 공감하고 웃기도 하며 즉각적인 피드백을 주는 유익한 시간이었다. 감상 전 학습지를 배부하여 친구들의 글에서 칭찬할 점과 아쉬운 점을 생각하도록 했다. 그리고 모든 학생의 기행문을 교실 뒤 환경판에 게시하고 포스트잇에 느낀 점을 적어 부착하는 활동으로 기행문 쓰기는 마무리했다.

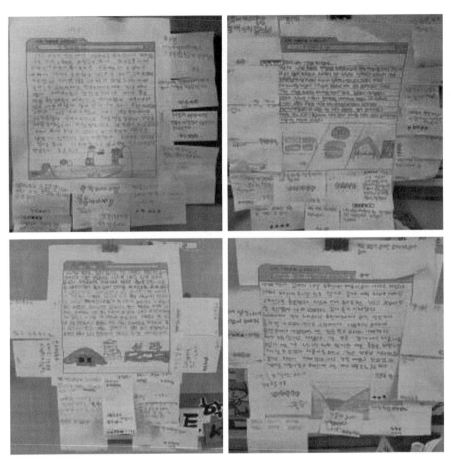

기행문에 붙여진 피드백이 담긴 포스트잇

내가 가고 싶은 여행지, 홍보 영상 제작하다

소주제 1에서 선정한 모둠별 여행지에 대해 간단한 영상을 만드는 활동을 하고 난 후 그 여행지에 대한 많은 조사 활동을 하도록 했다. 후속으로 미술과와 연계한 수업을 모색했다. 미술 1단원은 생활 주변의 대상이나 현상의 시각적 특징을 탐색하고 발견하면서 학생들의 미적 감수성을 향상시키는 데 그 목적이 있다. 따라서 모둠별로 선정한 여행지에 대한 전반적인 시각적 정보를 정확히 이해하고 새로운 시각적 특징을 찾는 활동을 시작했다. 선, 형, 색의 특징에 대해 설명을 한 후, 여행지의 이미지를 다양하게 표현하도록 했다. 가령 다른 대상이 되어 바라보기(새, 개미, 호랑이, 높은 산 위에서 바라보기 등), 대상의 변화 관찰하기(시간과 계절, 날씨, 바람, 햇빛 등), 자세히 관찰하기를 통해 지역의 시각적 특징을 그림으로 표현할 수 있도록 했다. 학생들이 만든 활동지는 모둠별로 발표하고 서로가 발견한 시각적 특징에 대한 생각이나 느낌을 교환하도록 한다. 모둠 활동에서 정리한 생각이나 느낀 점을 다시 반 전체로 환류하여 나눔의 기회를 제공했다.

두 번째 활동으로 반별로 스마트교실을 이용해 모둠별로 가고 싶은 여행지의 명소, 교통, 먹거리 등 자연·인문환경에 대해 자세히 조사할 수 있는 시간을 계획했다. 역할 분담을 위해 어느 정도의 교사 개입이 필요했다. 소주제 2의 최종 목표활동은 여행지 홍보 영상 제작이기에 사실 여행지 소개 안내장 만들기에 큰 비중은 두진 않았다. 하지만 모둠이지만 개별적으로 각 여행지의 정보를 아주 자세히 자신만의 언어로 안내자료를 정리하면서 계획했던 것보다 훨씬 자세한 안내책자가 만들어졌다. 저마다 자세한 여행지에 대한 사실과 시각을 사로잡는 디자인이 들어가 있어 영상에 활용하는 것이 좋겠다는 생각을 해 여행 안내장을 영상에 삽입하도록 유도했다. 영상 제작에 앞서 콘티를 짜도록 학습지를 배포했다. 역할을 나누고 영상 제작의 방향을 이야기하는데 서로의 생각이 달라 일부 모둠에서 어려움이 있었으나 콘티 제작에 시간에 예상보다 많은 시간을 할애해서라도 서로의 생각이 들어간 영상이 나올 수 있도록 시간을 배분했다. 콘티를 토대로 모둠별로 다양한 어플리케이션을 활용하여 3분 정도의 여행지 홍보 영상 제작을 완성했다. 편집의 기술보다는 내용의 질이 더 중요하다고 알려준 뒤 영상 제작을 시작했기 때문에 제작 시간을 과도하게 많이 할당하지 않았다.

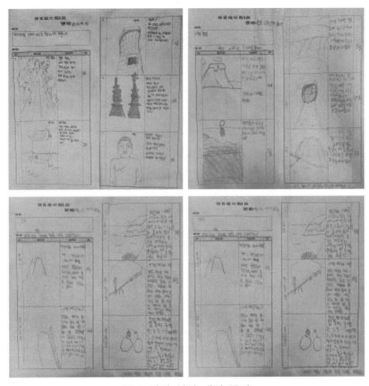

국토 사랑 영상 제작 콘티

야! 가족들하고 저기 갔었는데, 석굴암에 저런 일이 있었구나!

우리 반 아이가 혼잣말로 한 이야기이다. 아는 만큼 보인다란 말이 있듯이 자신이 가 보았어도 미처 발견하지 못했던 작은 정보와 그 속에 깃든 이야기를 들으며 새로운 곳으로의 첫발을 딛는 것처럼 재밌어하는 것을 볼 수 있었다. 홍보 영상을 제작 후 다같이 감상하는 시간동안 재잘재잘 자신의 생각을 말하는데 여념이 없었다. 저마다 자세한 내용과 사진, 짧은 영상이 고루 섞인 영상을 보며 우리 국토의 소중함과 아름다움, 아기자기함을 느끼는 시간이었다. 그리고 끝으로 홍보 영상 중 반 별로 한 작품씩 총 5개의 영상으로 국토사랑 영상 발표회를 가질 것이라 공지한 뒤 활동을 마쳤다.

모둠별 여행지 안내장 만들기 활동 모습 및 안내장 예시

모둠별 여행지 홍보 영상 캡쳐 사진

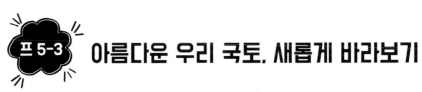

프 5-3 아름다운 우리 국토, 새롭게 바라보기

평가 정보표

학교급	초등학교		학년	5학년
교과 (과목)	미술		교육과정 내용 영역	감상
단원/ 과제명	1단원 새로운 눈으로 보는 세상(프로젝트 5)			
성취기준 (평가 기준)	[6미01-02]대상이나 현상에서 시각적 특징을 발견할 수 있다.	상	우리가 살고 있는 국토를 바르게 이해하고 새로운 시각적 특징을 찾아 표현할 수 있다.	
		중	우리가 살고 있는 국토를 이해하고 새로운 시각적 특징을 찾아 표현할 수 있다.	
		하	우리가 살고 있는 국토를 이해하고 새로운 시각적 특징을 찾아 표현하려고 노력한다.	
교과 역량	미적 감수성, 시각적 소통 능력, 창의·융합 능력			

평가 방법	평가 형식	☐서술 논술 ☐구술·발표 ☐토의·토론 ☐프로젝트 ☑실험·실습·실기 ☐포트폴리오 ☐기타
	평가 주체	☑자기평가 ☐동료평가 ☐교사평가 (관찰)

과정 중심 평가의 방향 (의도)	우리가 살고 있는 국토를 바르게 이해하고 새로운 시각적 특징을 찾아 표현하고 전시회를 기획하고 전시하는 활동이다.

평가 영역	평가 요소	평가 척도
작품 해석	우리가 살고 있는 국토 바르게 이해하기	3단계(상, 중, 하)
전시 기획하기	새로운 시각적 특징으로 표현하고 전시하기	3단계(상, 중, 하)

평가 시 유의점	우리가 살고 있는 국토의 외형적 모습에 치우는 것이 아니라, 새로운 시각적 특징을 찾아 자유롭게 표현하는 데 중점을 두어 지도한다. 특히 조형원리가 중심이 되지않도록 자유로운 표현을 권장한다.
피드백 계획	우리가 살고 있는 국토에 대해 바르게 이해할 수 있도록 하고 새로운 시각적 징을 찾아 표현할 수 있도록 지도한다.

새로운 눈으로 보는 세상 (우리가 살아가는 국토-미술)

학년   반   이름 :

활동 1 : 내가 쓴 기행문에서 소개한 장소 및 지역의 시각적 특징을 발견해봅시다.

질문 1 : 내가 소개하는 장소를 구석구석 살펴보고, 새로운 시각(선, 형, 색 등 눈으로 볼 수 있는 특징을 중심으로)으로 바라보고 발견한 특징을 적어보세요.

선	
형	
색	

질문 2 : 내가 소개하는 장소를 새로운 눈으로 다시 탐색해보세요.
(선, 형, 색의 특징을 생각하면 살펴보기)

1. 다른 대상이 되어 바라보기 : 다른 동물의 눈높이에서(새, 개미 등) 바라보면, 눈높이에 따라 새로운 모습이 보여요.
2. 대상의 변화 관찰하기 : 시간과 계절, 날씨, 바람, 햇빛 등에 따라 대상이 시시각각 변화하는 모습을 관찰해 보세요.
3. 자세히 관찰하기 : 부분을 자세히 관찰하면 전체의 모양이나 색에서 볼 수 없는 다른 점을 발견할 수 있어요.

다른 대상이 되어 바라보기	
대상의 변화 관찰하기	
자세히 관찰하기	

질문 3 : 내가 여행한 곳이나 소개하고 싶은 지역의 시각적 특징을 그림으로 표현해보세요.(새로운 시각으로 바라본 특징이 드러나는 부분은 말풍선 등을 이용해서 글로도 표현해주세요)

질문 4 : 친구들이 쓴 기행문과 소개하는 장소에 대해 새로운 시각으로 바라보면서 소개하는
　　　　활동지를 함께 자세히 읽어보고 살펴보세요. 그리고 가장 인상 깊게 읽거나 살펴 본
　　　　친구들의 작품 4개를 선정하여, 시각적 특징이 잘 드러나게 글과 그림으로 표현하여
　　　　회전목마책을 완성하세요.(친구들의 작품 뿐 아니라 내가 쓴 글과 그림을 선정해도 됩니다)
　　　　회전목마책 만들기 방법은 아래와 같습니다.

〈소개 자료집 만들기(회전목마책) 활동 방법〉

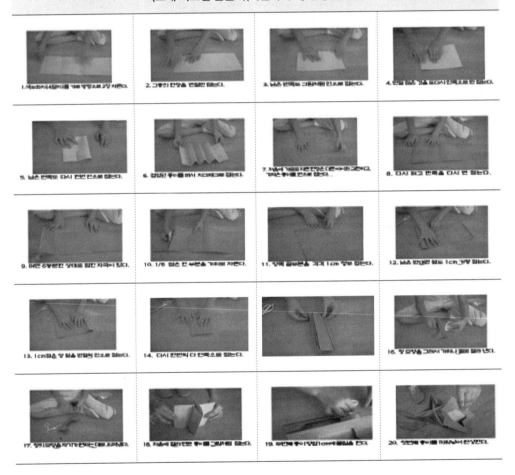

평가 : 얼마나 잘 알고 있나요?				배운 내용을 정리해보세요.
배움 질문	싹틈	자람	열매	
시각적 특징이 무엇인지 바르게 설명할 수 있고 대상에서 찾을 수 있나요?				
자신이 소개하고 싶은 우리 국토의 지역을 시각적 특징을 살려 잘 표현했나요?				
내가 만든 소개 자료집을 친구들에게 이해할 수 있게 설명했나요?				

프 5-4 # 우리 국토 여행 경험, 기행문으로 소개하기

기행문을 읽거나 쓴 경험 이야기하기(7단원)

학년   반   이름:

활동 1 : 자신이 재미있게 여행한 경험을 즉석 사진으로 꾸며보고 친구들과 이야기 나누기(214쪽)	
즉석사진 꾸며서 붙이기(붙임 3)	모둠원:
	모둠원:
	모둠원:
	모둠원:

활동 2 : 여행하면서 보고 듣고 느낀 점을 글로 쓰면 좋은 점을 친구들과 정리하기(217쪽)

기행문의 특성 파악하기(7단원)

학년   반   이름:

활동 3 : 교과서 218~221쪽「돌하르방 김수광」을 읽고, 질문을 만들어 친구들과 묻고 답하기	
글에서 답을 찾을 수 있는 질문	예) 글쓴이가 제주행 비행기를 탈 때 창가 쪽 자리를 좋아하는 까닭은 무엇인가요? ☆ ☆
자신의 생각을 말해야 하는 질문	예) '김수관'이라는 말을 들었을 때 어떤 생각이 들었나요? ☆ ☆

활동 4 : 친구들의 질문에 답을 적어보고 생각 나누기(221쪽)

활동 5 : 여정, 견문, 감상의 뜻을 정리하고, 자신이 여행한 경험을 바탕으로 나타내기(222~223쪽)

	각 낱말의 의미	내가 여행하면서 보고 듣고 느낀 점 중 해당되는 것을 정리하기
여정		
견문		
감상		

여정, 견문, 감상이 드러나게 기행문 쓰기(7단원)

학년   반   이름:

활동 6 : 자신이 가 본 곳 가운데에서 가장 기억에 남는 곳을 떠올린 후, 기행문 쓸 준비하기(225쪽)	
기행문을 쓰는 목적	
그 장소를 고른 까닭	
읽을 사람	
필요한 자료	

활동 7 : 226쪽~227쪽 기행문의 짜임을 생각하며 여정, 견문, 감상으로 나누어 정리하기	
기행문의 짜임	각 부분(처음, 가운데, 끝)에 써야 할 내용 정리하기
〈처음〉-여행한 목적	
〈가운데〉-여정-견문-감상	
〈끝〉-전체 감상과 더 알고 싶은 점	

활동 8 : 기행문을 쓸 때 어떻게 나타내야 하는지 정리해보기(227쪽)

1. 시간과 (   )이 잘 드러나게 쓴다.
2. (   )을/를 생생하고 자세하게 풀어 쓴다.
3. (   )도 함께 쓴다.

여행지 안내장 만들기(7단원)

학년   반   이름:

활동 9 : 228쪽 친구들의 기행문을 읽고 잘한 점을 칭찬해 봅시다. 226쪽~227쪽 참고
(기행문의 짜임을 확인해서 자세하게 칭찬글 쓰기-어떤 부분을 잘 썼는지)

활동 10 : 우리나라 여행지를 알리는 관광 상품을 만들려고 합니다(230쪽) 자신이 가 본 여행지 가운데에서 친구들에게 알리고 싶은 곳을 떠올리고 이야기 나누기

활동 11 : 여행지 안내장에 들어갈 내용을 정리하고 여행지 안내장 만들기(230~231쪽)

활동하기

활동 12 : 여행 박람회에서 자신이 가고 싶은 여행지를 고르고 그 까닭을 정리하기

소개한 친구	가고 싶은 여행지	그 까닭

평가 : 얼마나 잘 알고 있나요?				배운 내용을 정리해보세요.
배움 질문	싹틈	자람	열매	
기행문의 특성과 짜임을 바르게 설명할 수 있으며 그에 맞게 자신이 가고 싶은 여행지를 안내하는 글을 쓸 수 있나요?				
기행문의 특성과 짜임을 설명할 수 있으며 그에 맞게 자신이 가고 싶은 여행지를 안내하는 글을 쓸 수 있나요?				
기행문의 특성과 짜임을 알고 있으며 자신이 가고 싶은 여행지를 안내하는 글을 쓸 수 있나요?				

소주제 3 함께 만들어가는 아름다운 우리 국토

[활동 1] 국토 사랑을 표현해봐요.

관련 교과(단원)
국어 7. 기행문을 써요
미술 1. 새로운 눈으로 보는 세상(동아출판)
창의적 체험활동(자율활동)

주요 활동 소개 (총 수업 차시 : 4차시)
① 국토사랑 영상 제작 발표회(1~4차시)
② 학년 골든벨 개최(5~6차시)
　　[tip] 영상 제작 어플리케이션

관련 활동지

[함께 만들어가는 아름다운 우리 국토] 수업 이야기

소주제 3은 전담 수업이 없는 금요일 하루를 활용하여 학년 행사를 계획했다. 주요 활동은 크게 두 가지를 묶어 하나의 행사로 개최하기로 했다. 행사의 이름은 국토 사랑 영상 제작 발표회 & 골든벨, 울려라 호이왕으로 지었다. 오랜만에 학년이 다 모이는 활동을 하니 학생들의 참여도가 굉장히 높았다.

먼저 각 학급별로 최우수 국토 사랑 영상을 선정하여 총 5개의 영상을 상영했다. 영상을 시청한 후 1등 작품 선정의 시간을 주었다. 학생들에게 1등 작품을 고를 수 있게 이젤 패드에 반을 나누어 스티커를 붙일 수 있게 했다. 다행스럽게도 5개의 영상 속 여행지가 각기 달라 여러 지역을 보여줄 수 있었다. 경주, 부산, 제주도, 서울, 안동의 위치와 지역의 특색, 다양한 먹거리, 차편 등등 아주 자세한 설명을 동반하여 영상을 제작하여 학생들의 흥미를 끌기에 충분했다. 학생들은 마치 운동회처럼 자신의 반에서 제작된 영상을 응원하다가도 재밌고 신선한 영상이 나오면 같이 웃고 떠들며 영상 제작 발표회를 즐겼다.

골든벨은 내가 울린다!

두 번째 활동으로 골든벨을 실시했다. 행사 이름 속에 들어간 호이왕은 우리 칠곡의 마스코트 '호이'와 '왕'의 합성어이다. 학생 모두에게 이 행사가 우리 고장 칠곡과 나아가 우리 국토를 잘 이해하고 사랑하는 계기가 되었으면 하는 바람에서 이름을 지었다. 골든벨 행사 전에 모든 학생들이 받을 수 있는 간단한 경품을 준비하여 행사의 참여도를 올렸다. 프로젝트에 녹아든 여러 교과들, 사회, 수학, 국어, 미술의 교육과정에서 다룬 우리의 실제 상황들로 문제를 구성하였다. 총 20문제를 준비하였고 많은 아이들이 초반에 다수가 탈락하는 바람에 두 번의 패자부활전을 가지는 웃지 못할 헤프닝도 있었다. 하지만 결국 3명의 학생들이 20번 골든벨 문제를 맞추며 프로젝트의 골든벨을 울렸다.

국토사랑 영상 선정 투표

골든벨, 울려라 호이왕 참가 모습

책 만들기 활동 TIP 6

멸치(영상제작 앱) 이용 방법

👉 멸치(영상제작 앱)란?

멸치는 모든 사람이 영상을 쉽고 간편하게 편집하고 제작할 수 있는 어플리케이션이다. 간단하게 버튼 몇 번을 누르는 것만으로도 전문가 수준의 영상(사진)을 쉽게 제작할 수 있어 수업 중에 활용하기 좋으며 수업 결과물도 학생들이 만족할 수 있다.

👉 띵커벨 활용 방법

1. 멸치앱 설치하기 멸치앱은 모바일 앱스토어에서 '멸치'로 검색하면 쉽게 설치할 수 있다.

2. 아주 쉬운 영상 제작

멸치앱은 사용법이 쉽다는 것이 가장 큰 장점이다. 사진, 자막문구, 영상 소스만 있으면 된다. 멸치앱에서 샘플로 보여주고 있는 다양한 영상 중에서 마음에 드는 스타일을 고른 다음 넣고 싶은 사진 또는 영상, 자막으로 교체해 주면 알아서 전문가 수준으로 영상이 제작된다. 또한 영상 템플릿이 아주 다양하여 본인 취향대로 고를 수 있을 뿐만 아니라 영상에 어울리는 음악까지 모두 들어가 있기 때문에 아주 유용하여 다양한 수업에 적용할 수 있다.

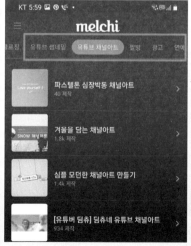

프로젝트 6 · '너와 함께 찾아가는 미래'

프로젝트 6
학습지 모음

1. 프로젝트 개요*

초등학교 교육 기간은 자아 인식과 '일'과 '직업'에 관한 기본 개념 및 진로에 대한 건전한 태도와 가치관이 성립되는 시기이기 때문에 매우 중요하다. 이 시기에 진로와 직업에 대한 인지적 발달, 정서적 발달의 성숙, 의사결정 능력의 향상 등 진로선택과 연계된 분야의 발달이 급격히 진행되기 때문이다. 흔히들 진로교육은 대학 진학을 앞둔 중 고등학생에게만 의미 있는 것으로 생각하기 쉽지만, 초등학교에서의 진로교육도 매우 중요하다. 대부분의 학생들은 자신의 진로와 관련된 선택과 결정을 중 · 고등학교 시절에 경험하게 된다. 그러나 진로는 결정시기에 임박해서 고민하기보다 초등학교 때부터 체계적으로 준비되어야 한다. 인간의 발달은 전 생애에 걸쳐있고 진로발달은 어느 특정 단계에서만 이루어지는 것이 아니라, 각 단계마다 중점적으로 다루어져야 할 것이 있으며 초등학교 시기는 성인 진로발달의 중요한 밑바탕이 되기 때문이다

진로지도는 이러한 개인의 진로발달의 시기에 맞게 자신의 진로를 계획하고, 그 진로에 대한 준비를 하며 적절한 시기에 그 직업을 선택하고, 선택한 직업에 잘 적응하며, 더욱 발전할 수 있도록 도와주는 것이기에 체계적인 진로교육이 적시에 이루어져야 한다. 하지만 대부분의 진로지도와 관련된 그동안의 프로그램의 개발이나 교실 수업은 초등학생 보다는 진로선택과 준비가 본격적으로 이루어지는 고등학교, 대학교에 초점이 맞추어져 있는 현실이다.

---

* 김영환, 강두봉, 이승민(2017) 초등 진로교육 관련 국내 연구 동향 분석. 초등교육연구, 30(2), 다수발췌

초등학교 시기는 일과 직업에 대한 인식을 구체적으로 발달시키기 시작해 이를 자아개념과 관련지어 잠정적인 진로목표를 설정할 수 있는 중요한 때이므로, 이 시기의 학생들이 다양한 진로활동에 적극적으로 참여하여 경험의 폭을 넓혀나갈 수 있도록 지원해주는 것이 필요하다. 특히 초등학교는 중학교와 고등학교로 올라가는 기초 단계이므로 초등학생을 대상으로 한 진로지도는 매우 중요한 의미를 지닌다고 볼 수 있지만, 우리나라 초등학교에서의 진로지도 및 교육연구는 아직 그에 대한 기초 연구가 부족하며, 현재 초등학생들이 일과 직업의 세계를 탐색할 수 있는 다양한 방법의 진로교육이 이루어지고 있지 않다고 본다

최근 인공지능, 사물인터넷, 3차원 프린터, 바이오산업과 핵융합 등이 융합된 '제4차 산업혁명'이 떠오르고 있다. 현재 학생들은 이러한 4차 산업혁명이 가져올 수밖에 없는 기술발전의 편리함을 누리는 한편 산업과 직업세계의 변화에 따른 경제구조의 변동을 주도하거나 감수해야 하는 세대이다. 어쩌면 직업에 대한 개념이 완전히 변화해야 할지도 모르며, 또 어쩌면 로봇에게 일자리를 잃은 첫 번째 인류로 기록될 확률도 있다. 따라서 이 시대의 진로교육은 미래 사회의 변화를 감안하여 이를 적극적으로 선도하거나 적응할 수 있는 미래직업인을 양성하는 방향으로 나아가야 한다. 그리고 사회적 요구에 따라 인재상에 대한 변화 요구도 증가할 것이다.

따라서 변화하는 사회에 필요한 인재 양성을 위한 노력은 과거의 방법과는 달라져야 할 것이다. 앞으로의 미래형 인재는 창의성, 디지털 리터러시, 문제해결력, 협력과 커뮤니케이션 등을 함양해야 한다는 것이 중론을 이루고 있지만 과연 이들만 가지고 제4차 산업혁명의 변화에 대처할 수 있을 것인지에 대한 확신은 아직 없기에 보다 적극적인 초등학교 진로교육의 필요성이 높아지고 있다.

이에 우리 공동체에서는 '너와 함께 찾아가는 미래'프로젝트 학습을 통해 학생 개인별 적성을 조기에 발견하는 경험을 제공하고, 인생 전체의 학습 과정으로서 학생의 적성, 흥미, 능력과 인성, 주변 환경에 알맞은 직업 및 진학 과정을 학생의 발달 단계에 맞게 탐색, 인식, 준비, 계획하는 과정을 통해서 합리적으로 적응할 수 있는 진로 교육을 계획·제공해주고자 한다.

2. 프로젝트 학습 전, 새로운 고민

우리 함께 어떠한 활동을 하면 좋을까?

'너와 함께 찾아가는 미래' 프로젝트 학습은 한 학기 동안 처음으로 프로젝트 학습을 접하게 되고, 프로젝트 학습으로만 수업을 이끌어가고 실천했던 선생님뿐 아니라 학생들 모두가 피로해지면서 지칠 수도 있는 시기에 운영되는 프로젝트 학습이었다. 뿐만 아니라 곧 방학을 맞이하는 시기에 운영되는 프로젝트 학습이었기에 우리 모두가 더욱 힘들 수도 있고, 편하게 쉬고 싶어지는 마음이 들 수도 있는 시기이기도 하였다. 그래서 어떻게 프로젝트 학습을 실천하면 좋을지 각자가 더 많은 고민을 하게 되었던 것 같다.

이러한 힘듦과 지침에 대해 우리는 서로 말로 표현하지는 않았지만, 한 학기 동안 함께 하게 되면서 서로의 감정들에 대해 어느 정도 느껴지는 것이 있었던 것 같다. 시간이 지나고 나서야 서로 같은 생각과 마음이 있었다는 것을 알게 되기는 하였지만… 어쨌든 이번 프로젝트 학습을 계획할 때 쯤, 우리 모두의 마음과 신체는 힘든 시기에 있었고, 방학을 맞이하기 전이라는 핑계(?)를 대면서 조금은 편하게 수업을 하고 싶어했던 것 같았다.

그러한 감정에 대해 말을 하지는 않았지만, 어쩌면 서로 그러한 생각을 하고 있다고 느끼던 어느 날, 한 선생님이 갑작스럽게 이렇게 말하였다.

"우리가 미리 세운 계획에서 조금은 벗어나더라도 이번 프로젝트 학습은 아이들의 이야기를 더욱 많이 담는 것이 어떨까요?"

한 선생님의 갑작스러운 제안이었지만, 그러한 제안에 우리는 마음을 조금 더 열 수 있었던 것 같다. 그리고 우리는 이렇게 이야기를 나누며 서로의 생각을 더 많이 이야기 나누게 되었다.

"그것도 좋은 생각인 것 같아요. 한 학기 동안 학생들도 프로젝트 학습을 실천하면서 하고 싶

고 배우고 싶은 것에 대한 생각이 자라났을 것 같아요."

"그렇게 되면 보다 의미있는 프로젝트 학습이 될 수 있을 것 같네요. 우리가 미리 정한 주제와 관련 교과 및 단원에 대해 학생들에게 알려준 뒤, 어떠한 활동과 학습이 이루어지면 좋을지 아이들의 이야기를 먼저 들어보면 좋을 것 같아요."

교사 공동체라는 것을 처음으로 경험하는 선생님, 그리고 프로젝트 학습이라는 것을 처음으로 실천하는 선생님들이 대다수였던 우리들에게 어떠한 변화와 성장, 그리고 발전을 엿볼 수 있었던 시간이었기 때문이다.

처음으로 프로젝트 학습을 시작하면서 참으로 많은 고민과 걱정이 있었던 것이 사실이다. 프로젝트 학습이라 함은 학생들의 삶과 밀접한 관련이 있었어야 하며, 학생들이 직접 경험하고 생활하는 삶 속에서 문제를 찾아 주제와 과제를 발견하고, 그러한 과제를 해결하기 위해서 비슷한 주제 의식을 가지고 있는 친구들이 함께 팀을 구성하여서 문제를 해결하는 과정 자체가 프로젝트 학습이라고 할 수 있었는데.. 그동안의 프로젝트 학습은 솔직히 학생들의 실제적인 과제나 문제가 아닌, 교사들이 생각하기에 경험하고 겪을만한 문제와 과제를 가지고 프로젝트 학습을 계획하고 실천하였다고 할 수 있었다.

물론 이에 대해 우리들 또한 고민하지 않은 것은 아니다. 하지만 그동안 우리 교사뿐만 아니라 학생들 또한 프로젝트 학습을 경험해보지 못했으며, 학생들은 스스로의 삶에 있어서 어떠한 문제의식을 가지고 있기보다는 부모님, 선생님, 혹은 주변 어른이 시키는 대로 행동하고 생활하는 것에 익숙해져 있기 때문에, 스스로의 삶에 있어서 문제가 있다거나 해결해야 하는 과제가 있다고 생각하는 아이들이 많지 않은 것도 사실이다. 즉, 생활에 있어서 다양한 면을 바라보면서 학생들 스스로 자신의 삶을 보다 윤택하게 만들기 위해 해결해야 하는 문제나 과제가 무엇인지를 고민한 적이 없기에, 학생들 중심의 프로젝트 학습 시작이 불가능하다고 판단하였다.

흔히들 교사가 행복해야 아이들이 행복하다고 말을 한다. 그렇다면 교사가 즐거워야 아이들도 즐거울 수 있을 것이며, 다시 말을 바꾸면 교사가 즐거운 수업을 해야 아이들도 수업이 즐거울 수 있을 것이라고 생각하였다. 그래서 우선은 교사가 즐거울 수 있는 수업을 찾아가고자 프로젝트 학습 주제 찾기 위해서

'교사로서 내가 진정 바라는 아이들의 성장 모습은 어떠한 모습일까?'

라는 교사들의 문제의식에서부터 시작하기도 하였고, 이렇게 해서 한 학기 동안 우리는 5개의 프로젝트 학습을 계획하고 실천하게 되었다.

그리고 어쩌면 방학을 맞이하기 전, 그리고 한 학기의 마지막 프로젝트 학습을 실천할 시기에 교사들과 아이들 모두는 프로젝트 학습에 어느 정도 익숙해져 있을지도 모른다. 아니 익숙해져 있을 것이라고 확신하였다.

우리들의 이러한 고민과 이야기들이 아이들에게 보다 의미있는 프로젝트 학습이 될 수 있을 것이라는 판단이 생겼고, 아이들이 계획하고 실천하는 프로젝트 학습에 대해서… 프로젝트 학습을 올해 처음으로 경험하는 선생님의 입에서 먼저 나오게 된 것에 대해 오히려 감사한 마음이 들었다. 그만큼 프로젝트 학습에 대한 확신을 가지게 되었고, 더 열심히 프로젝트 학습에 대해 고민하고 있으며, 더 많은 열정을 가지고 있다는 것을, 그리고 교사 공동체가 함께 성장하고 발전하고 있다는 것을 보여주고 있으니 말이다.

어느 선생님의 이러한 제안으로 우리는 처음에 가지고 있던 계획을 잠시 접어두고서, 아이들과 함께 다양한 직업 세계에 대해 어떻게 학습하고, 어떠한 활동들을 하면 좋을지 각자의 반에서 이야기를 나누기로 하였다.

반별로 참으로 많은 이야기가 오고 간 것 같았다.

어느 반에서는 미래 사회와 관련된 직업 세계에 대해 배우고 싶다는 반이 있었고, 직업과 관련된 다양한 체험학습을 하면 좋겠다는 의견을 내는 반도 있었고, 자신의 꿈이 무엇인지를 찾아보고서 상상하여 표현해보면 좋겠다는 의견을 내는 반도 있었다.

우리는 학생들의 다양한 요구 사항(?)을 모두 받아들이기로 하였고, 우리가 계획하였던 프로젝트 학습에서 조금은 다른, 새로운 프로젝트 학습을 계획하고 실천하게 되었다.

3. 프로젝트 주제망

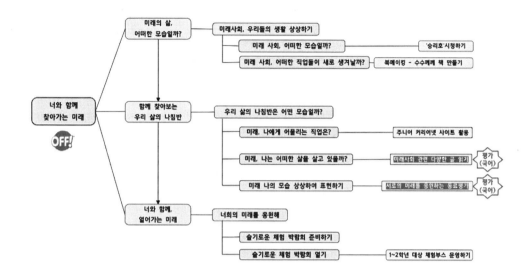

4. 프로젝트 학습 교육과정 재구성

교과 (차시)	단원	성취기준	프로젝트 수업 설계	수행과제
실과	6 단 원	[6실05-01]일과 직업의 의미와 중요성을 이해한다. [6실05-02]나를 이해하고 적성, 흥미, 성격에 맞는 직업을 선택한다	주변의 다양한 직업세계를 조사해보고, 미래 사회 새로 생겨날 직업 예상해보기 미래 사회 모습을 상상해보고, 미래의 다양한 직업 중에서 나의 적성, 흥미, 성격에 맞는 미래 직업 선택해서 글과 그림으로 소개하기	**소주제2. 함께 찾아보는 우리 삶의 나침반** 수행과제 1: ⓐ 나의 적성, 흥미, 성격에 맞는 미래 직업 선택해서 글과 그림으로 소개하기 수행과제 2: ⓐ 미래 사회와 관련된 다양한 글을 조사하고, 배경지식을 활용해 새로운 낱말의 뜻을 짐작해가며 글을 읽고, 다양한 방법을 적용하여 체계적으로 정리하여서 발표하기 수행과제 3: ⓐ 미래 직업 세계에 대한 다양한 자료를 조사·수집·정리하고, 미래 사회에 있을 만한 직업을 선정하여 팀별 직업 소개 사전 만들기
국어	8 단 원	[6국04-02] 국어 낱말 확장 방법을 탐구하고 어휘력을 높이는 데에 적용한다. [6국02-01] 읽기는 배경지식을 활용하여 의미를 구성하는 과정임을 이해하고 글을 읽는다.	교과서 지문을 이용해 아는 배경지식을 읽기 과정에 활용해 읽으면 좋은 점을 알고, 같은 작품이라도 배경지식에 따라 생각, 느낌이 서로 다를 수 있음을 알기 미래 시대 사회, 과학, 예술, 체육 등과 관련된 다양한 글을 찾아보고, 친구들과 함께 배경지식을 활용해 새로운 낱말의 뜻을 짐작해가면서 조사한 글을 함께 읽고 정리하기	
	9 단 원	[6국02-05] 매체에 따른 다양한 읽기 방법을 이해하고 적절하게 적용하며 읽는다. [6국01-04] 자료를 정리하여 말할 내용을 체계적으로 구성한다.	우리 주변의 직업세계와 앞으로 미래에 생겨날 직업에 대한 다양한 자료를 조사·수집하고 정리해 미래 사회에 있을 직업들을 선정하기 미래 직업 세계에 대한 다양한 자료에 대한 체계적인 정리를 통해 직업 소개 사전 만들기	
미술	3 단 원	[6미02-01] 표현 주제를 잘 나타낼 수 있는 다양한 소재를 탐색할 수 있다. [6미02-02] 다양한 발상 방법으로 아이디어를 발전시킬 수 있다.	주제를 효과적으로 표현하기 위해 다양한 소재를 탐색·사용하는 방법을 배우고, 미래 사회의 다양한 직업들을 탐색하면서 상상력(아이디어)를 더하여 미래 사회에 필요한 물건을 창의적이고 재미있게 표현해서 창업 박람회 열기	

5. 프로젝트 학습 흐름 및 평가 계획

소주제	차시	교과	교수·학습 활동	블렌디드	평가
미래의 삶,	3	창체	미래사회의 모습과 직업과 관련된 영상('승리호' 등)을 함께 시청하고, 미래 사회는 어떠한 모습일지 상상하면서 이야기 나누기	ON	
어떠한 모습일까?	3	창체	미래 사회의 모습을 어떠할지 책, 영상 등 다양한 매체를 활용하여 조사하고, 뉴스, UCC, 포스터 등 다양한 방법으로 미래 사회의 모습을 소개하기	ON, OFF	

⇓ [연계활동]

소주제	차시	교과	교수·학습 활동	블렌디드	평가
함께 찾아 보는 우리 삶의 나침반	3		우리 주변의 다양한 일과 직업을 살펴보면서 일과 직업의 의미와 중요성, 그리고 필요성 이해하기	ON	
	5	실과	미래 사회에서도 계속 있을 만한 직업과 새로 생겨날 직업을 탐색하고, 커리어넷의 자기 탐색 프로그램을 활용해 자기를 이해한 뒤, 자신에게 어울리는 직업을 찾아서 다양한 방법으로 자신이 선택한 직업 소개하기	OFF	✓
	8	국어	교과서 지문을 이용해서 개병지식을 활용해 글을 읽는 방법을 이해하고, 미래 사회와 관련된 다양한 종류의 글을 읽고서 미래 사회를 소개하는 다양한 종류의 글을 작성하고서 발표하기	ON, OFF	
	6	미술	미래 사회를 주제로 상상력을 더하여 재매있게 표현하고, 친구들의 작품 감상하기	ON	
	6	미술	미래 사회의 모습에 대한 친구들의 다양한 활동결과물을 살펴보면서, 앞으로 우리 사회에 필요할 것 같은 물건을 발명해서 소개하기	OFF	✓
	9	국어	미래 사회 모습, 그리고 미래 사회에 있을 다양한 직업에 대한 친구들의 발표 내용과 소개 자료를 참고하여 미래 직업 소개 사전 완성하기	ON, OFF	✓

⇓ [연계활동]

소주제	차시	교과	교수·학습 활동	블렌디드	평가
너와 함께,	2	미술	친구들의 미래 사회에 필요할 것 같은 발명품을 함께 살펴보고, 미래 사회에 꼭 필요할 것 같은 발명품을 팀별로 하나씩 선정하여 발명품을 재활용품을 활용해서 직접 만들어보기	ON, OFF	
열어 가는 미래	4	창체	프로젝트 학습을 통한 활동 결과물을 이용해서 전시회를 열고, 직접 만든 발명품을 활용해서 간접 체험이 가능한 창업 박람회를 함께 열기	OFF	

⇓ [후속활동] 미니 협력 올림픽 후, 친구 사랑 마음을 담은 전통 공예 학년 복도에 전시하기

6. 프로젝트 학습 자기 평가지(가정 통지용)

"너와 함께 찾아가는 미래"을 통해 무엇을 배웠나요?

프로젝트 학습을 통해 새롭게 알게 된 내용, 더 자세하게 알게 된 내용이 무엇인지 스스로 생각해보고 성찰해본 후 아래의 기준에 따라서 스스로 평가해보도록 합니다.

〈평가 기준〉

기준	싹틈(🌱)	자람(🌿)	나눔(🌷)
의미	관련 배움 내용에 대해 프로젝트 학습 전에는 알지 못했지만, 프로젝트 학습을 통해 새롭게 알게 되었어요.	관련 배움 내용에 대해 어느 정도 알고 있었으며, 프로젝트 학습을 통해 그러한 지식이 왜 필요한지, 어디에 사용되는지 알게 되었어요.	관련 배움에 대해 자세히 알고 있었고 이번 프로젝트 학습을 통해 내가 아는 것을 친구들에게 나누면서 함께 성장하는데 도움을 주었어요.

〈스스로 평가해 봅시다〉

배움 내용	기준 🌱	기준 🌿	기준 🌷	왜 그렇게 평가 했나요?
주변의 다양한 직업세계를 조사해보고, 미래 사회 새로 생겨날 직업 예상할 수 있나요?				
미래 사회 모습을 상상해보고, 미래의 다양한 직업 중에서 나의 적성, 흥미, 성격에 맞는 미래 직업 선택해서 글과 그림으로 소개할 수 있나요?				
교과서 지문을 이용해 아는 배경지식을 읽기 과정에 활용해 읽으면 좋은 점을 알고, 같은 작품이라도 배경지식에 따라 생각, 느낌이 서로 다를 수 있음을 알게 되었나요?				
미래 시대 사회, 과학, 예술, 체육 등과 관련된 다양한 글을 찾아보고, 친구들과 함께 배경지식을 활용해 새로운 낱말의 뜻을 짐작해가면서 조사한 글을 읽을 수 있나요?				
우리 주변의 직업세계와 앞으로 미래에 생겨날 직업에 대한 다양한 자료를 조사·수집하고 정리하여 미래 사회에 있을 직업들을 소개할 수 있나요?				
미래 직업 세계에 대한 다양한 자료에 대한 체계적인 정리를 통해 직업 소개 사전을 만들 수 있나요?				
미래 사회의 다양한 직업들을 탐색하면서 상상력(아이디어)를 더하여 미래 사회에 필요한 물건을 창의적이고 재미있게 표현할 수 있나요?				

〈"너와 함께 찾아가는 미래"를 함께 배우면서 어떠하였나요?〉

>

★ 프로젝트 학습으로 배우고 활동하면서 느꼈던 감정, 알게 된 점, 소감을 솔직하게 써보시오.

7. 〈너와 함께 찾아가는 미래〉 수업 이야기

소주제 1 미래의 삶, 어떠한 모습일까?

[활동 1] 미래사회, 우리들의 삶 상상하기

관련 교과(단원)

창의적 체험활동(자율활동)

주요 활동 소개 (총 수업 차시 : 6차시)

① 미래 사회, 어떠한 모습일까?(1~3차시)

　[함께 본 영화] 승리호

② 미래 사회, 어떠한 직업들이 새로 생겨날까?(6차시)

　[tip] 수수께끼 책 만들기 활동 방법

'미래사회, 우리들의 삶 상상하기' 수업 이야기

미래 사회, 어떠한 모습일까?

우리 아이들이 살아가게 될 미래 사회는 어떠한 모습일까? 어떻게 하면 미래 사회의 모습을 보여주고 상상할 수 있게 할까? 우리들은 함께 모여서 어떠한 모습의 미래 사회를 보여주어야 할지 많은 고민을 했던 것 같다. 분명히 앞으로의 사회는, 우리 아이들이 살아가게 될 미래 사회는 많은 변화가 있을 것이다. 4차 산업혁명이라는 말이 이제는 사회적으로 누구나 알고 있는 용어가 되었으니 말이다.

물론, 어쩌면 커다란 변화가 없을지도 모른다. 그래도 우리는 미래 사회의 모습이 지금과는 커다란 차이가 있을 것이며, 우리가 살아가게 될 사회는 지구라는 공간에서 벗어나, 우주라는 공간으로 확장이 될 것이라는 사실을 영상을 통해 직접적으로 보여주고 싶다는 마음을 가지게 되었다. 그래서 우리는 영화로 이번 프로젝트를 시작하게 되었다.

미래 사회의 모습을 보여줄 수 있는 영화는 많이 있었다. 그 중에서 저작권에 위배됨 없이, 다운로드를 하지 않고서 기본의 플랫폼인 넷플렉스를 이용하여 보여 줄 수 있는 영화를 선택하여 '승리호'를 보여주기로 하였다.

물론 해당 영화의 경우 다소 과장된 모습을 보이기도 하고, 아주 먼 미래 이야기일 것 같다는 의견도 있었다. 하지만 우리 삶이 영화에서처럼 빠른 속도록 변화하고 있으며, 앞으로의 사회가 자연 환경이 더욱 중요해지게 될 것이라는 점, 사람의 관계 형성이 중요하는 점, AI 등 로봇의 발달로 인한 인간성 상실에 대한 문제를 고려해야 한다는 점, 사람의 마음과 감정과 관련된 직업이 더욱 강조될 것이라는 점 등을 고려하여 해당 영화를 선정하게 되었다.

영화를 보는 동안 아이들의 눈이 반짝반짝 빛나고 있다는 것을 느끼게 되었다. 많은 친구들이 영화를 이미 보았다고 말을 하였지만, 재미와 흥미로 영화를 보는 것이 아니라, 과연 우리들이 살아가게 될 미래사회는 어떠한 모습이 될 것인지, 그리고 그러한 미래사회에서 우리는 어떻게 살아가야 하고, 어떠한 직업을 선택하면 좋을지에 대해 생각하며 영화를 보게 되면서, 아이들이 더욱 집중하며 영화를 보게 되었던 것 같다. 이러한 아이들의 모습을 보면서,

'그저 아무런 이유없이 영화를 보여주는 것과 달리, 수업과 연계되어서, 어떠한 필요성과 이유에 의해서 영화를 보여주게 될 경우, 영화라는 학습도구도 매우 유익한 자료가 될 수 있겠구나.'

라는 사실을 다시 한 번 더 깨닫게 되었던 것 같다. 그저 재미와 흥미적인 요소일 수도 있는 영화와 같은 학습도구도, 프로젝트 학습 속에서는 아이들에게 의미있는 활동으로 다가갈 수 있다는 것을 깨닫게 된, 교사에게 있어서도 의미있었던 순간이었다. 돌이켜 생각해보면, 솔직히 그동안 영화는 진도를 다 나간 후 시간을 떼우기 위해 보여준 적이 많았었다. 그래서인지 그저 영화라는 학습도구는 학생들에게는 재미를, 교사에게는 여유를 주기 위해 활용했던 것이 사실이었다. 하지만, 이번 수업을 통해 영화에 대한 생각이 바뀌게 되었고, 프로젝트 학습을 통해 영화라는 학습도구도, 어떻게 활용하고 적용하느

냐에 따라 학생들에게 미치는 영향력이 매우 다를 수 있다는 것을 알게 되었다.

미래 사회, 어떠한 직업들이 새로 생겨날까?

다시 수업으로 돌아와서, 영화를 보면서 우리는 미래의 직업에 대해 고민을 해보기로 하였다. 과연 미래 사회에서는 어떠한 직업이 사라지게 되고, 어떠한 직업이 새롭게 생겨나게 될 것인지에 대해 이야기를 나누어보기로 하였다.

이를 위해서 우선은 앞으로 사라지게 될 직업에는 어떠한 직업이 있을지 이야기를 해보았다.

"기계가 대신 그려줄 수 있기 때문에, 만화, 웹툰과 같은 경우에는 이야기는 사람이 만들지만, 그림을 그리는 일은 기계가 할 것 같아요"

"날씨를 말해주는 사람이 사라지고, 기계가 이를 대신 하게 될 것 같아요"

"저는 지금 학습지를 하고 있는데, 학습지에서 틀린 문제에 대해 어떻게 해결하면 좋을지를 테블릿으로 바로 확인해주어요. 그래서 학습지나 학원 등 지식을 가르쳐주는 일을 기계가 대신 하게 될 것 같아요"

다양한 아이들의 이야기가 나오게 되었고, 우리 아이들 또한 앞으로 다양한 직업이 사라지게 될 것이라고 예상하고 있다는 사실에 매우 놀라웠다. 그리고 우리는 아래의 그림처럼 수수께끼 책 만들기 활동을 이용하여 앞으로 사라지게 될 직업을 주제로 책을 만들고, 서로 질문을 하고, 이유와 근거를 들어가며 이야기해보는 시간을 가졌다.

학기 초에는 상상할 수 없었던 일이었다. 자신의 생각을 말로 표현하는 것 자체도 힘들어하던 아이들이었는데, 이제는 영화 한편을 보고, 그동안 듣고 배웠던 내용을 떠올리면서 앞으로 사라지게 될 직업을 이유와 근거를 들어가며 발표하는 모습을 보면서 프로젝트 학습이 주는 또 다른 선물이 아닐까하는 생각을 하게 되었다.

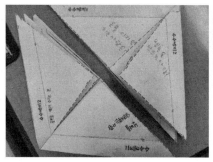

수수께끼 책을 만들어 사라지게 될 직업을 표현한 활동 결과물

　우리는 미래 사회에 새로 생겨나게 될 신직업에는 어떠한 것들이 있을지에 대해 포스터를 활용하여 함께 알아보는 시간을 가졌다.

　이번 수업에 활용한 포스터 자료는 한 출판사(VISANG)에서 교사 대상 이벤트를 진행할 때 신청한 자료였다. 혹시나 이 글을 읽고 있는 독자가 교사라면, 기존의 출판사(미래엔, 티스쿨 등)에 가입을 해두고서, 다양한 이벤트 관련 안내 사항을 메신져를 통해 받을 수 있게 설정을 한다면, 수업에 활용할 수 있는 다양한 학습 자료를 무료로 받아볼 수 있다. 우리들은 모두 관련 사이트에 가입을 해두었기에, 포스터 뿐 아니라 역사 지도, 우리나라 문화 지도 등 다양한 학습 자료를 무료로 활용할 수 있었다. 인터넷 사이트의 학습자료에서 벗어나, 실물형태의 학습 자료는 아이들이 보다 활동적으로 수업에 참여할 수 있게 하는 긍정적인 효과가 있는 것 같다. 꼭 가입을 하고, 많은 학습도구를 무료로 받아보기를 권한다.

　앞서 언급했듯이, 어느 한 출판사에 진로교육과 관련된 포스터를 제공해준다는 행사 메시지를 받고서, 반별로 관련된 포스터를 신청하였다. 물론 이번 프로젝트 학습을 위해 미리 신청하기는 하였지만, 솔직히 처음에는 어떠한 자료일지 확신이 없어서 활용 여부에 대해서는 장담하지 못했다. 그런데 실제 진로와 관련된 프로젝트 학습이 시작되고, 미래형 새로운 직업을 알아보기 위한 자료를 찾아보면서, 신청해서 받는 자료의 활용도가 너무 높다는 생각을 하게 되었다. 여러분도 꼭! 다양한 출판사 사이트에 교원으로 등록을 하고서, 출판사에서 진행하는 행사에 참여를 해보세요. 저희처럼 이렇게 의도치 않게 득템(?)을 하게 될지도 모르니까요.

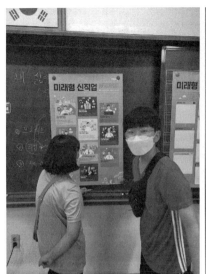 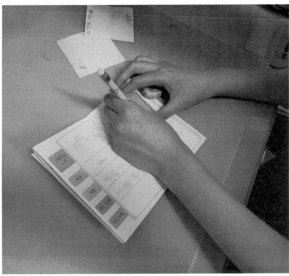

포스터를 활용해 미래형 신직업에 대해 알아보는 활동 모습

수수께끼 책 만들기 활동 과정

👉🗣 **수수께끼 책 만들기 활동 과정**

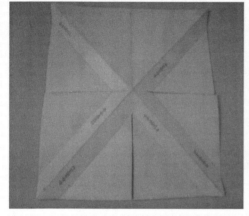

① 점선을 따라 오리기

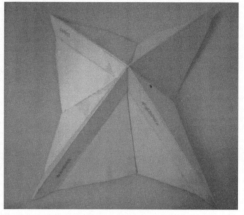

② 사진처럼 종이 접기

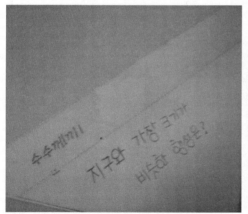

③ 앞쪽에 문제 적기(사진 변경)

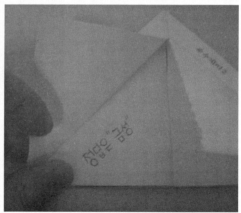

④ 안쪽에 정답 적기(사진 변경)

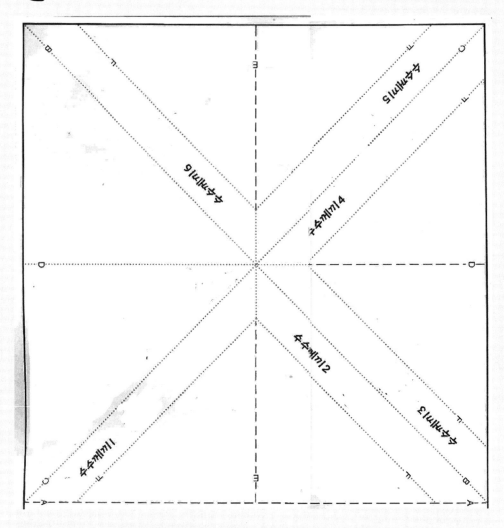

소주제 2 | **함께 찾아보는 우리 삶의 나침반**

[활동 1] 우리 삶의 나침반은 어떤 모습일까?

관련 교과(단원)

실과 6. 나의 진로(미래엔)

국어 8. 아는 것과 새롭게 안 것

국어 9. 여러 가지 방법으로 읽어요

미술 3. 생각이 꿈틀꿈틀(동아출판)

주요 활동 소개 (총 수업 차시 : 33차시)

① 미래, 나에게 어울리는 직업은?(1~16차시)

　　[이용 사이트] 주니어 커리어넷

② 미래, 나는 어떠한 삶을 살고 있을까?(17~33차시)

　　[함께한 활동] 미래 나의 모습 상상하여 표현하기

　　[동료평가] 서로의 미래를 응원하는 평가 기준으로 동료평가하기

관련 활동지 [프 6-1]

'우리 삶의 나침반은 어떠할까?' 수업 이야기

미래, 나에게 어울리는 직업은 ?

소주제 1을 통해서 미래 사회의 변화 모습, 사라지게 될 직업, 새로 생겨나게 될 직업 등에 대해 함께 살펴보고 이야기를 나누어 보았다. 그러던 중 한 학생이 갑작스럽게,

"선생님! 저는 어떠한 직업이 저에게 어울리는지 생각이 나지를 않아요. 어떻게 하면 저에게 어울리는 직업을 찾을 수 있을까요?"

라고 말하였다. 처음에는 너무 당황했다. 어떻게 답변을 해주어야 할지, 그리고 학생별로 어떠한 직업적 역량을 가지고 있는지 확인할 방법을 찾지 못해서였다. 그러면서 학교에 진로를 담당하는 선생님, 그리고 진로와 관련된 상담을 실시해 줄 수 있는 선생님이 있으면 얼마나 좋을까 생각하였다.

그러면서 앞으로의 미래 교육은 어쩌면 진로교육이 주가 되지 않을까 하였다. 그동안의 학교 교육이 교사 위주의 강의식 수업으로 이루어질 수 있었던 이유는, 사회에 존재하는 직업의 종류가 한정적이고, 큰 변화가 없었기에 학교 공부만 열심히 하고, 흔히 말을 하는 좋은 대학교에 입학을 하면 웬만한 직장을 가질 수 있었기 때문도 하나의 이유일 거라고 생각한다.

하지만 앞으로의 사회는 지금은 알 수 없고, 상상할 수도 없는 다양한 직업들이 새로 생겨나게 될 것이고, 지금의 여러 직업들이 사라지게 될 것이다. 그리고 직업의 종류도 지금과는 비교할 수 없을 정도로 매우 다양해 질 것이다. 그러한 사회를 고려하였을 때, 앞으로의 초등학교 교육은 학생들이 지니고 있는 잠재력, 역량, 능력 등이 다양하게 발현될 수 있는 교육적 경험을 제공해주어야 하며, 그렇게 제공된 경험을 토대로 발견되어지는 학생들 개별적 역량에 맞는 관련된 다양한 직업들을 간접 혹은 직접적으로 체험할 수 있는 경험을 중·고등학교에서 제공해주지 않을까 조심스럽게 예상해보았다.

물론 학교 교육이 직업 교육이 되어서는 안 되겠지만, 교육이라는 것이 학생들이 보다 나은 삶을 살아갈 수 있는 밑거름이 되어야 하며, 학생들 모두가 자신의 잠재력과 역량에 맞는 직업의 선택으로 삶을 윤택하게 만들 수 있는 기회를 제공해주어야 한다는 측면에서 바라볼 때, 학교 교육과 진로 교육은 별개로 바라볼 수 있는 관계가 될 것이다.

이러한 이유로 인해, 고교학점제가 도입되고, 나아가서는 초등학교 고학년에서도 교과목을 선택할 수 있는 제도도 2022 개정 교육과정에서 현재 고려되고 있다고 판단된다. 학교 교육은 사회의 변화와 맞닿아 있으며, 사회적 변화의 흐름에 학교 교육이 맞추어 가야 하는 것은 어쩔 수 없는 이치인 것 같다. 이로 인해 앞으로 진로 교육은 더욱 강조되어질 가능성이 매우 높다.

이러한 생각들을 하면서, 다시 학생의 질문에 대한 고민으로 돌아오게 되었다.

진로교육이 중요할 텐데, 지금 당장 관련된 상담 교사, 혹은 자료가 없다고 하여 모른 척하고 넘어가선 안 될 것 같았다. 그래서 학생들과 함께 나에게 어울리는 직업에는 어떠한 종류가 있으며, 앞으로 미래 사회의 변화를 고려하였을 때 어떠한 직업을 생각해보면 좋을지에 대한 자료를 제공해줄 수 있는 사이트를 찾아보게 되었다.

이렇게 해서 함께 찾은 사이트가 '주니어 커리어넷'이었다. 그리고 이 사이트를 이용해서 각자의 적성과 흥미에 적합한 진로, 직업에는 어떠한 것들이 있을지를 알아보기로 하였다. 서로에게 맞는 다양한 직업을 알아보기 위하여, 우리는 초등학생용 진로흥미탐색 사이트인 '주니어 커리어넷'을 이용하게 된 것이다.

특히나 '주니어 커리어넷' 사이트의 경우에는 회원가입을 해도 되지만, 별도의 회원가입 없이도 자신의 진로흥미를 탐색하여 결과를 보여주기에 진로교육 시 매우 유용하다고 할 수 있었다.

미래, 나는 어떠한 삶을 살고 있을까?

스스로의 흥미, 적성에 맞는 다양한 진로를 확인하고서, 우리는 스스로 보다 더 나은 삶을 살아가기 위해서는 어떠한 노력과 생각들이 필요한지에 대해 알아보기로 하였다.

우리가 교실에서 공부를 하는 이유, 친구들과 관계를 형성하는 이유, 프로젝트 학습 속 다양한 활동을 통해 역량을 길러가는 이유가 바로 앞으로 보다 더 나은 삶을 살아가기 위함이기 때문이었다. 그래서 우리는 발상의 전환과 관련된 다양한 종류의 글을 활동지를 통해 읽고서, 우리들 스스로도 발상의 전환을 가져오고자 하였다.

발상의 전환 관련 다양한 글을 읽으면서, 아이들은 다양한 이야기를 서로 나누게 되었다. 특히나 평소 사용하고 있는 물건중에서 어떠한 점을 바꾸면 더욱 편리하게 사용할 수 있을지에 대해 서로의 생각을 모으면서, 한 학생이 이런 말을 하였다.

진로흥미탐색을 통해 나타난 여러분의 흥미유형과 각 유형별 점수를 확인해봅시다. 진로흥미탐색 결과를 통해 알아본 나의 대표적인 흥미유형은 C-A형으로, 여섯 가지 흥미 유형 가운데 관습형, 예술형 흥미가 높은 것으로 나타났습니다.

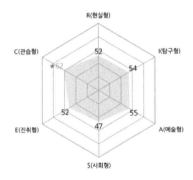

R 유형	I 유형	A 유형	S 유형	E 유형	C 유형
52	54	55	47	52	62

※ T점수는 각 흥미유형에 대한 여러분의 흥미도가 다른 친구들과 비교해서 상대적으로 어느 수준인지 확인시켜주는 수치입니다.
　 T점수의 평균은 50점이고, 다음과 같이 해석할 수 있습니다.

· 64점 이상: 매우 높은 흥미　 · 57~63점: 높은 흥미　 · 43~56점: 보통 흥미　 · 36~42점: 낮은 흥미　 · 35점 이하: 매우 낮은 흥미

■ C(관습형)

- 어떤 일에 대해 미리 준비하고 대비하는 성향이 강하다.
- 노트에 기록하거나 정리하는 꼼꼼한 일을 잘 한다.
- 성실하며, 세부사항을 잘 다루고 책임감 있게 자신에게 주어진 일을 잘 수행한다.
- 숫자를 이용하는 활동을 좋아하며, 약속을 잘 지키고 학교 규칙과 질서를 잘 지킨다.
- 창의성을 발휘하는 일이나 다른 사람을 이끌어가는 활동보다는 잘 짜여진 규칙 안에서 일하는 것을 좋아한다.
- 자신의 노력으로 인해 학급이나 조직이 원활하게 돌아갈 때 보람을 느낀다.
- 예를 들면, 회계사는 회사의 수익과 지출 등이 적힌 보고서를 읽고 숫자가 맞는지 꼼꼼하게 검토할 때 만족감을 느낀다.

추천직업

GIS전문가, 간병인, 곤충학자, 공무원, 공인회계사, 과학자, 관세사, 관제사, 교사, 금융자산운용가, 데이터베이스 개발자, 도시계획가, 디지털 장의사, 문화재보존가, 바이어, 법무사, 병원코디네이터, 보건의료정보관리사, 보육교사, 빅데이터전문가, 사서, 사회과학연구원, 사회복지사, 세무사, 안경사, 약사, 여론조사전문가, 영양사, 외교관, 운전기사, 유치원교사, 은행원, 임상병리사, 재난관리전문가, 전문비서, 정보시스템 운영자, 정부정책 기획전문가, 직업군인, 토목공학 기술자, 판사 및 검사, 항공기 정비원, 항공기승무원, 환경미화원

주니어 커리어넷을 이용해 나에게 어울리는 직업을 찾은 모습

"선생님, 이렇게 이야기를 하는 것에서 멈추지 말고,

직접 물건을 만들어보는 건 어떨까요?"

솔직히 이번 활동은 이렇게 이야기를 나누고 난 뒤에, 앞으로의 직업 세계에 대해 발상의 전환을 하면서 나에게 어울리는 미래형 신직업을 찾고, 직업의 이름을 만들어서 그림으로 표현하는 활동으로 마무리 지으려고 하였다.

하지만 한 학생의 제안으로 인해서 우리는 급하게 미술 교과서를 함께 들추어보게 되었고, 다양한 아이디어를 표현할 수 있는 단원을 찾게 되었다. 이렇게해서 함께 찾은 미술 교과 단원은 8단원 생활 속의 디자인(동아출판사)이었고, 해당 단원의 활동이 편리한 생활을 돕는 디자인, 환경을 생각하는 디자인이었다. 이중 환경을 생각하는 디자인의 경우에는 앞선 '우리들이 지키는 아름다운 환경' 프로젝트 학습에서 활용한 차시이기에 제외하고, 편리한 생활을 돕는 디자인 차시 활동을 활용하여 우리 삶을 보다 편리하게 만들어줄 수 있는 물건을 디자인을 하여, 직접 만들어보는 활동을 하기로 하였다.

어쩌면, 프로젝트 학습의 묘미가 이러한 것이 아닐까?

활동을 하는 도중에 학생들의 다양한 의견이 나오게 되고, 그러한 의견에 따라 얼마든지 활동을 변형하거나 추가하는 것이 가능하다는 점이 바로 프로젝트 학습의 장점이라고 할 수 있었다. 그래서 우리는 다소 시간이 조금 더 걸리고, 수업 시간이 조금 더 필요하더라도 학생이 생성하는 교육과정의 일환으로 우리들의 아이디어를 직접 표현해보는 활동을 추가하기로 하였고, 아래와 같은 결과물을 얻을 수 있었다.

학생 아이디어를 활용한 새로운 물건 만들기 활동 결과물

물론 갑작스럽게 계획하고 실천하게 된 활동인 관계로, 결과물을 확인하면서 어른인 교사의 시각에서 보았을 때는 매우 부족해보이기도 하고, 이것이 과연 이번 프로젝트 학습에서 필요한 활동이 맞을까에 대한 의문점이 들기도 했던 것이 사실이다. 그래도 아이들이 무엇인가를 하고 싶어한다는 열정을 가지게 되었고, 그러한 열정으로 프로젝트 학습 교육과정을 스스로 만들어가고 있다는 점만으로도 유의미한 활동이라는 생각을 하기로 하였다. 어쩌면 프로젝트 학습을 시작하고, 프로젝트 학습 기반의 교실 수업을 진행하는 커다란 이유 중의 하나라 학습에 흥미와 관심을 가지게 하면서, 그들 스스로 무엇인가를 하고 싶다는 의지와 열정을 경험하도록 하는 것, 그리고 직접 수업을 통해 이를 실천하는 역량을 기르도록 하는 것이었기에, 이러한 측면에서 이번 활동은 학생들의 성장과 발전을 엿볼 수 있었던 경험이었다.

그리고 이러한 발전과 성장의 모습을 보여주고 있는 우리 아이들에게 매우 고마운 마음이 생기게 되었고, 프로젝트 학습이 본래의 목적과 의도에 맞게 잘 운영되고 있다는 것을 엿 볼 수 있어서 다행이라는 생각도 하게 되었다.

이렇게 이루어졌던 갑작스러운 활동(?)을 뒤로 하고, 우리는 원래의 계획에 있었던 주니어 커리어넷 사이트를 통해 알게 된 나에게 어울리는 직업, 그리고 내가 생각하기에 나에게 어울리는 미래의 신직업을 찾아서, 미래의 나의 모습을 그림으로 표현하는 활동을 하기로 하였다.

학생들은 주니어 커리어넷에서 알려주는 나에게 어울리는 다양한 직업들을 살펴보면서, 나의 취미와 관심, 능력 등을 고려하여 미래 사회를 보다 윤택하게 살아가기 위해 어울리는 직업을 정하였다. 그리고서 미래 직업에 맞게 직업의 이름도 새로 지어보도록 하였다. 활동 결과는 아래의 그림과 같다.

나의 미래 모습을 그림으로 표현한 활동 결과물

이와 함께 친구들의 활동 결과물에 대해 동료평가 활동도 함께 진행하였다. 이번 동료평가 활동의 평가 기준은 얼마나 잘했는가, 얼마나 자료 표현하였는가 등 학습과 관련된 평가가 아닌, 친구들의 미래 모습을 보면서 그러한 모습으로 꼭 성장하고 발전할 수 있도록 응원의 메시지를 담은 평가를 실시하였다.

우리들은 굳이 동료평가라고 하여 얼마나 잘했는가에 대한 평가가 필요한 것은 아니라고 생각하였다. 친구들의 활동 결과물을 살펴보고, 그러한 모습의 어른으로 성장하고 발전할 수 있도록 응원하는 진심의 마음이 담긴 평가 또한 유익한 평가활동이 될 수 있을 것이라고 판단하였다. 그러한 응원의 메시지가 친구들의 마음과 의지를 다지게 하고, 꼭 그러한 어른으로 성장할 수 있도록 자신의 삶을 조금씩 변화시키는 계기가 될 수 있다면, 이보다 더욱 훌륭한 피드백 활동은 없을 것이기 때문이다. 과정중심평가의 핵심이 피드백이고, 이러한 피드백은 보다 더 나은 성장을 목적으로 하고 있다고 하였을 때, 응원의 메시지는 그러한 피드백의 목적에 가장 부합할 수 있는 평가라고 할 수 있다. 이 글을 읽는 독자들도 한번쯤 이러한 평가 기준과 방법으로 동료평가를 실시하면 어떨까 제안한다. 과정중심평가의 의도, 피드백의 목적이 무엇인지를 한번쯤 다시 생각해보면서, 다양한 평가기준과 방법으로의 동료평가를 실천해보기를 권해본다.

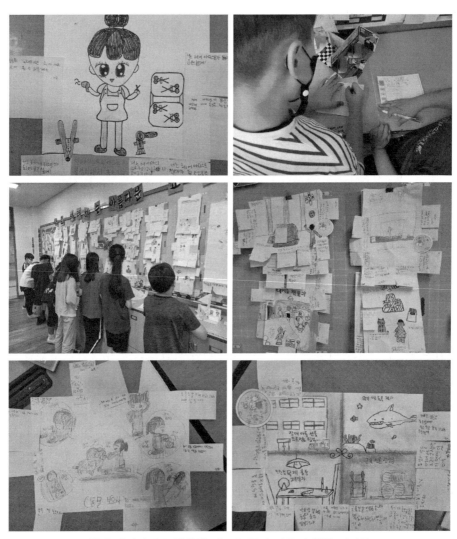

학생 아이디어를 활용한 새로운 물건 만들기 활동 결과물

프 6-1 발상의 전환 관련 글을 나만의 방법으로 읽기

평가 정보표

학교급	초등학교		학년	5학년
교과 (과목)	국어		교육과정 내용 영역	읽기
단원/ 과제명	9단원 여러 가지 방법으로 읽어요 (프로젝트 6)			
성취기준 (평가 기준)	[6국02-05] 매체에 따른 다양한 읽기 방법을 이해하고 적절하게 적용하며 읽는다. [6국01-04] 자료를 정리하여 말할 내용을 체계적으로 구성한다.	상	글을 읽는 목적을 분명히 정해 자신에게 필요한 내용을 자세히 정리할 수 있다.	
		중	글을 읽는 목적에 따라 필요한 내용을 정리할 수 있다.	
		하	글을 읽는 목적이 불명확하고 필요한 내용을 알맞게 정리하지 못한다.	
교과 역량	자료 · 정보 활용 역량			
평가 방법	평가 형식	☐ 서술·논술 　 ☐ 구술·발표 　 ☐ 토의·토론 　 ☑ 프로젝트 ☐ 실험·실습·실기 　 ☐ 포트폴리오 　 ☐ 기타		
	평가 주체	☑ 자기평가 　 ☑ 동료평가 　 ☑ 교사평가 (관찰)		

과정 중심 평가의 방향 (의도)	글의 종류와 필요한 내용을 찾는 목적에 따라 알맞게 글을 읽는 능력을 그르는 것이 목적이다		
	평가 영역	평가 요소	평가 척도
	정보 전달, 설득, 친교 및 정서 표현	여러 가지 글 읽고 해석하기	3단계(상, 중, 하)
	내용 요약	내용 요약하기	3단계(상, 중, 하)

평가 시 유의점	글을 읽는 목적을 설정할 때에는 이 글을 읽고 무엇을 할 것인지 생각해 보게 한다.
피드백 계획	수업 중이나 수업 후에 학생들의 학습 과정을 평가하는 데 활용하고 글에 따라 효과적인 방법으로 읽으면서 필요한 내용을 찾아 활용하는 능력을 기르도록 피드백한다.

> **TIP !**
>
> 이번 평가 정보표에서 제공하는 활동지는 00쪽에서 00쪽으로 구성되어 있으며, 해당하는 쪽 수의 활동지를 2쪽 모아 인쇄와 짧은 쪽 양면인쇄를 함께 설정하여 인쇄할 경우, 반으로 접으면 책으로 만들어지도록 활동지를 제작하였습니다.

나만의 읽기 방법 찾아보기

활동 1 : 앞의 4가지 이야기 중 하나의 이야기를 골라서, 나만의 읽기 방법을 정리해보세요.

[질문 1] 내가 고른 이야기 제목은?

[질문 2] 나만의 읽기 방법을 찾아서 정리해보세요.

어떻게 읽었나요?	
위의 방법은 언제 어디에서 주로 읽는 방법인가요?	
그렇게 읽을 때 좋은 점은 무엇인가요?	
어떤 책이나 글에 적용한 방법인가요?	

활동 2 : 나의 읽기 방법을 소개해보고, 모둠 친구들의 읽기 방법을 들으며 좋은 점을 정리해보세요.

친구 이름	읽기 방법	좋은 점

활동 3 : 글 종류에 따라 글을 읽는 방법과 필요한 내용을 찾을 때 정리하는 방법을 적어보세요	
글의 종류	읽거나 찾는 방법
설명하는 글	
주장하는 글	
알고 싶은 내용을 찾고 싶을 때	
자세한 내용을 알고 싶을 때	

여러 가지 방법으로 읽어요 활동을 통해 무엇을 배웠나요?

자기 스스로 평가하고 배운 내용을 정리해보세요.

평가 : 얼마나 잘 알고 있나요?				배운 내용을 정리해보세요.
배움 질문	싹틈	자람	열매	
설명하는 글과 주장하는 글에 따라 읽는 방법이 어떠한지 알게 되었나요?				
나만의 읽기 방법으로 내가 좋아하는 글을 선정하고 읽고서 발표할 수 있나요?				
필요한 글을 찾아서 글을 정리할 수 있나요?				

내 삶의 나침반
너와 함께 찾아가는 미래

발상의 전환으로 아이디어 상품을 개발한 다양한 내용의 글을 읽어보고, 우리도 발명품을 개발해 봅시다.

page 01	아는 것과 새롭게 안 것을 생각하면서 다양한 방법으로 글을 읽어요.
page 02	설명하는 글(교과서 276~277쪽)을 읽고, 설명하는 글을 읽는 방법 정리하기
page 03	주장하는 글(교과서 281쪽)을 읽고, 주장하는 글을 읽는 방법 정리하기
page 04	(발상의 전환, 다양한 이야기 1)
page 05	농민을 살린 작은 아이디어, 세계로 뻗어 나가는 고추장
page 06	(발상의 전환, 다양한 이야기 2)
page 07	실패한 풀에서 생각해 낸 붙이는, 쪽지 포스트잇
page 08	(발상의 전환, 다양한 이야기 3)
page 09	틈새까지 싹싹, 감옥에서 태어난 칫솔
page 10	(발상의 전환, 다양한 이야기 4)
page 11	수직으로 바로 뜨고 내리는, 비행기가 있다면
page 12	나만의 읽기 방법을 찾아, 하나의 이야기를 골라서 나의 읽기 방법 소개하기
나는 몇반?	학년 반 번
나의 이름?	이름:

설명하는 글을 읽는 방법을 정리해보세요

활동 1 : 교과서 276~277쪽의 글을 읽고서, 아래의 질문에 답을 해보세요

[질문 1] '점과 선으로 만든 암호'글을 읽고 내용을 항목별로 나누어 보고, 질문에 답을 해보세요

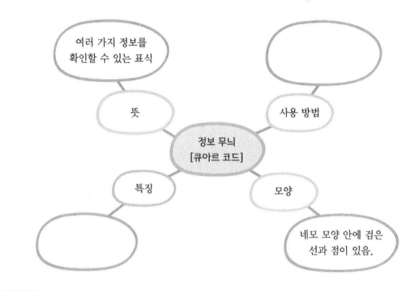

이 글의 종류는 무엇인가요?	
글쓴이는 무엇을 설명하려고 하나요?	
글쓴이의 설명 가운데, 내용이 정확한지 알아보고 싶은 것 있나요?	

설명하는 글을 읽을 때 고려할 점	글의 내용 파악하기	내용의 정확성 판단하기	설명하는 글을 읽는 방법
이 글은 무엇을 설명하는가?	정보 무늬	제목, 그림 따위를 보며 무엇을 설명한 글인지 생각해 보자.	설명하려는 _____이/가 무엇인지 생각한다.
설명하는 내용이 무엇인가?	정보 무늬의 뜻, 사용 방법, 특징, 모양 따위	대상을 설명하면서 자세하게 설명한 점은 무엇인지 살펴보자.	대상의 무엇을 자세히 설명하는지 생각한다.
이미 알던 내용은 무엇인가?	정보 무늬의 모양	정보 무늬를 보거나 써 본 경험을 떠올려 보자.	대상을 보고 이미 아는 것을 떠올린다.
새롭게 안 내용은 무엇인가?	정보 무늬 사용 방법, 특징 따위	정보 무늬의 종류와 사용 방법 가운데에서 몰랐던 것을 생각해 보자.	_____에 대해 새롭게 안 것을 찾는다

수직으로 바로 뜨고 내리는 비행기가 있다면*

　　비행기는 너무나 멋진 발명품이었어요. 하늘을 날고 싶다는 사람들의 오랜 꿈을 실현시켜 주었죠. 사람들은 모두 비행기에 감탄했어요.

　　그런데 그 비행기에 만족하지 않고, 모자란 점을 보충하고 싶다고 생각한 사람이 있었어요. "비행기가 하늘을 날기 위해서는 활주로가 꼭 필요하단 말야, 바로 뜨고 내릴 수 있는 비행기가 있다면 여러 모로 쓸모 있을 텐데……."

　　러시아 사람인 시코르스키였답니다.

　　남들은 모두 새로 나온 발명품에 그저 놀라고 있었을 때, 시코르스키는 한 발 더 나아가길 바랐던 거예요. 그 날부터 시코르스키는 연구를 시작했어요. 그는 어렸을 때 가지고 놀던 잠자리 모양 헬리콥터 장난감을 떠올렸답니다.

　　"그래, 헬리콥터라면 회전날개가 있으니 수직으로 바로 뜨고 내릴 수 있겠다."

---

* 본 활동지의 이야기들은 김수경(2005) 단순한 생각이 만들어낸 과학 발명 100가지(서울, 계림)에서 활동 주제와 관련된 내용을 발췌하여 수록하였음.

시코르스키는 헬리콥터를 만들었어요. 그런데 헬리콥터는 생각처럼 잘 날지 못했어요. 바람 때문에 회전날개가 비틀거렸지요.

"누구나 헬리콥터 같은 비행기를 갖고 싶어하지만, 그걸 만들지 못한다면 무슨 소용이랴."

시코르스키는 이런 생각을 했어요. 그는 비행기 하면 라이트 형제를 떠올리듯, 헬리콥터 하면 시코르스키 자신을 떠올리게 하리라 다짐했답니다.

30년이 넘도록 헬리콥터의 꿈을 포기하지 않고 연구를 계속하던 시코르스키는 마침내 헬리콥터를 성공시킬 비법을 찾아냈어요.

"바람이 문제야, 바람! 그래, 맞바람으로 풀어 보는 거야."

시코르스키는 커다란 회전날개를 가운데에 달고, 꼬리 쪽에 조그만 날개를 또 하나 달았어요. 이 꼬리날개는 헬리콥터를 똑바로 날게 하고, 공중에 떠 있게도 했답니다.

주장하는 글을 읽는 방법을 정리해보세요

활동 1 : 교과서 281쪽의 글을 읽고서, 아래의 질문에 답을 해보세요

[질문 1] '미래 사회의 변화에 대처하는 자세'를 읽고, 내용을 정리해보세요	
처음	
가운데	
끝	
[질문 2] 주장에 대한 근거가 적절한지 살펴본 뒤, 글쓴이의 주장에 대한 나의 생각을 적어보세요	

설명하는 글을 읽을 때 고려할 점	글의 내용 파악하기	내용의 타당성 판단하기	주장하는 글을 읽는 방법
글쓴이의 주장은 무엇인가	미래 사회에 필요한 사람이 되자.	무엇을 강조하는가?	글쓴이의 ____ 을/를 파악한다.
주장을 뒷받침하는 근거는 무엇인가?	미래 사회에 필요한 사람이 갖추어야 할 것은 무엇인가?	글쓴이의 의견이 옳다고 하는 까닭은 무엇일까?	주장을 뒷받침하는 ____ 을/를 찾는다.
주장과 근거가 적절한가?		근거를 납득할 수 있는가?	주장을 뒷받침하는 알맞은 근거인지 생각한다.
자신의 생각과 같은 점은 무엇인가?		의견이 옳다고 생각하는가?	자신의 생각과 비교해 같은 점을 찾는다.
자신의 생각과 다른 점은 무엇인가?	변화에 부드럽게 대처하려는 생각이 필요하다.	의심스러운 부분은 없는가?	자신의 생각과 비교해 비판하는 태도로 읽는다.

농민을 살린 작은 아이디어,
세계로 뻗어 나가는 고추장

    한국 사람 하면 고추의 매운맛이 먼저 떠오르지요. 김치와 고추장만 있다면 어떤 밥이라도 맛나게 먹을 수 있는 사람들이 바로 우리 한국 사람이랍니다. 외국에 여행을 가거나 일을 보러 가게 되면 가장 어려움을 겪는 게 바로 먹는 일이지요. 김치는 물론 고추장도 없이 먹는 외국 음식들은 며칠이면 질려 버린답니다.

    "아, 매콤한 고추장이 먹고 싶다. 느끼한 음식들은 이제 그만……."

    이런 간절한 마음이 들고 말지요.

하지만 김치나 고추장을 외국까지 가지고 가기란 쉽지 않았어요. 국물이 흐를 수도 있고 병에 담아 가지고 가면 깨질 위험도 있으니까요. 또 덜어먹기도 힘들었어요.

이런 고민을 싹 해결해 준 것이 튜브 고추장이랍니다. 고추장을 튜브에 담아 치약처럼 조금씩 짜내서 먹을 수 있게 한 아이디어 상품이지요. 튜브 고추장을 만들어 낸 사람은 농협 고추장 공장에서 일하는 유병기 씨예요.

"고추장만 있어도 외국에서 입맛을 잃어버리지 않을 수 있을 텐데……. 갖고 다니는 게 문제란 말이야."

유병기 씨는 궁리를 하다 치약이 담긴 튜브에 생각이 이르렀어요.

"그래, 고추장이나 치약이나 걸쭉하기는 마찬가지. 고추장도 튜브에 담아 놓으면 가지고 다니기 편하고 아주 깔끔하게 사용할 수 있겠구나."

이렇게 해서 만들어진 튜브 고추장은 이제 여행을 떠나는 사람들에게는 필수품이 되었답니다. 고추장도 더 많이 팔려 고추를 기른 농민들도 덕을 보았지요.

치약에서 찾은 작은 아이디어가 농민도 살리고 고추장의 맛을 세계로 뻗어 나가게 했어요.

틈새까지 싹싹,
감옥에서 태어난 칫솔

아주 간단해 보이지만 없었다면 참 불편했을 물건들이 우리 주위에는 많지요. 그 중 하나가 칫솔이에요. 막대 끝에 달린 작은 솔에 지나지 않지만, 칫솔이 없었다면 무엇으로 이를 구석구석 틈새까지 닦았을까요?

손에 소금을 묻혀 이를 닦거나 천으로 문질러 닦는다고 생각해 봐요. 귀찮다고 아예 이를 안 닦는 사람들도 있었을 거예요.

이제는 없어서는 안 될 물건, 날마다 우리를 깔끔하게 해 주는 칫솔은 누가 발명했을까요?

1770년 영국의 윌리엄 애디스란 사람이 만들었어요. 칫솔이 태어난 곳은 놀랍게도 감옥이었답니다. 애디스는 폭동을 일으킨 죄로 감옥살이를 하던 죄수였어요. 그는 늘 감옥에서 나가게 되면 무엇을 하고 살아갈까 하는 생각에 잠겨 있었답니다.

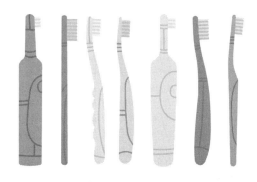

어느 날, 애디스는 아침마다 늘 그랬듯이 천으로 이를 문질러 닦고 있었어요. 에디스는 생각이 많은 사람이었어요.

"이를 닦는 더 좋은 방법이 없을까? 이는 단단하니까 솔 같은 걸로 닦아도 문제가 없을 텐데……."

그 생각이 떠오른 뒤부터 그는 감옥 안에 있는 몇 안 되는 물건들도 눈여겨보게 되었어요. 애디스는 저녁식사로 나온 고기의 뼈를 남겨 두었어요. 그리고 간수에게 빗자루를 빌렸답니다. 그는 빗자루에서 빳빳한 털을 뽑아 그것을 잘라 작은 묶음으로 만든 다음에 고기 뼈에 심기 시작했어요. 뼈에는 미리 작은 구멍들을 뚫어 두었지요.

마침내 칫솔이 만들어졌어요. 애디스가 칫솔을 써 보니 이 닦은 느낌이 아주 개운했어요.

애디스는 감옥에서 나온 뒤, 칫솔 만드는 일로 자리를 잡았답니다.

감옥과 같이 작은 공간, 자유롭지 못한 상황에서도 사람은 생각으로 새로운 길을 열어 갈 수 있다는 걸 작은 칫솔이 보여 주고 있는 것이죠.

실패한 풀에서 생각해 낸 붙이는 쪽지
포스트잇

"아, 이런! 망쳐 버렸네? 착 달라붙어 있지 않고 이렇게 쉽게 떼어지니, 이래서야 풀이라고 할 수가 있나?"

문구회사 연구원인 스펜스 실버는 어느 날 새로 만든 풀을 앞에 놓고 한숨을 내쉬었어요.

접착제로 쓸모가 있으려면 일단 붙이면 잘 떼어지지 않아야만 하지요. 그런데 우연히 만들어 본 새로운 풀은 이제까지 만든 풀과는 달랐어요. 붙는 것도 아니고 떼는 것도 아닌 중간쯤의 풀이었답니다. 일부러 붙이면 붙어 있지만, 떼려고 마음만 먹으면 언제든지 쉽게 떼어졌으니까요.

스펜스 실버가 새로운 풀을 회사에 발표하자 처음엔 아무도 반기지 않았어요.

"그건 실패작이야. 잡아당기면 쉽게 떼어지는 풀을 어디다 쓰겠나?"

새로운 풀은 그저 실패한 풀로 잊혀질 참이었어요.

"잠깐! 그 풀을 써먹을 데가 있을 것 같은데요? 제가 교회에서 찬송가를 부를 때마다 느낀 건데요. 필요한 부분들을 찬송가책에 표시해 두고 싶어도 마땅한 게 없었어요. 그 풀을 종이에 바르면 어떨까요? 표시해두고 싶은 곳에 붙여 두었다가, 떼고 싶을 때는 뗄 수 있죠. 자유롭게 붙였다 떼었다 할 수 있으니 좋지요."

그 사람은 아트 플라이였어요.

그 뒤, 실버와 플라이는 함께 연구해 '풀을 바른 종이쪽지'를 만들어 보았어요. 흔적 없이 얼마든지 붙였다 떼었다 할 수 있는 메모지, 바로 포스트잇이지요.

처음에 사람들은 그걸 어디에 써야 할지 몰랐어요. 하지만 한번 써 본 사람들은 포스트잇이 아주 편리하다는 걸 알게 되었지요. 잠깐 메모를 해두었다가 감쪽같이 떼어 내고 싶을 때, 사람들은 너도나도 포스트잇을 찾았어요. 포스트잇은 인기폭발이었답니다.

단점을 장점으로 바꾼 플라이의 열린 생각으로 만들어진 포스트잇. 이제는 가장 많이 팔리는 문구 중 하나가 되었지요.

[활동 1] 너희의 미래를 응원해

관련 교과(단원)
미술 3. 생각이 꿈틀꿈틀(동아출판)
창의적 체험활동(자율활동)

주요 활동 소개 (총 수업 차시 : 5차시)
주요 활동 소개 (총 수업 차시 : 6차시)
① 슬기로운 체험 박람회 준비하기(1~2차시)
  – 미래 사회 다양한 직업에 대해 살펴보고, 체험 부스 결정하기
② 슬기로운 체험 박람회 열기(3~6차시)
  – 1~2학년 대상, 직접 체험 부스를 구성하고 운영하기

관련 활동지 [프 6–2]

'너희의 미래를 응원해' 수업 이야기

슬기로운 체험 박람회 준비하기

한 학기 동안 6개의 프로젝트 학습을 계획하고 수 많은 활동들을 실천하였지만, 우리 아이들에게는 어쩌면 이번 '슬기로운 체험 박람회'가 가장 하이라이트였을지도 모른다. 그 만큼이나 학생들이 더 많은 노력을 기울였고, 1~2학년 후배들에게 보다 더 의미 있는 체험활동을 제공하고자 스스로 보다 많은 책임감을 가지고서, 더욱 다양한 의견들을 제시하며 적극 참여하는 모습을 엿볼 수 있었다.

학생들은 그동안 '너와 함께 찾아가는 미래' 프로젝트 학습을 진행하면서, 미래 직업 사회, 자신에게 어울리는 직업 세계 등에 대해 알아보고, 관련된 활동들을 진행하면서 학생들 각자 다양한 직업 세계에 대한 흥미와 관심이 높아지게 되었다. 그리고 높아진 관심만큼이나 하고 싶은 활동들이 많아지게 되었고, 아이들의 직업 선호도 조사 결과를

바탕으로 하여, 간접적으로 직업을 체험해볼 수 있는 부스를 운영하기로 하였다.

앞선 소주제 2의 활동 중 자신의 직업 명함 만들기 활동 결과를 통해, 아이들이 선호하는 직업 혹은 미래 사회에 필요한 직업에 대한 아이들의 생각을 살펴보았다.

미래 사회 다양한 직업에 대한 학생들의 생각 모음 결과

그 결과 아이들이 선호하는 직업으로는 유튜버, 선생님, 미술·음악과 관련된 다양한 종류의 작가, 원예사, 동물 보호 관련 직업 등이 있었다. 그리고 미래 사회에 필요한 직업으로는 우주여행 관련 직업, 미용과 관련된 직업, 사람들을 상대하는 상담사와 같은 직업들이 있었다.

그래서 우리는 아이들이 선호하는 직업군과 관련하여 간접적으로나마 실천해 볼 수 있는 기회를 제공해주고자 하였다. 이를 위해 아이들이 이번 프로젝트 학습에서 꼭 하고 싶다고 응답을 했던 다양한 체험활동을 직접적으로 진행하기로 하였다.

처음 체험 관련 이야기를 나눌 때는 각 반별로 체험 부스를 꾸미고, 각기 다른 반의 체험 부스를 돌아다니며 체험하는 방법으로 계획하였다. 하지만 프로젝트 학습을 진행하고 관련 체험부스를 정하면서 조금씩 계획에 변화가 생기게 되었다.

우선 미술 및 음악과 관련된 다양한 작가 직업 체험을 계획할 때에는 직업 체험도 중요하지만, 활동 자체에 대한 학생들의 흥미와 관심을 함께 고려하기로 하였다.

학생들과 대화를 하면서 학생들이 관심과 흥미를 가지고서 직접 체험 부스로 운영하고 싶어하는 종류가 정말 많다는 사실을 알게 되었다. 사실 아이들의 발표 모습을 보면서, 그동안 이렇게나 하고 싶은 것들이 많았는데도 불구하고, 어떻게 참고 견디며 학교에 다녔는지, 우리 아이들이 조금은 안쓰러워 보이기도 하였다. 그리고 이렇게라도 학생들의 요구를 들어주고, 직접 체험할 수 있는 경험을 제공해 줄 수 있음에 다행이라는 생각을 하기도 하였다.

아이들과 함께 이야기를 나누면서 우리는 '그립톡 만들기, 비스 스트랩줄 만들기, 네일아트 만들기, 뱃지 만들기' 등의 다양한 만들기 체험 부스를 운영하기로 결정하였다. 그리고 원예사 등 식물과 관련된 직업 체험을 위해서 '화분 만들기' 체험 부스를, 우주 여행사 관련 직업 체험을 위해서 '부메랑 비행기와 헬리콥터 만들기' 체험 부스를 운영하기로 결정하였다.

그리고서 우리는 다시 고민에 빠지게 되었다. 아이들의 선호 직접 중 유튜버와 선생님에 대한 것이었다. 이런 저런 이야기와 고민을 한 결과, 선생님에 대한 직업 체험과 관련하여 같은 학년 친구들을 대상으로 운영하기로 한 체험부스가 아니라, 1~2학년 친구들을 대상으로 한 체험부스를 운영하기로 하였다. 이는 1, 2학년 동생들을 대상으로 체험부스를 운영하면서, 인솔부터 체험까지 박람회 진행과 관련된 전체의 활동을 학생들이 운영할 수 있게 함으로써, 선생님과 관련된 간접적 직업 체험의 기회를 제공하기 위함이었다.

그리고 유튜버와 관련된 직업 체험을 위해서, 활동 방법에 대한 영상을 미리 제작한 뒤에 체험 박람회가 이루어지는 동안에 각 교실에서는 영상을 보여주기로 하였다.

끝으로 코로나19 확산에 대한 고민도 하게 되었다. 그래서 우리는 1, 2학년 학생들에게 나누어줄 마스크를 별도로 준비를 하기로 하였고, 1~2학년 학생들이 올라오는 계단에 손소독제 및 체온계를 준비하여, 모든 학생들에 대한 체온 측정 및 손소독 실시로 코로나-19를 대비하는 체험활동을 운영하기로 하였다.

진로체험부스 운영을 위해 함께 이야기를 나눈 모습

이렇게 우리는 마스크 스티커 붙이기 활동 및 각 반별 2개씩의 체험활동을 계획하게 되었고, 총 11개의 체험부스를 교실과 복도에서 실시하게 되었다. 자세한 체험 부스 종류는 [프 6-2] 체험 부스 안내장을 참고하기 바란다.

프 6-2 체험 부스 안내장

내 삶의 나침반, 창업 & 진로 박람회

1. 박람회 체험 부스 종류 안내

순	쿠폰	관련 그림	체험부스 명	운영 학급
1	그립톡		그립톡 만들기	5-1
2	화분		화분 만들기	5-2

순	쿠폰	관련 그림	체험부스 명	운영 학급
3	손제정제		손제정제 만들기	5-3
4	비즈		비즈 스트랩줄 만들기	5-4
5	열쇠고리		열쇠고리 만들기	5-5
6	뱃지		뱃지 만들기	5-1
7	부메랑		부메랑 비행기 만들기	5-2
8	헬리콥터		헬리콥터 만들기	5-3

순	쿠폰	관련 그림	체험부스 명	운영 학급
9	팽이		팽이 만들기	5-4
10	네일아트		네일아트	5-5
11	별도의 쿠폰없음		마스크 스티커 붙이기	전체(영어실)

2. 체험 부스 운영 안내

① 위의 체험 부스 종류 중 1~5번에 해당하는 활동은 저희가 판단하기에 학생들이 조금 더 좋아할 만한 활동, 시간이 조금 더 많이 필요한 활동, 예산을 더 많이 사용한 활동입니다.

② 위의 체험 부스 종류 중 6~10번에 해당하는 활동은 다소 간단하게 활동에 참여할 수 있는 활동으로 구분지었습니다.

③ 학생들이 체험부스를 쉽게 찾을 수 있도록 서로 다른 색의 쿠폰으로 나누어줄 예정이며, 체험 부스 별로 해당하는 색의 종이를 별도로 게시할 예정입니다.

④ 각 학급별로 학생들에게 참여 희망에 따라 2가지의 활동에 참여할 수 있도록 2개씩의 쿠폰을 나누어 주시되, 1~5번 활동 중에서 1개, 6~10번 활동 중에서 1개를 각각 선택할 수 있도록 해주신다면 학생들이 체험활동에 보다 더 흥미를 가지고 참

여할 수 있을 것 같습니다.

⑤ 즉, 학생들에게 희망여부에 따라 2개씩의 쿠폰을 나누어 주시면 감사하겠습니다. 물론 희망에 따라 나누어 주시면 되지만, 되도록 1~5번 중 하나, 6~10번 중 하나를 선택할 수 있도록 해주시면 좋겠습니다. 쿠폰은 추후에 학급별로 보내드리겠습니다.

⑥ 또한 2가지 활동 이외에 마스크에 판박이를 붙이는 활동은 전체 학생들에게 모두 제공됩니다. 따라서 학생들은 총 3가지의 활동을 하게 될 예정입니다.

⑦ 학생 인솔은 5학년 학생들이 교실로 찾아가 1, 2학년 학생들을 인솔해서 올 예정이며, 활동 이후에도 인솔하여 교실에 보낼 예정입니다. 물론 학생 안전 및 질서있는 이동을 위해서 5학년 학생들과 함께 5학년 담임선생님도 함께 인솔에 참여할 예정입니다.

⑧ 체험 시간은 하루에 총 2회로 계획되어 있으며, 1회차는 9시 30분~10시 20분, 2회차는 10시 30분~11시 20분으로 예상하고 있습니다. 각 회차별로 2개 혹은 3개 학급이 참여를 하게 될 예정입니다. 자세한 운영 시간 계획은 아래의 표와 같습니다.

	20일(1학년)	21일(2학년)
1회차 (9:30~10:20)	1, 2반	1, 2, 3반
2회차 (10:30~11:20)	3, 4반	4, 5반

너의 미래를 응원해! 슬기로운 체험 박람회 열기

진로체험부스 운영을 위해 스스로 준비하는 아이들의 모습

드디어 슬기로운 체험 박람회의 날이 밝았다. 이 날을 위해서 정말 많은 고민과 예행 연습을 하였던 것 같다. 모두가 등교를 하자마자, 체험부스 준비에 여념이 없었고, 그러한 서로의 모습을 보면서 학생들도 교사도 긴장감과 설렘이 공존하는 분위기 속에서 체험 박람회의 준비를 마쳤던 것 같다. 필요한 책걸상과 물건을 가장 먼저 바깥으로 옮겼다. 그리고 교실 안에서 이루어지는 체험부스와 교실 밖에서 이루어지는 체험부스를 분리하여 정리하였고, 5학년 전체가 함께 준비하는 마스크 스티커 붙이 활동을 위한 체험부스도 별도로 정리하여 준비하였다. 이 때 학생들의 표정을 잠깐씩 보았다. 떨림에서 나오는 무표정과 힘들어하는 기색이 역력하였다. 사실 교사로서도 쉽지 않은 행사라 나도 지쳐있었다. 그러나 나부터 힘을 내야겠다는 생각을 했다.

"힘내자 애들아!" 평소보다 더 힘을 주어 외쳤다.

9시 30분이 되자, 인솔을 담당하는 학생이 1~2학년 교실로 내려갔고, 5분 뒤 1~2학년 친구들이 체험을 하기 위해 올라오는 모습이 보이기 시작하였다. 코로나19의 지속적인 확산으로 인해 사회적 거리두기를 실천하고자, 계단에서 올라오는 친구들을 체험부스별로 분리하여 5인 이상이 함께 다니지 않도록 인솔하는 친구들이 신경을 쓰면서 이동시켰다.

조금씩 체험부스 운영에 익숙해지고, 분위기가 조금씩 변함에 따라 학생들의 얼굴에도 웃음꽃이 피기 시작하였다. 직접 체험활동을 누군가에게 설명을 하는 건 처음이여서 평소와는 다른 적극적인 모습을 보이는 학생들도 많았다. 그 모습이 교사에게는 참 크게 와 닿았다. 비록 준비하는 과정이 힘들었지만 아이의 웃는 모습이 그 힘듦을 다 씻겨주는 기분이랄까.

슬기로운 체험 박람회를 준비하는 과정에서 걱정했던 점 중 하나가 '질서 정연하게 사회적 거리두기를 실천하면서 체험 활동을 할 수 있을까'였다. 아무래도 많은 학생들이 체험활동에 참여하다 보면 많은 아이들이 한 번에 모일 수도 있고, 기본적인 소독 등에 있어서 문제가 발생할 수도 있기 때문이었다. 아니나 다를까 두 번째 체험 활동이 시작되는 시간이 될 때쯤, 많은 아이들이 모여서 이동하는 모습이 조금씩 보이기 시작하였다. 그래서 선생님들이 중간에 서서 많은 아이들이 한 번에 모여서 이동하지 못하도록 이야기를 하기로 하였고, 그러한 선생님들의 모습을 본 인솔 담당 아이들이 다가와서 자기들이 모여서 이동하지 못하도록 하겠다고 하였다. 이처럼 학생들과 선생님이 함께 체험 활동이 원활이 이루어질 수 있도록 지도하는 모습을 보여서인지 그 다음부터는 모두들 사회적 거리두기를 염두에 두면서 활동에 참여하는 모습을 볼 수 있었다. 너무도 뿌듯하였다. 학생들은 서로서로 고생했다는 의미로 하이파이브를 하였다. 서로 더욱 가까워진 느낌이었다. 이렇게 한 학기의 수업을 6개의 프로젝트 학습으로 마무리하면서 나는 교사로서, 그리고 아이들은 학생으로서 많은 성장과 발전을 엿볼 수 있었던 것 같다.

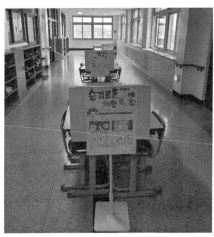

진로체험부스 운영을 기다리는 우리 학년 복도의 풍경

"학기 초에는 왜 프로젝트 학습을 하는지 이해하지 못했는데, 학년말이 되고 보니, 아이들이 활동을 하면서 왜 하는지, 그리고 어떻게 무엇을 해야 할지 스스로 생각하면서, 친구들과 문제를 해결하는 모습을 보면서 그동안 왜 프로젝트 학습을 실천했는지 알 것 같아"

이는 우리 학교 교무부장이자 우리 학년의 과학수업을 전담하는 선생님이 학년말에 나에게 했던 말이다. 내가 프로젝트 학습을 좋아하는 이유, 프로젝트 학습 기반의 수업을 실천하는 이유가 바로 이것이었던 것 같다. 학생들로 하여금 교실에서 공부하는 이유가 무엇인지, 활동을 계획하고 실천해야 하는 이유가 무엇인지를 스스로 생각하고 사고할 수 있게 하는 것, 그리고 그러한 왜라는 질문에 대한 스스로의 답변을 찾아가면서 교실에서 이루어지는 혹은 생활 속에서 경험하게 되는 다양한 문제나 과제들을 교실 수업으로 가지고 와서 어떻게 해결하면 좋을지 함께 이야기를 나누면서, 협력하여 해결하는 과정을 경험하게 하는 것이 바로 그 이유이다. 그러한 경험이 바탕이 된다면, 아이들은 교실 속 수업이 단지 지식을 암기하고 학습하는 것에서 그치는 것이 아니라, 자신의 삶을 보다 윤택하게 만들어 줄 수 있는 방법이 될 수 있음을 깨닫게 될 것이다. 또한 문제를 협력하여 해결하는 경험 속에서 친구들에 대한 공감과 배려, 자기 자신에 대한 효능감과 책임감 등의 인성적인 덕목이 자라게 될 것이며, 협력하여 문제를 해결하게 되면서 교육과정에서 강조하고 있는 역량이 바르게 성장하고 체득될 것이라고 생각한다. 그리고 그러한 성장의 모습을 어느 한 선생님들의 말 속에서 발견하게 될 수 있어서 다행이었다. 내년에도 우리는 프로젝트 학습으로 교실 수업을 이끌어가게 될 것이며, 그러한 수업을 통해 우리 아이들 또한 한 단계 더 성장하게 될 것이다.

1~2학년 후배들을 대상으로 한 진로체험부스 운영 모습

왁자지껄 배우는 재미, 프로젝트 학습 뒷 이야기

동학년 중심의 교사 공동체 운영,
그리고 프로젝트 학습 이후 이야기 1

5학년 부장 윤지성 선생님

1. 아이들의 변화를 경험하다

매년 첫날 소개를 하고 이런 저런 대화를 나누다가 "자, 이제 국어 1단원 첫장 그림 한 번 같이 살펴봅시다"로 수업을 시작했었다. 그때마다 들리는 학생들의 짧은 탄식은 당연한 줄 알고 수업을 진행했었다. 그렇게 수업에 대한 준비없이 했고 아마도 프로젝트 수업을 권하지 않았다면 내년에도 그랬을 것이다. 학생들의 변화를 목격하며 나를 반성하는 한해였다.

학생들의 생각이 바뀌었다. 칭찬받는 학생의 기준이 '똑똑하고 그림을 잘그리고 발표를 잘하고 수학문제를 잘풀고' 보다 '배려심이 강하고 긍정적이고 엉뚱하고 창의적인' 학생이 우리가 만들어 가는 수업에 더 필요하고 소중하단 것을 알게 되었다. 그리고 우리가 함께 수업의 결과물을 만들어내야 한다는 것을 학생들이 스스로 깨닫는데까지 그렇게 오래 걸리지 않았다. 이러한 과정을 통해 친구를 배려하고 서로의 장점을 치켜세워주는 모습을 볼 수 있었다.

또, 아이들이 수업을 기다리는 모습이다. 예년이었다면 수업이 시작되기 쉬는 시간에 친구들과 정신없이 놀다가 종이 치면 부랴부랴 앉아서 이번 시간에 배울 교과서를 꺼내

놓고 몇쪽 할지 기다리고 있었겠지만 올해만큼은 아니었다. 학생들이 무엇을 배울지, 어떤 준비를 해야하는지를 자신들의 계획하고 설계했기 때문에 수업에 대한 생각으로 가득차있음을 느낄 수 있었다.

마지막으로 학습한 결과를 여러 활동들과 결합하여 생생하게 떠올리는 것을 볼 수 있었다. 아마도 무조건적인 암기에서 탈피하여 몸소 체험하고 경험하는 과정. 이 과정에서 지식은 자연스럽게 체득된 것으로 보인다. 이제껏 늘 해오던 교사 중심의 주입식 수업은 따분한 혹은 강압적 분위기를 형성할 수 있었을 것이다. 하지만 프로젝트 수업은 모둠 친구들과 대화와 토의로 시작하여 역할을 나누고 서로 잘하는 것을 맡아서 모두가 리더가 되어보는 체험을 했었기 때문에 인지, 정의적 지식이 생활에도 적용될 수 있는, 자신만의 지식으로 자리잡고 있음을 느꼈다.

2. 수업의 힘듦을 경험하다

올해만큼 힘든 해는 아마 없었을 것이다. 맡은 업무는 예전 시골 학교에 비해 없는 것이나 마찬가지였지만 수업을 준비하는 일이 보통 일이 아니라는 것을 깨닫게 되었다. 프로젝트 주제망 작성을 학생들과 함께 경험하며 처음 경험한 우리 아이들의 다양하고 기발한 생각들을 수업에 넣는 과정이 결코 쉽지 않았다. 또한 학생의 흥미와 수준을 고려한 다양한 수업 컨텐츠를 만다는 것 또한 처음 경험해보는 어려운 일이었다. 물론 우리 공동체 선생님들의 역량으로 그때 그때마다 나름의 역경(?)을 이겨냈지만 프로젝트를 끝날 때마다 안도의 한숨을 내쉬고 다시 준비하는 반복된 생활을 했다.

하지만 좋은 수업을 위하여 공동체 선생님과 밤늦도록 아이디어를 구상하는 경험, 수업 후에 학생들의 성장을 지켜보며 우리들끼리 뿌듯하게 "고생했지만 재밌네" 라고 자찬할 수 있었던 경험, 학생들의 달라진 수업 태도와 적극성을 볼 수 있었던 경험 등, 이제껏 느끼지 못했던 교사로서의 자부심을 느낄 수 있었던 한해를 보냈다. 내년에도 프로젝트 수업을 할 생각이다. 물론 힘들다는 것을 알고 있지만 다시 한번 그 힘듦을 경험하고 싶다.

동학년 중심의 교사 공동체 운영,
그리고 프로젝트 학습 이후 이야기 2

버팀목이 되어주는 이규진 선생님

오랫동안 함께 근무한 최경민 선생님의 권유로 2018년 처음으로 동학년으로 구성된 학습공동체에 합류하였고, 프로젝트 학습에 대해 함께 고민하고 수업을 계획하게 되었다. 처음에는 프로젝트 학습에 대해 잘 모르는 내가 '과연 잘 할 수 있을까?' 라는 걱정이 앞섰지만, 새로운 경험을 시도하는 것이 교사로서 성장과 발전에 도움이 될 것이라는 믿음으로 첫 발걸음을 내딛었다. 지금 돌이켜보면 그 시작이 학생을 바라보는 관점, 수업을 바라보는 생각, 그리고 교사로서의 삶에 제 2의 전환점이 될 수 있었다. 프로젝트 학습을 통해 교사로서 많은 고민과 성장을 하는 계기가 될 수 있었다.

이 전까지 나의 수업은 교육과정에 있는 지식과 내용을 학생들이 쉽게 이해할 수 있도록 전달하는데 많은 노력을 기울였고, 그것이 교사의 가장 중요한 책무라고 생각했다. 처음 프로젝트 학습을 접했을 때에는 다른 사람에게 보여주기 위한 수업, 실제로 학생에게는 별 도움이 되지 않는 수업이라고 생각했었다. 그래서 처음에는 반신반의로 프로젝트 학습을 교실에 적용하였고, 시간이 지나면서 프로젝트 수업의 장점과 매력을 알게 되었다.

프로젝트 학습을 교실에 적용하면서 가장 달라진 우리 반 모습은 아이들이 수업에 적극적으로 참여하고 서로 협동하며 문제를 즐겁게 해결하려는 태도였다. 프로젝트 수업을 준비하면서 학생 한명 한명의 특성에 대해 생각하고 고민할 수 있었다. 또한 활동을 힘들어하는 친구들을 위해 학습에 대한 수준과 내용, 방법 등을 달리하여 제시하면서 모두가 학습에 성취감을 맛볼 수 있었다.

돌이켜보면 예전에는 어떤 학생과는 대화도 제대로 한번 해보지 못하고 헤어진 적이 있는 것 같다. 지금 우리 교실 한편 어딘가에는 주목받지 못하고 조용히 앉아 있다가 집으로 돌아가는 학생이 있을 지도 모른다. 교실 속 모든 학생은 평등하고 다양한 학습의 기회를 제공받아야 한다. 그리고 프로젝트 수업이야말로 모든 학생이 수업에 참여할 수 있는 기회와 학습의 주인공이 될 수 있는 기회를 제공할 수 있는 좋은 방법이라고 생각한다.

2021학년에 새로운 선생님들과 의기투합하여 동학년 중심의 학습공동체를 구성하고 프로젝트 학습을 함께 준비하면서 이전보다 더 많은 것을 경험하고 배울 수 있는 소중한 시간이었다. 그리고 교사로서 조금 더 성장하고 발전할 수 있지 않았나 생각한다. 어떤 수업이든 똑같겠지만, 특히 프로젝트 수업을 준비하기 위해서는 철저한 연구가 필요하고 교사가 고민한 시간만큼 그 수업의 완성도와 학생의 배움이 커진다는 사실을 깨달았다. 프로젝트 수업은 학생과 교사 모두가 함께 성장하고 발전해나가는 기회를 제공할 수 있다고 생각한다.

동학년 중심의 교사 공동체 운영,
그리고 프로젝트 학습 이후 이야기 3

살림꾼 손은호 선생님

교사로서 학생들에게 더 좋은 교육을 하고 싶은 마음은 대부분 일치하겠지만 교사마다 교육관과 교육 방법은 모두 다르다. 그중 나는 13년 동안 학생들을 가르치며 교과서 위주의 주입식 교육이 가장 바람직하고 효율적이라고 생각을 하는 쪽에 많이 치우쳐져 있었다. 수업 중, 쉬는 시간 떠드는 다른 학급의 학생들을 보며 학생들을 너무 방임하는 것이 아닌가? 라는 생각도 하는 정도였다. 그래서 학생 중심이 아닌 교사 중심의 수업을 많이 해왔고 학생 활동에 제한도 많이 두었다. 하지만 2021학년도 1년간 처음으로 주제 중심, 학생 중심으로 교육과정을 재구성하며 프로젝트 학습을 준비하고 운영하면서 그동안 나의 교육관과 교육 방법이 너무 한쪽으로 치우쳐져 편협한 사고를 하고 수업해 왔음을 알게 되었다. 프로젝트 수업을 하면서 나와 다른 교사들의 교육관, 교육 방법에 대해서 허용적으로 공감할 수 있게 되었고 학생들에게 더 나은 교육을 제공하기 위해 나 스스로 교육 방법 및 자료를 탐색하게 되었다. 학생들을 위해 수업을 고민하는 게 자연스럽고 당연해진 것이다. 그리고 가장 큰 변화는 학생들을 바라보는 나의 인식이다. 그 전까지만 해도 학생들은 내가 돌봐야하고 지켜야 하는 존재로 인식하여 책임감이 강했지만 이제는 학생들을 믿어 줄 수 있게 되었고 기다려 줄 수 있게 되었다.

프로젝트 수업을 통해 학생의 모습도 변화되었음을 알 수 있었다. 먼저 주제 중심으로 재구성된 교육과정을 통해 해당 주제를 학습해야 하는 필요성을 스스로 알게 되었고 이로 인해 학습에 집중하여 활동하는 모습을 볼 수 있었다. 또한, 학생들 스스로 교육 내용 및 방법을 선택하여 학습하니 수업을 하는 내내 즐겁고 흥미로운 표정으로 수업 참여도와 집중도가 높아졌다. 그리고 시간이 갈수록 학생들 자신의 의견을 자신있고 당당하게 제시하고 다른 학생들과 의사소통하는 기술이 발전하는 모습을 보며 1년 동안 프로젝트 학습을 경험하며 학생들의 사고가 좀 더 개방적이고 허용적으로 변화한다는 것도 느끼게 되었다.

학부모의 인식 또한 달라졌다. 학년 초 한 학부모가 전화가 왔다. 학교 수업이 교과서 순으로 이루어지지 않으니 학원 진도와 달라 학생 공부에 어려움이 있다고. 하지만 프로젝트 학습을 할수록 학생들의 학습 참여도, 활동 모습, 최종 학습 결과물을 보고 프로젝트 학습의 긍정적인 면을 지속적으로 접하면서 만족도가 높아짐을 느낄 수 있었다.

마지막으로, 1년 동안 전 교과 전 차시를 프로젝트 학습으로 준비하고 운영하면서 동학년 선생님들과 정말 많은 회의를 하였다. 13년의 교직 기간 중 가장 열심히 수업 준비를 한 해가 아닐까 싶다. 그만큼 프로젝트 학습을 운영하는 데 교사는 힘이 든다. 하지만 선생님들이 흔히 이야기하는 '교사가 힘이 들수록 아이들은 즐거워진다.'는 말이 유독 와 닿게 되어 나의 교육관의 방향을 바꿔놓는 계기가 되었다.